ŒUVRES
COMPLÈTES
DE MOLIÈRE

COLLATIONNÉES SUR LES TEXTES ORIGINAUX ET COMMENTÉES

PAR

M. LOUIS MOLAND

DEUXIÈME ÉDITION

SOIGNEUSEMENT REVUE ET CONSIDÉRABLEMENT AUGMENTÉE

Une composition de Staal, gravée sur acier, accompagne chaque pièce

TOME QUATRIÈME

PARIS
GARNIER FRÈRES, LIBRAIRES-ÉDITEURS
6, RUE DES SAINTS-PÈRES

AVIS AUX SOUSCRIPTEURS. — Le premier volume, consacré entièrement à la **Vie de Molière** et aux documents biographiques, paraîtra en dernier lieu.
Cet ouvrage est sous presse depuis deux ans, comme on le peut voir par la date de ce volume. Nous avons voulu que la moitié en fût imprimée avant de le mettre en vente, pour être certains que la publication n'éprouvera aucun retard et qu'un nouveau volume pourra [...] les deux mois aux souscripteurs.

CHEFS-D'ŒUVRE

DE LA

LITTÉRATURE

FRANÇAISE

4

ŒUVRES

COMPLÈTES

DE MOLIÈRE

———

TOME QUATRIÈME

PARIS. — IMPRIMERIE A. QUANTIN
7, RUE SAINT-BENOIT

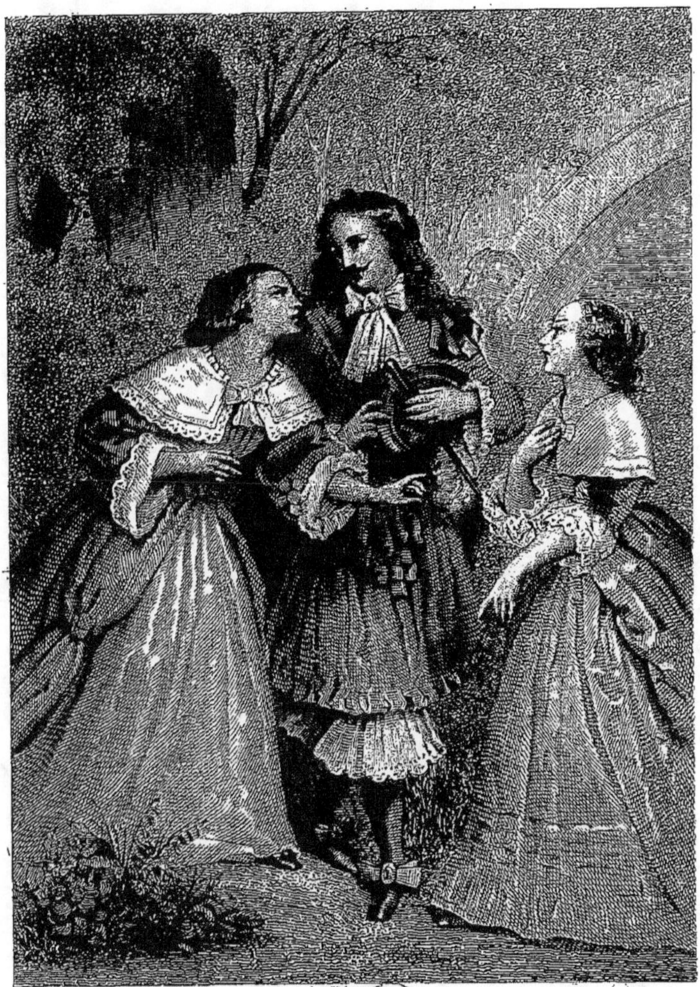

G. Staal del.

Imp. Hangard Paris

Mocquet sc

BIBLIOTHÈQUE NATIONALE R F

LES FÂCHEUX.

ACTE II _ SCÈNE

r frères, Éditeurs

ŒUVRES
COMPLÈTES
DE MOLIÈRE

COLLATIONNÉES SUR LES TEXTES ORIGINAUX ET COMMENTÉES

PAR

M. LOUIS MOLAND

DEUXIÈME ÉDITION

SOIGNEUSEMENT REVUE ET CONSIDÉRABLEMENT AUGMENTÉE

Une composition de Staal, gravée sur acier, accompagne chaque pièce

TOME QUATRIÈME

PARIS

GARNIER FRÈRES, LIBRAIRES-ÉDITEURS

6, RUE DES SAINTS-PÈRES, 6

M DCCC LXXXI

LE

GELOSIE FORTUNATE

DEL PRENCIPE RODRIGO

OPERA [1]

DI GIACINTO ANDREA CICOGNINI FIORENTINO [2]

---

[1]. Le prologue seul, dont les personnages sont l'Amour et la Jalousie (Amore e Gelosia), est en musique.
[2]. Venetia, MDCLXI. Per Nicolò Pezzana. Con licenza de' Superiori e privilegio.

LE
GELOSIE FORTUNATE
DEL PRENCIPE RODRIGO

INTERLOCUTORI

DELMIRA, Figliuola di D. Alfonso, Rè d'Aragona, innamorata di Rodrigo.
TEODORA, Damigella di Delmira.
DELIA, Damigella di Delmira, innamorata di Florante.
PORTIA, Damigella di Delmira.
FLORANTE, Paggio di Delmira, innamorato di Delia.
CORTADIGLIO, Confidente di Rodrigo.
RODRIGO, Rè di Valenza, innamorato di Delmira.
TEOBALDO, Filosofo.
D. PIETRO, Rè d'Aragona, innamorato di Belisa.
DIEGO, Servitore di D. Pietro.
BELISA, Duchessa di Tirolo, innamorata di D. Pietro.
TERESA, Damigella di Belisa.
D. ALVARO, Duca di Tirolo, aio di Delmira.

ATTO PRIMO.

Scena I. — Delmira discourt avec ses femmes Teodora, Delia et Portia, et se plaint de la jalousie du prince Rodrigo. On entend des coups de canon. Delmira demande son épée, et la brandit en criant : Aux armes !

Scena II. — Le page Florante vient annoncer à Delmira que ces coups de canon, bien loin d'annoncer la guerre, fêtent la conclusion de la paix entre les royaumes de Valence et d'Aragon. Il s'acquitte, en outre, d'un message de la duchesse Belisa, amie de Delmira, qui, sur un mot de celle-ci, est prête à venir la retrouver.

Scena III. — Monologue de Cortadiglio. Il explique que son emploi consiste à fournir un aliment aux passions jalouses de don Rodrigo : « L'officio mio ... non consiste in altro che in osservare gli andamenti di Delmira e rappresentarli à Sua Maestà, che pigliando gelosia per qualsivoglia lieve occasione, mi tiene regalato e premiato, et all' hora mi porta maggior affetto quando le porgo maniera di disperarsi e di darsi al diavolo. » Il trouve une manchette d'homme, qu'il ramasse, et qu'il se propose de remettre au prince. Il voit venir Florante et Delia, et se tient à l'écart pour les écouter.

Scena IV. — Florante et Delia se querellent amoureusement. Delia dit à Florante que Delmira a bien voulu écrire pour elle, qui s'était blessée à la main, une lettre qu'elle devait envoyer au page à Saragosse, mais qu'elle a gardée faute de trouver une occasion pour la lui faire parvenir. Florante lit la lettre. Cortadiglio se précipite et arrache la moitié de la lettre, avec laquelle il s'enfuit.

Scena V. — Le philosophe Teobaldo fait des représentations à don Rodrigo sur sa jalousie, qui, selon lui, devrait l'empêcher de songer au mariage, car, avec une si malheureuse disposition d'esprit, le mariage ne peut lui apporter que des chagrins et des tourments, et ne peut qu'être funeste à son royaume. Don Rodrigo en convient, et se promet de bannir désormais ses inquiétudes et ses soupçons.

SCENA VI.

DELMIRA, E RODRIGO RÈ.

DELMIRA.

Vengo a Rodrigo.

RÈ.

O mia adorata. Florante vi portò gl' avvisi?

DELMIRA.

Il tutto intesi, mio Sire.

RÈ.

Hò pur ragione s' io vi adoro. Pietro, a voi fratello, il Rè di Aragona mi vi negò per sposa, s' accese frà noi la guerra, e voi foste preda d' Errigo mio Generale. egli vi condusse prigioniera in questo Regno, del quale io vi havevo supplicata Regina. V' adorai, m' adorasti; il rapimento di questo tesoro fomentò a maggior segno l' ira di Pietro; si rinforzaro l' armi; accrebbero le forze; si credeva offeso vostro fratello; quando io in vece d' esserli nemico, sospiravo di venirli parente. Ma quando più fremeva Marte, e s' adirava Bellonia, voi sola, ò mia vita, con la carta d' amorevolissime relationi diretta al Rè d'Aragona sincerandolo dell' immensità de' miei affetti, della mia rispettosa devotione al vostro bello, con havere assigurato gl'Ambasciatori Aragonesi, che il mio genio innamorato di voi, si come fù necessitato al principio a risentirsi per la negativa fattami, così era prontissimo à giurare eterna amicitia a Pietro, e mentre revocasse quel nò, che mi rubbava l'anima del seno. Voi sola, ò Delmira, mi restituisti a gl'affetti di vostro fratello, mi consegnasti il tesoro della pace del Regno, e donandomi il vostro Amore, e la vostra fede, mi collocaste nell'auge d'un immortale felicità. E più possibile assegnare il numero alle stelle del Cielo, alle stille dell'Oceano, all'arene del mare, che prefigere i numeri di quelle obligationi, che mi rendono a voi schiavo, e soggetto.

DELMIRA.

La vostra Real gentilezza, ò mio Signore, ascrive a mia cortesia quelle attioni, che furono figlie del mio proprio debito; io non hebbi altra parte in queste riconciliationi, se non in attestare al Rè mio fratello, che vedendomi preda de' vostri, non solo non tentai difesa, ne provai affanni, ma ringratiai gl'influssi d'un'astro favorevole, che mi guidarono a voi, ch'eri il centro de' miei pensieri, la sfera de' miei affetti, rappresentai a Pietro, che da V. M. non fui trattata come nemica, ma accolta come imperante, e Regina, e giunta a questa Reggia, non solo fù tentata l'honestà mia (poiche non può cadere così vil concetto in un cuore innamorato) ma ricevei da voi libero dono di libertà, del Regno, di pace, e d'un'affetto maritale. Fui condotta a questo Impero, come nemica, e prigioniera de' vostri trionfi, e voi potevi havermi come vostra preda, e mi pregaste a divenire vostra sposa, e signora. Hora non dovevo io insinuare nella mente di mio fratello questi puri, et egregi sentimenti? Questi talenti, che divinamente vi adornano? Non dovevo io obligarlo ad adorarvi, sottrarlo a quel biasimo, ch'havrebbe contaminato la di lui grandezza, e publicatolo per ingiusto, operando diversamente? Non mi havevano queste vostre attioni da necessitare ad impugnar l'armi a i danni di mio fratello, mentre non havesse prestato assenso alle mie proposte? Eh, mio Rodrigo, eh, mio Signore, se io fui la tromba di queste glorie, voi la rendeste sonora, e gloriosa; onde a voi, non a me si deve quella lode che, usurpata ingiustamente a voi, mi tinge il volto di vergognoso rossore.

RÈ.

Delmira, non hò divinità, ond' io possa contrastare con voi, voglio, e devo credere alle vostre ragioni, e chiamandomi vinto, mi pregiarò di poter con le mie perdite arricchire i vostri trofei, imporporare i vostri trionfi.

DELMIRA.

Trionfi pur la verità, et il merito di Rodrigo.

RÈ.

Sia come volete. Hor ditemi, bella; non è giunta quell'hora, che volevi esser mia moglie?

DELMIRA.

Nò ancora, mio bene.

RÈ.

E chi comanda queste nuove dimore?

DELMIRA.

Rodrigo le comanda.

RÈ.

Se questo è vero, morirà Rodrigo.

DELMIRA.

Chi l' ucciderà?

RÈ.

Sì sà, io sarò l' homicida di me medemo.

DELMIRA.

Ricordatevi, che sete di Delmira.

RÈ.

E se io son vostro, perche non mi volete ricever per marito?

DELMIRA.

E voi, perche non mi volete ricever per moglie?

RÈ.

O Dio, come non vi ricevo, se ve ne supplico?

DELMIRA.

Et io, come vi rifiuto, se ad altro non aspiro?

RÈ.

Siamo dunque d' accordo, perche non si conclude?

DELMIRA.

E forza, ch' io ve lo dica.

RÈ.

Impatiente ve ne prego.

DELMIRA.
Sapete quando sarò vostra moglie?
RÈ.
Non mi tormentate più.
DELMIRA.
Quando vi ricorderete, ch' io nacqui Regina.
RÈ.
Come dire.
DELMIRA.
Quando crederete inalterabile il mio affetto verso di voi.
RÈ.
Pur troppo.
DELMIRA.
Quando stimerete la mia costanza insuperabile.
RÈ.
Anzi...
DELMIRA.
Quando non porrete in oblio la mia honestà.
RÈ.
Dunque...
DELMIRA.
E quando in somma sbandirete dal cuore quella gelosia, che vi constituisce nemico di voi medesimo, offende la mia riputatione; vi precipita nelle voragini de' tormenti, vi trasporta a deliri, vi arricchisci d'affanni, v'impoverisce di quiete, demolisce il Regno della pace, fabrica i trionfi di morte, e nell' aspetto del mondo inalza i colossi della mia vergogna.
RÈ.
Confesso, ò Delmira.
DELMIRA.
O mi credete infinitamente honorata, ò mediocremente honesta. Se tutta honorata, che sete geloso? Se mediocremente honesta, come potete amarmi? Non è questo il primo congresso, ch' hò fatto con voi, per estirpare dal vostro cuore questo cerbero latrante, che con avvelenata bocca e rabbiosi morsi vi lacera le viscere, vi dilania l'interno. Ogni mio cenno solete ricevere come assoluto impero, ma quando vi supplico a non esser di me geloso, sprezzate i miei memoriali, schernite i miei desiderii,

sete sordo alle mie preci, le quali non solo in questo caso perdono il solito vigore per sanarvi da questo contagio, ma vi augumentano le febri, vi accrescono i deliri, vi fiaccano l'anima, vi spingono alla morte, vi sotterrano vivo? Caro mio Rodrigo, adorato mio sposo, delitie di questo mio cuore, di questo seno, seno, che racchiude l'anima di Delmira, vi amo, vi bramo, vi sospiro, vi ambisco, vi supplico, vi adoro. Eccomi, non dirò vostra moglie, ma vostra soggetta, vostra humile, vostra serva, vostra schiava; ma disponetevi una volta, mio bene, a consolar le mie sventure. Fugate l'ombre gelose della vostra idea; purgate la vostra mente da così infausti vapori; spegnete con l'acqua della prudenza questi incendii voraci; distruggete con i purissimi raggi del vostro intelletto queste caligini sì tenebrose; e ricordatevi, ò mio diletto, che una Dama Reale è nemica delle frodi, incapace di mutationi, immutabile negli affetti, è constantissima, e immortale adoratrice del proprio honore.

RÈ.

Delmira anima mia, questo vostro discorso spira tutto amore, tutto prudenza. Errai quando vissi geloso; sarebbe maggior delitto il replicare alle vostre ragioni. Compatite, vi supplico, a' miei passati furori; perdonate a' miei trascorsi capricci; errai mia vita, errai, e per disporvi, ò cara, ad un generoso perdono, vi prego a ricordarvi che la sublimità delle vostre bellezze fù a parte ancor lei di questi miei falli. Rodrigo sù l'altare del vostro bello, al nume di vostra grandezza, giuro, ò Delmira, eterna abominatione alla gelosia, e nel tempio della vostra honestà con il coltello del mio Reale arbitrio ferisco, apro le viscere, dilanio, lacero, sveno, e già mi cade esangue a piedi questo mostro così portentoso. Così poc'anzi promessi alle calde persuasioni del filosofo Teobaldo. L'istesso ratificato a voi, che sete mio nume tutelare, mia deità riverita, mia stella protettrice, mio cielo dominante. Hor eccomi vostro, eccomi libero, eccomi devoto, amante, marito, e servo in questa mia destra.

DELMIRA.

Fermatevi in cortesia, Rodrigo, d'una gratia vi supplico.

RÈ.

Non supplica, chi può imperare.

DELMIRA.

Presto trascorre, veloce trapassa un giorno solo, vi supplico a sospendere le nozze per lo spatio d'un rapido corso di Sole, e non più. Che dite?

RÈ.

Al vostro volere è correlativa la mia obedienza; ma perche questo nuovo termine?

DELMIRA.

Per potere con un'esperienza di pochi momenti assicurar maggiormente l'anima mia, d'un'immortal contento, d'una gioia infinita.

RÈ.

Ah, v'intendo, Delmira, voi non mi credete.

DELMIRA.

V'ingannate, Rodrigo, io credo alle vostre promesse interamente, e le ricevo per infallibili dimostrationi, che voi non siate, ne vogliate mai più esser geloso; ma concedetemi ch'io sodisfaccia così ad un'amorosa filosofia, e di quanto mi persuadono le vostre pronte essibitioni, io resti acquietata con questa felicissima e breve esperienza.

RÈ.

Insino la filosofia mi perseguita. Se voi così volete, non hò che replicare.

DELMIRA.

Contentissima mi chiamo.

RÈ.

Nel seguente giorno dunque si publicheranno le nostre nozze?

DELMIRA.

Si, se non sarete geloso.

RÈ.

Prima mi fulmini il Cielo.

DELMIRA.

Tanto v'assigurate?

RÈ.

Non so'io signore di me stesso?

DELMIRA.

Le passioni dell'animo, ò mio Rè, non così facilmente si scancellano.

RÈ.

Un vostro comando, ò bella, è bastante a sovvertire l'istesso Fato.

DELMIRA.

Horsù in breve se ne vedranno gl'effetti.

RÈ.

Un'corso d'un sole, mi sembra un secolo.

DELMIRA.

Sospirato gioir giunge più caro.

RÈ.

Non si può racquistare tempo perduto.

DELMIRA.

Non perde il tempo, chi lo spende in fabricarsi l'eternità dei contenti.

RÈ.

Un cuore innamorato non conosce altra felicità che la presente.

DELMIRA.

Presto tramonta, e presto rinasce il sole.

RÈ.

Sempre è lungo quel tempo, che si misura con l'affanno.

DELMIRA.

Soffritelo costante se m'amate.

RÈ.

Soffrirò, sforzerò le mie proprie forze per obedirvi.

DELMIRA.

Sarete più geloso, Rodrigo?

RÈ.

Mai più sarò geloso, ò Delmira.

DELMIRA.

Mi rallegro di questo coraggio.

RÈ.

Preparatevi pur alle nozze.

DELMIRA.

Mi stimolate alle delizie.

RÈ.

Vi ricordo la promessa.

DELMIRA.

Procurate pur voi di non alterare i patti.

RÈ.
La mia costanza è insuperabile.
DELMIRA.
Il mio affetto è inestinguibile.
RÈ.
Care parole.
DELMIRA.
Voci gradite.
RÈ.
Mia vita, mi parto.
DELMIRA.
Mio cuore, vi lascio.
RÈ.
Domani sarete mia moglie?
DELMIRA.
Stà a voi l'essermi marito.
RÈ.
Hore, volate.
DELMIRA.
Gelosia, dileguati.
RÈ.
Odiosi indugi.
DELMIRA.
Maledetti sospetti.

SCENA VII.

CORTADIGLIO, E RODRIGO RÈ.

CORTADIGLIO.
Delmira di là, et il Rè di quà. Pur lo trovai. Mio Signore, mio Sire, son quì. Supplico V. M. di breve audienza per negotio di non lieve importanza.
RÈ.
Cortadiglio, che porti?
CORTADIGLIO.
Fui questa mattina quì nella stanza di Delmira.

RÈ.

Sì, sì, hò inteso quanto a Delmira, non occorremi d'avantaggio saper altro, hò parlato con lei, e siamo aggiustati, e tutto stà bene.

CORTADIGLIO.

Godo che V. M. sia sincerata del tutto; ma io, che devo fare di questo manichino, e di questo pezzo di lettera?

RÈ.

Che lettera vai tu dicendo?

CORTADIGLIO.

Questo manichino hò trovato in terra quì nella camera di Delmira, questo pezzo di lettera l'hò strappato di mano a Florante, che la leggeva nella medesima camera; e perche V. M. mi dice che si è aggiustato con Delmira, ond'io suppongo ch'ella habbia ritrovato la verità del fatto, stò quì per consegnare il tutto a V. M. ò a chi più comanderà.

RÈ.

Questo era in terra quì in camera di Delmira?

CORTADIGLIO.

Senza dubbio.

RÈ.

Cadde ad un'huomo al siguro. Un'huomo dunque fù in camera di Delmira.

CORTADIGLIO.

Senti, si và fabricando castelli in aria.

RÈ.

Meco discorse a lungo poc'anzi, e non me ne fè parola, ma che, sarà stato alcuno di Corte, et ella forse non haverà havuto notitia; ma chi sarà stato tanto ardito di trapassare nelle stanze di Delmira senza sua licenza. Vedrò questa carta. Questo è carattere di Delmira, vedrò quello posso ritrarre da questa mezza scrittura. (Legge la lettera stracciata).

« Adorato
« Quell'affetto, che tu mi giurasti, ò mio
« M'assigura, che tu non sia per sdeguare
« Anzi spero apportarti conforto
« Con la quale t'invio l'anima, et
« Non ti maravigliare, ò mio bene.

« Ben conoscerai questi caratteri
« Tu sei in Saragozza. Ah lontananza,
« A morte, ritorna, ò mio caro, et
« Vieni a colei, ch' è lontana da te
« Mia vita a Dio, amami quanto
« E se a me non verrai, io a te verrò
« Di te mio bene,
  « Valenza,
     « Eterna adoratrice Del »

Che vuol dir Delmira; appunto il carattere è di Delmira, la sottoscrittione parla di Delmira, questi mozzi concetti mostrano una pienezza d'affetto; l'amato si ritrova in Saragozza. Il tradimento è certo, l'inganno è palese.

CORTADIGLIO.

Vedi come stà immobile, pare di sasso. Horsù il Rè è in estasi.

RÈ.

O Dio.

CORTADIGLIO.

Ohimè.

RÈ.

Questi caratteri sono tante trombe, che publicano queste sciagure; questa carta è un'abisso, ch'apre e spalanca al mio guardo una prospettiva di delitti, un'apparato di tradimenti, un teatro di sceleraggine. Senti tù. E chi tenne in mano questo foglio?

CORTADIGLIO.

A me, Sire?

RÈ.

A te, sì. A chi levasti questa parte di lettera.

CORTADIGLIO.

La tolsi di mano a Florante.

RÈ.

Era solo Florante?

CORTADIGLIO.

Era con Delia.

RÈ.

Parti, fuggi, vola.

CORTADIGLIO.

Vado, corro, sparisco.

RÈ.

Morrirà Florante, ucciderò Delia, svenerò Delmira, perirà Rodrigo. Ma pensiamola un poco meglio. Non può esser questa lettera scritta da Delmira avanti che mi amasse, et in questo caso non sarebbe ella priva di colpa? Sì adagio, Rodrigo; saldo, Rodrigo, non precipitare le risolutioni; frena gli spiriti della gelosia. Ma che dico, ò mal' avvisato; la data non si legge in Valenza? E se in Valenza fù scritto in ogni modo, in ogni tempo, non son io tradito? non son' io ingannato? non son' io morto? Ecco Delmira. Oh Dio, e non vuol questa fiera, ch' io non m'ingelosisca! Vedi come viene baldanzosa, che sfacciataggine! Si può veder peggio? Dissimularò l'ira, cesserò il rancore, e con breve esame ò la farò cadere ne i lacci delle bugie, ò la necessiterò a confessar il delitto, e poi m' appiglierò a quelle risolutioni, che mi somministreranno un giustissimo sdegno e un disperato coraggio.

SCENA VIII.

DELMIRA, E RÈ RODRIGO.

DELMIRA.

E quì ancora io vi ritrovo, ò mio Signor, e qual privilegio hanno hoggi i miei appartamenti, onde son fatti degni per tant' hore della Real presenza di V. M.

RÈ.

Vengo a riveder quel Cielo, che racchiude la vostra divinità, ò Delmira.

DELMIRA.

Dall' erario d' un' animo Regio vuole la M. V. dispensarmi ad ogn' hora gratie e favori.

RÈ.

Tralasciamo, vi prego, questi amorosi complimenti. Ditemi in cortesia. O Dio, che pena!

DELMIRA.

Dite pure, ò mio Signore.

RÈ.

Venne alcuno questa mattina nelle vostre stanze?

DELMIRA.

Non che mi souvenga; ah, dico male, vi fù Florante a ragguagliarmi della pace.

RÈ.

Venne solo, ò con altri?

DELMIRA.

Solo, per quanto io viddi, ne altri al certo mise i piedi nei miei appartamenti.

SCENA IX.

FLORANTE, DELMIRA, E RÈ RODRIGO.

FLORANTE.

O qualcheduno l' hà trovato, e non mi può esser caduto se non quì. O mio Signore! Perdonimi V. M.: andavo a capo chino, e non havevo osservato; la riverisco, e mi parto.

RÈ.

Senti, senti, che cerchi?

FLORANTE.

Nulla, nulla, non è cosa di momento.

RÈ.

Ti comando il dirlo.

FLORANTE.

E una bagatella; andavo cercando un manichino, che questa mattina hò perduto, et è il compagno di questo, che tengo al braccio.

DELMIRA.

Discorre con Florante, che vi sarà di nuovo?

RÈ.

Son chiaro di questo. Io lo trovai, prendilo, parti, e non parlare.

FLORANTE.

Rendo gratie humilmente a V. M. Vò per i fatti miei, e non apro la bocca per una settimana.

DELMIRA.

Voleva cosa alcuna Florante?

RÈ.
Mi ricercava, et io l'hò licentiato.
DELMIRA.
E per qual fine m'interrogava di lui la V. M. poc' anzi?
RÈ.
Una mia semplice curiosità.
DELMIRA.
La curiosità suol' esser sorella della gelosia.
RÈ.
Lasciamo di gratia da parte la cosa di Florante. Ditemi, da po che sete in Valenza, inviasti giamai lettere a Saragozza?
DELMIRA.
Scrissi a D. Pietro mio fratello più volte, V. M. non lo sà?
RÈ.
E non ad altri?
DELMIRA.
E non ad altri.
RÈ.
Guardate bene.
DELMIRA.
In questo non posso errare.
RÈ.
Non potete errare, eh? Conoscete questi caratteri? (Li mostra la mezza lettera.)
DELMIRA.
Ben li conosco, io li formai.
RÈ.
Che direte, quand' io vi mostrerò, che gli scrivete in Valenza e l' indrizzate a Saragozza?
DELMIRA.
Dirò che Delmira non può mentire.
RÈ.
E pur mentite, per amore, ò per forza.
DELMIRA.
Rodrigo.
RÈ.
Delmira.
DELMIRA.
Voi non mi conoscete ancora.

RÈ.

Son scoperte le vostre attioni.

DELMIRA.

Dichiaratevi meglio.

RÈ.

Et havete faccia d' ascoltarmi?

DELMIRA.

L' innocenza è incapace di rossore.

RÈ.

Povera innocenza! maltrattata deità! strapazzato Nume! voi trattate d' innocenza?

DELMIRA.

Sì, sì, se la porto nel cuore, la posso far risonare nelle mie voci.

RÈ.

Che ardire! Questo carattere è vostro; il concetto di questa scrittura è assolutamente amoroso. Voi ardete per altro oggetto, et io son tradito, e voi sete convinta.

DELMIRA.

Io scrissi quella lettera, la lettera è diretta ad un' Amante riamato, et aspersa di tenerezze e d' amore, ma Delmira non commesse mancamento; voi non sete tradito, et io hò pronte le difese.

RÈ.

E chi scrisse questa lettera?

DELMIRA.

La sottoscrittione fù di questa mano, ma non di Delmira.

RÈ.

Si può sentire più ardito paradosso?

DELMIRA.

Sì vidde giamai più religiosa verità.

RÈ.

Questa sillaba *Del* è il principio del nome di Delmira.

DELMIRA.

E questi sospetti non sono il compendio d' ogni felicità.

RÈ.

Et ancora presumete di scolparvi?

DELMIRA.

E che direte quando haverete toccato con mano i vostri errori?

RÈ.

Dirò che il sole sia oscuro, il tempo immobile, freddo il fuoco, immobile la fortuna, mutabile il fato, delitioso l'inferno.

DELMIRA.

Hor conservatevi di questa opinione, et attendete. Delia, eh là.

RÈ.

Come si fà forte costei.

DELMIRA.

Delia ancora non odi. Ah Rodrigo, Rodrigo!

RÈ.

Sentite, Delmira, questa mia diligenza è una mera curiosità.

DELMIRA.

Chi vi dimanda da questo?

RÈ.

Mi protesto che non son geloso.

DELMIRA.

Non è tempo d'essaminare questo punto; Delia, in mal' hora.

SCENA X.

DELIA, DELMIRA, E RÈ RODRIGO.

DELIA.

Son quì, Signora.

DELMIRA.

Sturate l'orecchie, Rodrigo; aprite l'orecchie. Io non guardo in viso a Delia. Dimmi tu, dove è quella lettera, che hieri ti consegnai?

DELIA.

La diedi questa mattina a Florante.

DELMIRA.

Chiamisi Florante.

DELIA.

Ecco, che viene. Florante, accostati.

SCENA XI.

FLORANTE, ET I MEDESIMI.

FLORANTE.

Che comanda V. A. ?

DELMIRA.

Osservate bene, Rodrigo. Dammi la lettera, che ti consegnò Delia questa mattina.

FLORANTE.

La metà la presento a V. A. e la coperta d' essa.

DELMIRA.

Ov' è l'altra parte?

FLORANTE.

Cortadiglio in questo luogo me la strappò di mano.

DELMIRA.

Partitevi voi altri. (Parte Delia, e Florante.) Tenete, Rodrigo, congiungete con quest' altra metà della lettera, che vi diedi (come credo) il vostro confidentissimo Cortadiglio; leggete, studiate, considerate, e poi voi stesso sententiate, e decidete; leggete forte.

« Adorato mio bene.

« Quell' affetto, che mi giurasti, ò mio caro Florante, a bastanza
« m'assigura, che tu non sia per sdegnare questi affetti della mia
« divotione, anzi spero apportarti conforto con indrizzarti questa
« carta, con la quale t' invio l' anima et i spiriti miei ad adorarti.
« Non ti maravigliare, ò mio bene, se per altra mano il fò scrivere,
« e ben puoi riconoscere questi caratteri, che per me (a caso
« ferita) scrive la mia Signora. Tu sei in Saragozza. Ah lontananza,
« che mi conduce miseramente a morte! Ritorna, ò mio cuore, e
« se non per l' affetto, almeno per pietà, vieni a colei, che lon-
« tana da te vive in un mar di tormenti. Mia vita, a Dio, amami
« quanto amo te; torna a Delia tua.

RÈ.

Delmira.

DELMIRA.

Leggetela tutta. (Seguita la lettera.)

RÈ.

« E se a me non verrai, io a te verrò.

DELMIRA.

Finitela. (Segue a leggere.)

RÈ.

« Di te, mio bene,
  « Valenza,
« Eterna adoratrice, Delia di Castiglia. »

DELMIRA.

Di che temete? Perche temete?

RÈ.

Dubito haver errato, Delmira.

DELMIRA.

Ma però non sete siguro?

RÈ.

Credo più tosto di sì.

DELMIRA.

Ancor dite : credo?

RÈ.

Hò errato al siguro, perdonate mi, Delmira mia.

DELMIRA.

Che occorre, ch' io perdoni, se frà poco si dissolverà l'universo.

RÈ.

Come dire?

DELMIRA.

Gia che dite haver il torto, per haver toccato con mano la mia innocenza, si vedrà frà poco oscuro il sole, fermar il tempo, immobile la fortuna, ameno l'inferno, et alterabile il fato. Oh non vi pare, che queste prodigiose novità siano habili a dissolvere il mondo tutto?

RÈ.

Ancor mi schernite?

DELMIRA.

Rodrigo, a dio!

RÈ.

Ove ve n' andate?

DELMIRA.

Ove voi non sete.

RÈ.

Eh, mia vita!

DELMIRA.

Che mia vita?

RÈ.

Oh mia diletta!

DELMIRA.

Modestia, eh là.

RÈ.

O mio tesoro!

DELMIRA.

Così sfacciato?

RÈ.

Pietà, Delmira!

DELMIRA.

Che havete che far di me voi?

RÈ.

Non sete voi mia?

DELMIRA.

Non vi conosco.

RÈ.

Con questi novi rigori mi tormentate?

DELMIRA.

Con questi antichi sospetti mi uccidete?

RÈ.

Questa lettera mi comanda il dubitare.

DELMIRA.

Questi furori mi sforzano a non vi conoscere.

RÈ.

Placatevi, vi prego.

DELMIRA.

Suppliche importune.

RÈ.

Mai più non sarò geloso.

DELMIRA.

Promesse vilipese.

RÈ.

Ne giurerò l' osservanza.

DELMIRA.

Per divenire spergiuro.

RÈ.

V' ingannate, ò Delmira.

DELMIRA.

Ci conosciamo, ò Rodrigo.

RÈ.

Provate ancora questa volta.

DELMIRA.

Ridicolosa proposta.

RÈ.

Vi supplico di perdono.

DELMIRA.

L' offesa fù nell' honore.

RÈ.

Non può offendere chi adora.

DELMIRA.

Non sà adorare chi può sospettare.

RÈ.

Senza voi non posso vivere.

DELMIRA.

Questi affronti mi danno la morte.

RÈ.

Pace, mia vita!

DELMIRA.

Non vuol pace, chi ferisce.

RÈ.

Pietà, mio bene!

DELMIRA.

Non la merita un' ingrato.

RÈ.

Mi volete voi morto?

DELMIRA.

Nò.

RÈ.

Ritornatemi in gratia.

DELMIRA.

Ci penserò.

RÈ.

Ogni dimora mi abbrevia la vita.

DELMIRA.
In breve vi darò risposta.
RÈ.
Perche non adesso?
DELMIRA.
Non son risoluta.
RÈ.
Ah! Delmira crudele.
DELMIRA.
Ah! Rodrigo inhumano.
RÈ.
Se voi provaste il mio duolo!
DELMIRA.
Se voi sentiste il mio tormento!
RÈ.
Dunque mi amate?
DELMIRA.
Non sò negarlo.
RÈ.
Sarete mia sposa?
DELMIRA.
Sarete geloso?
RÈ.
Nò.
DELMIRA.
Sì.
RÈ.
Cortese sentenza.
DELMIRA.
Soverchia mia facilità.
RÈ.
Mi chiamo fortunato.
DELMIRA.
Perche io son volubile.
RÈ.
Sono spenti i rigori.
DELMIRA.
Perche io son' amante.

RÈ.

Eccomi vostro.

DELMIRA.

Perche io son donna.

RÈ.

Havete vinto.

DELMIRA.

Scandalosa vittoria.

RÈ.

Chi è pietoso è trionfante.

DELMIRA.

Chi è innamorato è pazzo.

Scena XII. — Devant le palais de Valence. Don Pietro, roi d'Aragon, explique à son serviteur Diego qu'il vient incognito pour voir sa sœur Delmira. Diego compte sur Florante pour leur procurer l'entrée du palais.

Scena XIII. — Florante, à qui Diego remet une lettre de don Ramon, cousin de Delia, qui consent au mariage de Delia et de Florante, s'empresse de se mettre à leur service.

Scena XIV. — Don Pietro demande à Florante de faire savoir à Delmira qu'un cavalier de Saragosse désire lui parler, et rien de plus. Cortadiglio les épie; il entend quelques mots qui lui paraissent compromettants pour Delmira.

Scena XV. — Cortadiglio se dispose à aller avertir le roi. C'est la fin du premier acte.

ATTO II.

Scena I. — Dans les appartements royaux. Delmira écrit à la duchesse Belisa.

SCENA II.

RODRIGO RÈ, E DELMIRA.

RÈ.

Scrive Delmira. Vedi, che maestà; ò mia cara, ò compendio animato d'ogni bellezza, galleria delle gratie, pompa del cielo d'amore; che pagherei io a sapere ciò che scrive! (Si va accostando.) Stà; forma una lettera.

DELMIRA.
Sento il Rè, che stà osservando.
RÈ.
Parmi, parmi di legger il titolo. O Dio! e leggerò vita mia.
DELMIRA.
Intendo, intendo; il male è incurabile, voglio prevenirlo. Termino la lettera, e sigillo la carta.
RÈ.
Patteggerei di perder la luce di quest' occhi, purch' io potessi leggere quella lettera.
DELMIRA.
Troppo gran prezzo per comprar mercantia così leggiera. Formo la soprascritta.
RÈ.
Stà chiusa la carta, et io sento aprirmi il cuore; voglio ritirarmi, e fingere di sopragiungere.
DELMIRA.
Et io fingerò di non l' haver sentito, e incontrerò per minor male l' appagamento della sua curiosità; impatiente ritorna. Oh, mio Signore.
RÈ.
Oh, mia Regina, gran dire, che lontano da voi non trovi quiete l' anima mia, onde è forza ch' io venga a ritrovarvi, e forse a conturbare la vostra quiete.
DELMIRA.
Anzi ad accrescere i miei contenti, massime hora, che posso e devo credere che siate libero da furori di gelosia.
RÈ.
Liberissimo. Di gratia parliamo d' altro. Ditemi, in qual parte trapassaste l' hore da poi ch' io non vi vidi?
DELMIRA.
Assalita dal sonno mi gittai poc' anzi sù le piume, e sin' hora hò dormito.
RÈ.
Ah, tu menti, Delmira. (Dicendo frà se.) Dormito eh?
DELMIRA.
Dormito sì, Signore, anzi hò fatto un sogno, che così al vivo mi stà impresso nell' idea, che mi sembra d' haverlo presente.

RÈ.

Ah, bugiarda. (Frà se.) E che sognaste per vita vostra, cara Delmira?

DELMIRA.

Havete caro che ve lo racconti?

RÈ.

L'istanze, che ve ne fò, ve ne facciano fede.

DELMIRA.

Udite per gratia, e ridete. Pareami di sedere, e star scrivendo una lettera, e che voi, ò Rodrigo (sentite pazzia) entrando in camera mia, e vedendomi scrivere, assalito dalla curiosità, procuraste destramente, e senza scoprirvi, di penetrare ciò ch' io stava scrivendo, e che havendo voi al fin veduto qualche parola, che poteva ingelosirvi, vi lasciaste intendere che volentieri havereste perduta la luce degli occhi per leggere la lettera ch' io scrivevo. Non è curioso questo sogno?

RÈ.

Sì certo.

DELMIRA.

Sentite il restante. Mi pareva poi, che voi vi ritiraste, e fingendo di sopragiungere, mi chiedeste in qual diporto io havessi consumate l' hore, e ch' io per consolarvi vi porgevo la lettera sigillata, acciò con la lettura d' essa si troncassero le forze d'una nuova gelosia. Hora, che dite, Signore. Vi paiono spiritosi questi fantasmi?

RÈ.

Spiritosissimi certo.

DELMIRA.

Ah, Rodrigo, Rodrigo; horsù non passo più oltre; prendete la lettera, apritela, vedete a chi è indrizzata, leggettela, e senza perder il lume degli occhi, racquistate una volta il lume dell' intelletto.

RÈ.

Voi incolpateme di sospetto, quando voi di me, Delmira, ingiustamente sospettate. Intendo le vostre arti, il pensiero è bello, la spiegatura è gentile, ma perche vediate ch' io non hò sospetto, non ricevo la lettera ne meno voglio sapere a chi è indrizzata.

DELMIRA.

Et io vi prego a riceverla, e leggerla, se mi amate.

RÈ.

Per potermi poi chiamare sospettoso, temerario, e ingelosito. Nò, nò, tenetevi la vostra lettera, non voglio saper altro.

DELMIRA.

Leggettela almeno per vederla, e per correggerla.

RÈ.

Voi havete buon' ortografia; non si possono sindicare le vostre scritture.

DELMIRA.

Posso pregarvi, ma non violentarvi, questa è la carta, a me basta poter dire con verità, ch' io vi pregai di leggerla, e voi ricusaste di farlo.

RÈ.

Io non feci giamai professione d' ostinato, e se è di vostra sodisfattione ch' io la legga, son pronto ad obedire.

DELMIRA.

Sì di gratia, obeditemi, datemi questo gusto. Per leggere una volta una lettera non si muore.

RÈ.

La prendo per farvi servitio.

DELMIRA.

Lo ricevo a sommo favore. Leggete hormai.

RÈ.

« Alla Duchessa Belisa mia Signora. » Saragozza. (Soprascritto della lettera.)
Hò visto, me l'imaginavo, che voi scriveste a qualche Dama vostr' amica.

DELMIRA.

Godo haver incontrato la vostra imaginatione; leggete pur il restante.

RÈ.

Già che così volete leggerò. Ma però mi dichiaro, lo fò per vostra sodisfattione. (Segue il leggere frà se la lettera.)

DELMIRA.

Quanto mi convien soffrire! Con l' acque delle mie essibitioni prevengo l' estintione di quegl' incendii, che potriano incenerire la mia quiete. Patienza, ò mio cuore, questi miei tormenti sono in pena d' un traboccheyole affetto.

RÈ.

Hò letto.

DELMIRA.

Hor che dice?

RÈ.

Lessi per contentarvi.

DELMIRA.

Vi piacciono i miei sogni.

RÈ.

Sete troppo accorta.

DELMIRA.

E voi troppo diligente.

RÈ.

Scriveste sognando?

DELMIRA.

Sospettaste vegliando.

RÈ.

Eccovi la carta.

DELMIRA.

Vi contentate, che la invii.

RÈ.

Voglio ciò che voi volete.

DELMIRA.

Basta, non siate geloso.

RÈ.

Già ve ne diedi la fede.

DELMIRA.

Ricordatevi d'osservarmela.

RÈ.

Mancherei a me stesso.

DELMIRA.

Adio, Rodrigo.

RÈ.

Adio, Delmira. (Parte il Rè.)

DELMIRA.

Se con l'antidoto della mia prontezza non fortificavo il cuore di Rodrigo, già lo vedevo assalito da i furori di gelosia. Con che gusto lesse questa lettera! benche mi offenda con il dubitare, mi muove a pietà di suoi dolori.

Scena III. — Entrevue de don Pietro et de Delmira, sa sœur.

Scena IV. — Rodrigo, amené par Cortadiglio, se présente et querelle violemment Delmira; il va jusqu'à mettre la main à l'épée. Aux cris de Delmira, don Pietro sort du cabinet où il s'est retiré.

Scena V. — Don Pietro se fait reconnaître par don Rodrigo, qui est de nouveau réduit à implorer son pardon.

Scena VI. — Devant le palais. Belisa en habit de cavalier, et Teresa en habit de page. Belisa vient voir Delmira; ayant appris que don Pietro, son amant, s'est rendu incognito à Valence, elle ne disconvient pas que cela n'ait beaucoup contribué à la décider elle-même à cette démarche. Elle prend le nom de Celidoro, et Teresa celui de don Perichitto.

Scena VII. — Florante sort du palais; il est reconnu par les deux femmes et interpellé par elles. Il les introduit au palais.

Scena VIII, IX et X. — Dans les appartements. Florante accompagne la duchesse Belisa et sa suivante. Il fait nuit.

Scena XI. — Entrevue de don Pietro et de Belisa dans l'obscurité. Celidoro feint d'être chargé par la duchesse de remettre à don Pietro son portrait.

Scena XII. — Delmira, à demi déshabillée, et Delia avec un flambeau, surviennent. Don Pietro reconnaît Belisa. Delmira et Delia emmènent coucher Belisa et Teresa.

Scena XIV. — Le prince Rodrigo et Teobaldo, le philosophe, se rencontrent. Ce dernier reproche au roi la jalousie qui le tient éveillé, et qui le fait ainsi rôder la nuit.

Scena XV. — Rodrigo dit qu'il vient seulement pour faire confirmer son pardon par Delmira.

Scena XVI. — Teobaldo revient et insiste. Le roi le repousse avec menaces, et il va frapper à la porte de l'appartement de Delmira.

SCENA XVII.

RÈ RODRIGO, E TERESA DI DENTRO.

TERESA.

Signora, Signora, sento bussare alla porta; volete ch' io risponda; non mi sentite eh? Dico ch' è bussato, che devo fare?

RÈ.

Sento parlare, hanno sentito al certo. Mi basta solo che Delmira mi confermi con vive parole il perdono, e poi con quiete andrommene al riposo in quel soavissimo nido di pace dormiranno quest' occhi. Vieni, mia cara, vieni, mia vita, non trafigger più chi t' adora. L' impatienza m' insegna a farmi sentir di nuovo. Tich, toch.

TERESA.

Vi dico che habbiamo gente alla porta; si vede che vogliono risposta, e forse passar quà dentro. Lassate pur fare a me, che già son mezzo vestito, e con questo lume in mano, e con questa spada sotto il braccio, dimanderò chi è, mi darò à conoscere, e mi farò portar rispetto.

RÈ.

Mi giunge nuovo questo tuono di voce. (Sù la porta.)

TERESA.

E beh? Chi va là? Chi è quel temerario, ardito, sfacciato, e così arrogante, che ardisce sù la mezza notte di conturbare i riposi nelle stanze della Duchessa Delmira? Sù presto dà il nome, cognome, la patria, l'essercitio, se vieni da te, ò pur mandato, se per negotii publici, overo privati, se sei con nome, ò senza, se sei solo, ò accompagnato, e sopra il tutto metti all'ordine la lettera di credenza, per presentarla a me, che in questo luogo, et in questo tempo fò la guardia, la ronda, la sentinella; son mastro di casa, maggiordomo, e segretario di Stato della Sig. Duchessa mia Signora Padrona osservandissima.

RÈ.

Sogno, ò pur son desto? che larve mi si rappresentano. Che è costui che mal tratta un Rè? Che fò, che penso, che risolvo?

TERESA.

Ancor non m'hai inteso? Sei tu, che hai bussato à questa porta?

RÈ.

Sò, sì.

TERESA.

Che chiedi?

RÈ.

Non sò.

TERESA.

Perche bussasti?

RÈ.

Per parlare a Delmira.

TERESA.

Stà in letto dormendo.

RÈ.

E tu, chi sei?

TERESA.

Son D. Perichitto di Castiglia, Rè de i begli humori, Imperatore dei bravi, e severissimo castigatore degl' imbriachi; e perche posso credere che tu sia uno di questi, non sò chi mi tiene, che con quattro colpi di spada non ti cavi tanto sangue dalle vene, quanto fù il soverchio vino che tu bevesti. Và dormi, porco, và al riposo, imbriacone.

RÈ.

Passerò quà dentro a viva forza.

TERESA.

Quà dentro. (Serra la porta, e và alla fenestra.) Eh, disgratiato, i palchi dorati non coprono i tuoi pari.

RÈ.

Giuro a me stesso.

TERESA.

Non bestemmiare. Vuoi far violenza? Non c' entrerai affè. Salva, salva. (Si ritira dalla fenestra.)

RÈ.

Io deluso! Io schernito! Forastieri nel mio palazzo! Forastieri in queste stanze! Sbranerò le mura, fracasserò le porte, svenerò gli hospiti, sovertirò l' universo. Eh là dico, ancor non s' apre. Tich, toch. (Bussa con calci.)

TERESA.

Ah sì non sentite, che la guerra rinforza? Vi dico ch' è un matto (voi non mi volete credere); bisogna mortificarlo, altro che parole. (Parla di dentro.)

RÈ.

E pur mi convien soffrire per penetrar il vero. Tich, toch.

SCENA XVIII.

BELISA, TERESA, E RÈ RODRIGO.

BELISA.

Lasciate fare a me, Signora Duchessa, che con bella maniera intenderò chi sia, e rimedierò ad ogn' inconveniente che havesse cagionato il Paggio. (Parla dentro.)

RÈ.

Altra gente forastiera in queste stanze? Se io non moro in questa notte, son composto di divinità.

BELISA.

Fà lume tu. E ben chì và là? (Fuori.)

RÈ.

Oh Dio, un giovanetto, e bello ancora. Saldo, Rodrigo.

BELISA.

Ancor non si risponde?

TERESA.

Ne vedrete delle peggio, se haverete patienza.

BELISA.

Havete battuto voi a questa porta?

RÈ.

Io bussai a cotesta porta?

BELISA.

E ben, chi cercate di quà?

RÈ.

Non ricerca, chi può comandare.

BELISA.

Che comandate dunque, per parlare a vostro modo.

SCENA XIX.

DELMIRA, TERESA, BELISA, E RÈ RODRIGO.

DELMIRA.

Ben me l'avvisai, ch'eravate voi, ò Rodrigo.

BELISA.

Rodrigo.

TERESA.

Il Rè!

DELMIRA.

Rodrigo sì. D. Celidoro ritornate a letto, e fatemi dal vostro Paggio sopra un torciere portar questo lume, e lasciatemi quì con Sua Maestà.

RÈ.

Resto immobile in vedere.

DELMIRA.

Non occorre altro nò, farò scusa per voi. Se mi amate, fate quanto vi disse.

BELISA.

Parto senza più replicare.

TERESA.

Il negotio è imbrogliato da vero.

SCENA XX.

DELMIRA, e Rè RODRIGO.

DELMIRA.

Ho sentito, che bramate parlarmi, eccomi a voi. Che non parlate? Rodrigo non mi sente? (Teresa porta il lume sopra il torciere, parte.) Un Rè impetrito? Un' amante immobile? Uno sposo di marmo? Questo vostro silentio dimostra indiscretezza, ò parlate, ò non vi chiamate offeso se vi lascio.

RÈ.

E che vuoi che io dica, perfida? Che il tuo appartamento è un postribolo? sarà poco; che tu sii adultera? sarebbe un' esaltarti; che io sia tradito? saria una delitia; che la fede sia morta? ecco i funerali nel tuo volto. Eh, le perfidie sono scoperte, già lo sappiamo; che il tuo cuore sia un ricetto d' impudicitia? chi può dubitarlo; che tu la sentina, l' epilogo, il compendio, l' erario d' ogni più scelerato delitto? si tocca con mano; e che vuoi tu che io dica, fango degli scettri, Regina plebea, sposa venale, adorata sacrilega, nemica dell' honore, et indivisibile compagna del tradimento.

DELMIRA.

Rodrigo, chi negasse che dall' arco della tua bocca non scoccassero tanti strali d' offese, quante parole nominasti contro di me, si potrebbe con ragione chiamare privo di sentimento Tu non parli in cifra nò. Mi chiami adultera, impudica, perfida, scelerata, et in somma vai descrivendo con impetuosi concetti, non dirò una figlia d' un Rè, una Duchessa honorata, una Delmira, che t' adora, ma un mostro d' Inferno, e un' obbrobrio del mondo, una meretrice dissoluta.

RÈ.

Revocherai dunque?

DELMIRA.

Piano; quando tu parlasti, e' con i coltelli delle parole mi sbranasti le viscere dell' honore, io tacqui. Tocca à me adesso. Se vuoi dir più, soggiungi. Se più non vuoi dire (ma che più si può dire?) è dover parimente che tu taccia. Ma ascolta, ne aspettare, che sdegnosa, ò scomposta io ti ragioni, ma tutta amore, tutta flemma, e come quella, che prova al cuore gli stimoli della pietà, che tu non meriti, farotti sentire l' armonia della mia innocenza, in tutto dissonante dalla bestialità de i tuoi sospetti?

RÈ.

E chiamerai sospetti?

DELMIRA.

Tocca à me, ò Rodrigo. Se vuoi imputarmi di più, parla; se non, rispondimi a tempo; et intanto taci.

RÈ.

Parla pure.

DELMIRA.

Lodato il Cielo. Il torrente dell' ingiurie con le quali mi affrontasti non hebbe origine d' altro fonte, se non dall' haver tu visto con i proprii occhi in mia camera quel giovane cavaliero, che D. Celidoro poc'anzi io nominai, insieme con quel suo paggio, che fù il primo a darti risposta. Non è vero?

RÈ.

Che? Vorrai dire forsi che questo non ti toccò un dito; che t'ama platonicamente, che lo raccogliesti per termine di cortesia, che è tuo parente, che fosti ingannata, e simili vanità?

DELMIRA.

È possibile che tu non possa tacere? Nissuna di coteste difese potrei allegare senza offesa della verità; anzi voglio avvalorare i tuoi sospetti, ingigantire la tua ragione, e gonfiare la tua pazzia, con accrescere per hora nel tuo concetto i miei errori. Io confesso haver raccolto quel personaggio, come amato da me al pari d'ogn'altro; confesso che passarono trà noi teneri abbracciamenti, soavissimi baci, con quel più (senti bene) che si può imaginare fra una coppia della nostra sorte; confesso di più che in un' istesso letto con me egli giacque in questa notte, e giacerebbe ancora nelle mie braccia (vuol parlar il Rè) (taci se vuoi) se tu impatiente non me lo disturbavi; confesso che non fui ingannata, ma ben lo conobbi, e lo raccolsi; confesso che non lega i nostri affetti legami di parentela, ma si bene un nodo amoroso ne stringe l'animo, e ne imprigiona gli arbitrii, incatena i cuori. Hor vedi se voglio valermi delle tue vane difese, anzi che renuntiando a quelle come assolutamente false, confesso a mio danno per hora ogni circostanza aggravante la mia causa.

RÈ.

E vorrai dunque...

DELMIRA.

Oh, sia maledetto; io dico a tuo modo, et ancora non ti contenti. Vuoi tu dir più?

RÈ.

Voglio dir solo che tu non credessi, ò perfida maga, che questa tua confessione fatta in tempo, che sei convinta, potesse dispormi, non che indurmi al perdono.

DELMIRA.

Perdono? E chi ti chiede perdono? Si raccomandano i rei, non gl'innocenti; non si tratti di perdono nò per la mia parte. Torniamo a noi. Hor dimmi, avanti che tu procedessi a catterizzar d'infamia una Delmira, perche prima non l'interrogavi? Perche non dicevi queste, ò simili parole? « Delmira, un cavaliero è nelle tue stanze. Io ben lo viddi. Tu non puoi negarlo, ne la tua nascita t'addottrinò a mentire: Dimmi chi è costui, come lo raccogliesti? Chi l'introdusse ne' tuoi appartamenti? Come si trova nel mio palazzo senza mia saputa? » Questi erano interrogationi di huomo discreto; queste erano richieste da un' amante conoscitore della mia fede, e della mia grandezza; et io in quel caso haverei saputo torvi alle maschere dell'apparenza, e denudando la pura verità, haverei sodisfatto alla tua giusta curiosità, e sgombrate dal cielo della tua mente le tenebre de i sospetti, et i nembi d'una gelosia non senza qualche ragione concepita. Ma tu a tante prove avvezzo a ritrovar trà le sognate tempeste de i miei mancamenti una tranquillissima pace della mia purità; tu, che poc'anzi, e per avanti ben cento volte giurasti dar bando perpetuo dal regno della tua idea alle gelosie più evidenti; che tu (dico) ò Rodrigo, cominci à processarmi da una sentenza definitiva d'obbrobrii e d'infamie, connumerandomi frà le Taidi e le Frini, è un portento insopportabile, è un misfatto intollerabile, è un delitto incapace di perdono.

RÈ.

E che potevi tu rispondere, quando anche rinegando i proprii sensi, t'havessi per povertà di spirito così placidamente interrogata? Vorrei forse dire che fosti tradita, e che D. Celidoro ti fosse condotto in letto, creduto da te per Rodrigo? O forsi vorrai dire che per forza di magia sei stata assassinata? Eh Delmira; non credono le teste coronate le vanità del volgo, ne tu sei sì semplice da lasciarti ingannare, anzi sei così scaltra, che meriti il nome di perfida e di scelerata.

DELMIRA.

Vedi come ancor tu a tuo dispetto, per cavarmi di bocca la verità delle mie difese (che al fine risulterà in tuo danno e vergogna) vai machinando le mie discolpe. Horsù io t'hò condotto ove io volevo, fa pur conto d'esser giunto al luogo del precipitio, ove t'hà condotto la cecità della tua mente, e quelle furie di gelosia, che si prendono a giuoco il flagellarti. Hor senti. Ch'io sia innocente, non dimostrerò, con altra prova, se non co'l dire che son Delmira, e se non è così, già la mia vita è nelle tue forze, e se io morirò, danna la mia fama ad un'infame memoria, che così è giusto. Hor vedi, e questo mio decreto sia una leggier pena, et un soave gastigo meritato da te per l'offese, che poc'anzi mi facesti. Apri l'orecchie, che ti bisogna, Rodrigo. Se tu intendi bene...

RÈ.

Intendo.

DELMIRA.

Se tu vorrai ricevere per mia discolpa intera la mia attestatione sola d'esser io innocente, son pronta in questo punto ad esserti moglie in effetto, come già sono in parola conditionata.

RÈ.

O bel pensiero!

DELMIRA.

Piano, se tu vuoi, che dirò tanto che ti piacerà. Se tu vuoi dunque credere à me, et al mio detto, e credere il vero, eccomi quà tua. Ma se della mia innocenza tu vuoi una piena giustificatione, e creder co'l senso le mie discolpe, qual'esibisco rappresentarti più chiare della luce del sole, non sperare più gli affetti di Delmira, et avvezza la tua memoria hora per sempre a scordarti d'haver conosciuta questa Dama offesa, quest' innocente condannata, quest' adorante da te avilita. Hor pensa, e risolvi. Il tempo passa. Io non voglio vivere in questo concetto, ne meno appresso di te, benche furente; et eleggo quest' hora fatale per uscir d'un laberinto di tormenti, d'un mare di travagli, d'uno abisso di miserie.

RÈ.

Se un' anima tormentata da i Demoni più adirati fosse capace di riso, tu mi faresti ridere trà l'angoscie. O perfida! si potea inventare una retorica più diabolica di questa? Si può imaginar una dialetica più scelerata? Affidata nell' amor trabocchevole, che io ti porto, allettandomi con un gioir vicino, vuoi nel primo caso sforzarmi à credere a te co'l rinegare i proprii sensi, overo necessitar nel caso ad un' impossibile, co'l privarmi d'un bene da me già sospirato. Torno a dire a Delmira, sopra i banchi Reali non si spacciano monete d'imaginationi, alchimia di bugie.

DELMIRA.

Ne meno voglio prorompere in scandescenze, benche tu mi chiami inventrice di menzogne e falsità, e perche sò molto bene, che io non posso necessitare la tua indiscretezza ad accettare un partito sì ragionevole. Mi farò lecito il disporre del mio arbitro.

RÈ.

E che farai, per vita tua?

DELMIRA.

Farò in questo punto toccar con mano a i Cavalieri, e Dame di questa corte, che Delmira è honorata, e che i tuoi sospetti son di fumo, e che Rodrigo è pazzo; poi partendomi da te (ò ladro di mia riputatione!) mai più volgerò gli occhi a quel clima, che ti ricopre, et allontanandomi per sempre da mostro così scelerato, da una fiera così abominevole e velenosa, come tu sei, ogni luogo ove tu non dimori chiamerò stanza di Paradiso. Hor dunque risolvi, che se tu hora non risolvi, io già son risoluta.

RÈ.

Non provo maggior stupore, quanto in sentirti così ardita, e sfacciata in offerirti à giustificare la tua innocenza d'un cuor contaminato, e la candidezza d'un' animo d'inferno.

DELMIRA.

Non t'addossar le brighe degl'altri; pensa à quello che tocca a te; adempisce le tue parti; e se io non adempisco le mie, uccidemi, vituperami, che io son contenta.

RÈ.

Tant' è, non posso risolvere adesso.

DELMIRA.

Ne io posso tardare l'essecutione de' miei decreti. Portia, Delia, Teodora.

RÈ.

E che pensi di fare?

DELMIRA.

Svegliar la mia servitù, acciò vada à ritrovare, e condurre qui testimonii, che vedino il vero, e tu in tanto non ti partire, acciò non credessi che io facessi fuggire il cavaliero, e giocassi di mano. Delia.

RÈ.

Taci; son risoluto.

DELMIRA.

Di pure.

RÈ.

Voglio...

DELMIRA.

Mai più.

RÈ.

Ti voglio necessitare a mostrarmi la tua innocenza.

DELMIRA.

Lodato il Cielo. Ma però non sperare che io sia più per amarti.

RÈ.

Così sia.

DELMIRA.

Averti, Rodrigo, te ne pentirai.

RÈ.

Purche à quest' hora tu non sii pentita d'havermi promesso l'impossibile.

DELMIRA.

Hor ce ne avederemo. Hora dò fuoco alla machina; chi si abbrugia suo danno, chi và in fuoco e fiamma non si lamenti. Dammi la mano.

RÈ.

A che fine?

DELMIRA.

Per segno di fede, et osservanza frà noi della promessa fatta.

RÈ.

Ecco la mano.

DELMIRA.

Io prometto a Rodrigo di far sì, che l'istesso Rodrigo mi confessi innocente, e tu?

RÈ.

Et io, che devo promettere?

DELMIRA.

Mentre io necessiti te medesimo a confessare la mia ragione, devi promettere non solo di non aspirar mai più a gl' affetti miei, ma rinuntiandoli per sempre, far conto di non havermi mai conosciuta, ne mirarmi, ò aspirare d'esser da me guardato in viso. Non è così?

RÈ.

Così appunto.

DELMIRA.

Io così giuro.

RÈ.

Così giura Rodrigo.

DELMIRA.

Tocca a me prima adempire la promessa; e nota con brevità. Eh là, D. Perichitto. Ancor non odi?

SCENA XXI.

TERESA, DELMIRA, E RÈ RODRIGO.

TERESA.

Son quì, e tanto indugiate a tornare? D. Celidoro si è finito di vestire, vedendo che voi non tornate à letto.

RÈ.

Bel principio di discolpa.

DELMIRA.

Dì à D. Celidoro, che mi scusi, perche l'accidente hà così portato, che non mancherà tempo di goderci, e vederci di nuovo.

RÈ.

E questa non vale un tesoro? Ancor non mi avvedo che mi burli.

DELMIRA.

Adagio, non ti levare in furia, che frà poco sarai più mansueto; non dubitare. Dirai à D. Celidoro che si compiaccia venirsene subito quà da me per negotio, ch' importa.

TERESA.

Vado correndo. V. Maestà mi perdoni, se poc' anzi...

DELMIRA.

Và pur via, non è tempo adesso.

TERESA.

Vado; ma non occorre. Ecco D. Celidoro, che viene.

SCENA XXII.

BELISA, TERESA, DELMIRA, e RÈ RODRIGO.

BELISA.

Parmi che mi chiamaste, Signora; è così?

RÈ.

Oh Dio. E tanta patienza hà un Rè!

DELMIRA.

Vi chiamo, e con gran desiderio. Fermatevi vi prego. Hor dimmi, Rodrigo, non è questo il personaggio per cui t' insospettisti?

RÈ.

Anzi è quello, che mi accertò de tuoi tradimenti.

DELMIRA.

Conosci questo cavaliero?

RÈ.

Sento che si chiama D. Celidoro.

DELMIRA.

Per dirti la verità, non è questo il suo nome.

RÈ.

Oh, oh, nella mutatione del nome vogliono fondare le difese.

DELMIRA.

Nel nome appunto. Quando il nome però diverifica l'osservanza. Questo è un cavaliero, che fece un longo viaggio, per condursi à Valenza, e se bene si chiama Celidoro, hoggi il suo vero nome sallo qual'è (ò barbaro impazzito!): si chiama la Duchessa Belisa, quella à cui questa mattina scrissi quella carta da te veduta e letta. Questa dunque è la Duchessa Dama principalissima d'Aragona; questa vive innamorata di Don Pietro mio fratello, lo seguì à questa Corte, dove giunta in questa notte, fù da me raccolta, e nel mio appartamento introdotta. Queste chiome, questo sembiante, questo seno, questa modestia te ne faccino fede. Tutto quel Regno la conosce, l'adora, e per mio credere l'hai ben raffigurata, e conosciuta. Da mio fratello, avanti che partisse da Saragozza, hebbe fede di sposa, et hiersera egli stesso, doppo haverli ratificato l'istessa promessa, la consegnò alla mia custodia in questa notte; questi son gli amplessi, onde mi condanni per impudica; son questi i baci, con i quali ti hò assassinato, ò Rodrigo. Con questi effetti t'hò tradito. Con questa impurità ti hò disonorato. E per haver raccolto una mia cugnata, m'acquistai poc'anzi appresso di te nome di venale e di meretrice. Quest'altro, che quà rimiri è Teresa sua Dama, si cangiorono di spoglie per seguitar con affetto immutabile, ò per dar occasion a me di meritar il titolo di sofferente sotto il tuo barbaro impero, che fù sempre diretto all'estirpatione del mio honore, et al disfaccimento della mia riputatione. Hor resta, amante impazzito, geloso, irrationabile, huomo dissumanato, Demonio corpo di carne, e mentre io bevendo in queste lagrime (che per soverchio di rabbia mi sgorgono dagli occhi) l'onda di Lete, mi scordo non solo d'haverti amato, visto, e conosciuto, ma bestemmiando per sempre l'anima di Rodrigo, fò voto al cielo di cavarmi questi luci, se più ti rimireranno, e di svellere questa lingua, se risonerà il tuo nome; m'inpenno le piante, per andare in luoco, ove non giunga di te fama, ne grido. Fuggite, fuggite questo mostro, abborrite questo prodigio d'abbisso; lasciate questa fiera divoratrice, non guardate questo baselisco contagioso; scostatevi da questo Pitone avvelenato, acciò, restando egli solo con l'indivisibil compagnia delle sue furie ingelosite, fra gl'horrori più tenebrosi di questa notte, cominci ad assuefare l'anima sacrilega all'inclemenza d'Inferno. Prendi quel lume tu. Seguitimi, Duchessa, et io fuggendo il maggior nemico dell'honor mio, parto per mai più lasciarmi vedere, ò traditore.

(*Partono. Rodrigo resta immobile, quando riconosce Belisa, e poi apre gl'occhi, e parla.*)

Scena XXIII. — Rodrigo, seul, ne voit d'autre ressource que la mort.
Scena XXIV. — Le philosophe Teobaldo essaye vainement de ranimer le courage de Rodrigo.

SCENA XXV.

DELMIRA, E RÈ RODRIGO.

Delmira vien fuori allo scuro senza palesarsi, osserva, e lo compatisce, et egli segue.

RÈ.

Punisci con la propria destra i falli d'un'anima sospettosa. Lava co'l proprio sangue le macchie di quei pensieri, che sappero funestare l'innocenza di Delmira, e lasciando questo ferro immerso nelle sue viscere, cadendo avanti la porta di Delmira, fa ch'ella conosca, ò le sia referto almeno, che tu fosti il giudice di te stesso, e l'essecutore di questa sentenza, che, benche mortale, è un'ombra de' castighi a tanti errori. Delmira, tu non vuoi più vedermi eh? Tu non vuoi più ch'io ti miri? Hor vedi, mia vita, se io son divenuto religioso osservatore d'ogni tuo decreto. Per più non ti vedere, chiudo gl'occhi in un perpetuo sonno. Per più non esser visto, trapasso dall'esser Rodrigo à praticar fra morti. Delmira, a Dio! Rè per te si muore, un Regnante và in fumo; chi t'adora s'uccide.

DELMIRA.

Fermati, traditore.

RÈ.

Chi sei tu, che raffreni i colpi della giustitia?

DELMIRA.

Io son l'anima tua.

RÈ.

E così, pria che io t'apra la strada con le ferite, uscisti da questo seno?

DELMIRA.

Ancor non mi conosci.

RÈ.

L'armonia della tua voce m'insegna pur troppo che tu sei Delmira, ma il conoscermi indegno d'haverti vicina mi fà sospettare d'una illusione.

DELMIRA.

Sei risoluto di morire?

RÈ.

Il mio delitto lo comanda.

DELMIRA.

Fammi una gratia pria che tu mora.

RÈ.

Chiedi, e sia fatta.

DELMIRA.

Non voglio che da te stesso t'uccida.

RÈ.

Oh Dio, troppo fiero carnefice è il dolore.

DELMIRA.

E perche tanto affanno?

RÈ.

Perche mai più potrò vederti, ò esser veduto da te.

DELMIRA.

E se io revocassi questa sentenza?

RÈ.

Non hò cuore, che ardisca aspirar tant'alto.

DELMIRA.

E se l'havess'io di concederlo.

RÈ.

Morirei per soverchio di gioia, siche per ogni verso la mia morte è sigura.

DELMIRA.

In somma sei risoluto di morire?

RÈ.

Sì.

DELMIRA.

Et io son risoluta d'accompagnarti.

RÈ.

Forsi alla tomba?

DELMIRA.

Alla morte pure.

RÈ.

Ancor tu vuoi morire?

DELMIRA.

Così ti prometto.

RÈ.

In che peccasti?

DELMIRA.

In tormentar troppo, chi da me s'adora.

RÈ.

Anzi fosti troppo clemente in sopportare le mie offese.

DELMIRA.

Hò imparato da te a giudicar me stessa. Dammi cotesto ferro.
(Delmira li leva la spada, e si allontana da lui.)

RÈ.

Delmira, dammi cotesto ferro. Che vuoi farne? Dove sei? Oh Dio, parla, rispondi.

DELMIRA.

O promettimi di restar in vita, ò ch'io mi uccida.

RÈ.

E vuoi che io viva senza di te?

DELMIRA.

Anzi cor mio voglio che tu viva.

RÈ.

Dunque mi ritorni in gratia?

DELMIRA.

E quando mai t'hò licentiato da miei affetti?

RÈ.

Delmira, tu mi burli?

DELMIRA.

Eh! Rodrigo, io t'adoro.

RÈ.

Dunque mi perdoni?

DELMIRA.
Anzi à te chieggio perdono.
RÈ.
Hor dove sei, mio bene?
DELMIRA.
Ti ricevo, mia vita.
RÈ.
Ti ritrovo, ò mio tesoro.
DELMIRA.
T' abbraccio, anima mia.
RÈ.
Contenti, non m' uccidete.
DELMIRA.
Felicità, non mi disanimate.
RÈ.
Sposa!
DELMIRA.
Marito!
RÈ.
Lasciamo quest' ombre.
DELMIRA.
Guidami, dove ti aggrada.
RÈ.
Tanto dominio mi dai?
DELMIRA.
Amor così comanda.
RÈ.
O fortune inaspettate!
DELMIRA.
O delitie adorabile! (Partano.)

ATTO III.

Scena I. — Florante seul. Il nous apprend que don Alvaro, duc de Tirol, est à Valence, et qu'il demande à voir Delmira.

Scena II. — Florante et Delia. Delia dit à Florante que Delmira est chez Rodrigo.

Scena III. — Delmira seule. Elle a succombé. « Di qui partii donzella, hora donna ritorno. »

Scena IV. — Florante et Delmira. Florante annonce don Alvaro.

Scena V. — Don Alvaro supplie Delmira de renoncer à l'amour de Rodrigo, parce que Rodrigo est son frère. Au désespoir de la duchesse, don Alvaro soupçonne qu'il est venu faire trop tard cette funeste révélation, et que le mal est sans remède. Il engage Delmira à fuir avec lui.

Scena VI. — Monologue de Delmira.

Scena VII. — Rodrigo et Delmira. Delmira le repousse avec effroi, et s'enferme dans sa chambre.

Scena VIII. — Monologue de Rodrigo.

Scena IX. — Florante porte une lettre à don Alvaro.

Scena X. — Don Pietro s'en revient tout joyeux, et se félicite d'avoir obtenu l'objet de ses désirs. (Belisa non plus n'a pas été cruelle.)

Scena XI. — Le roi Rodrigo l'entend, et se tient à l'écart.

Scena XII. — Florante revient avec la lettre de Delmira, au bas de laquelle don Alvaro a écrit un mot. Rodrigo s'empare de cette lettre.

Scena XIII. — Rodrigo lit la lettre dans laquelle Delmira dit : « Sapete che io fui pocho anzi goduta da mio fratello. » Un tel aveu met en quatre la cervelle di Rodrigo; il croit que c'est don Pietro que Delmira a voulu désigner.

Scena XIV. — Delmira et Rodrigo. Furieuses accusations de Rodrigo. Delmira se défend par des formules obscures et équivoques. Elle ne veut pas éclairer Rodrigo.

Scena XV. — Rodrigo dit à la duchesse Belisa que Delmira a laissé son honneur entre les bras de don Pietro.

Scena XVI. — Don Pietro est interpellé violemment par don Rodrigo.

Scena XVII. — Il n'est pas moins injurié par Belisa. Il ne sait ce que cela veut dire.

Scena XVIII. — Don Alvaro explique à Delmira les mystères de sa naissance.

Scena XIX. — Don Rodrigo a tout entendu; il quittera le trône, auquel il n'a plus droit, et se retirera dans quelque désert pour faire pénitence.

Scena XX. — Adieux réciproques. Survient Teodora (*scena XXI*), qui éclaircit l'énigme. Don Rodrigo n'est nullement le frère de Delmira, et ils peuvent s'épouser.

RÈ.

O contenti tanti più cari quanto meno aspettati!

DELMIRA.

O delitie tanto più fortunate quanto meno credute!

RÈ.

Appena credo quello che vedo.

DELMIRA.

Mi amarete, Rodrigo?

RÈ.

Ah! Delmira, queste richieste mi fate?

DELMIRA.

Voglio dire se sarete più geloso?

RÈ.

Son dileguati per sempre questi rigori. Ma, quando ve ne fosse qualche residuo, vi sdegnareste per questo?

DELMIRA.

La gelosia è filia d'amore. O geloso, o non geloso, sara Rodrigo l'anima mia.

RÈ.

Oh mie delitie!

DELMIRA.

Oh mio adorato!

FIN DES GELOSIE FORTUNATE DEL PRENCIPE RODRIGO.

L'ÉCOLE DES MARIS

COMÉDIE EN TROIS ACTES

24 juin 1661.

NOTICE PRÉLIMINAIRE.

L'École des Maris marque dans l'histoire du génie de Molière une date principale; cette comédie inaugure une nouvelle époque dans la suite des œuvres du poète comique; elle donne le signal du grand changement « qui substitue, dit M. Nisard, à des situations produites par une intrigue artificielle, des caractères produisant des situations »; elle remporte, pour ainsi dire, sur le théâtre la victoire définitive de la vérité et de la vie.

Il faut remarquer tout d'abord ce titre : *l'École des Maris*. C'était la première fois qu'on inscrivait en tête d'une comédie ce mot *École,* qui a été si souvent employé depuis lors. Il indique tout d'abord dans l'auteur une ambition d'un autre ordre que celle qu'il avait eue jusque-là. Il exprime l'intention de donner aux hommes une leçon en même temps qu'un divertissement, et d'exercer une influence sur les mœurs contemporaines.

Le centre d'attaque, la place forte, la base des opérations, si l'on nous passe le mot, du poète comique, ce sera, dans la comédie moderne bien plus encore que dans la comédie antique, le foyer domestique, la famille, qui est l'élément constitutif de notre société. C'est là que se porte résolûment Molière dans *l'École des Maris,* c'est au cœur de la famille qu'il s'introduit. Il observe les injustices, les abus, les misères et les souffrances qui y règnent, et il les attaque avec ses armes propres : avec le rire et le ridicule. Il est frappé d'abord de la tyrannie des maris et des pères, et c'est à ces excès qu'il adresse les premiers coups. Bientôt nous le verrons combattre l'ignorance imposée à la femme, et l'oppression de l'esprit, puis l'inégalité de condition dans les époux, l'avarice hideuse qui brise les liens les plus sacrés, la sotte vanité de ceux qui veulent s'élever au-dessus de leur condition, le souci exagéré de sa propre conservation, qui rend le chef de famille le jouet de tous ceux qui l'entourent; enfin nous le verrons chercher à écarter du foyer domestique les fléaux qui le menacent : les tartuffes qui exploitent la religion, les pédants, les parasites et les écornifleurs. C'est là, incontestablement, l'idée commune qui pourrait servir à rattacher entre elles les œuvres de Molière, la suite que ses créations présentent à nos yeux. Deux de ses comédies ont plutôt un caractère social, *Don Juan*, par la manière surtout dont ce type est conçu, car il est bien aussi un fléau de la famille, et *le Misanthrope*.

Le poète comique n'intervient pas dans ces questions tout à fait dans le même sens que le prédicateur religieux ou que le philosophe moraliste; et il peut, il doit même parfois leur être contraire. Vis-à-vis de l'un il se place, par état, au point de vue du monde et du siècle, comme on dit dans le langage mystique. Vis-à-vis de l'autre, il prend contre la sévérité et la rigueur le parti de l'indulgence, de la liberté et de la joie. Il est, par sympathie, avec la jeunesse. Toutes ces causes sont bonnes aussi à soutenir et à plaider à leur tour. Et qui est plus naturellement appelé à le faire que le poète comique? Si le moraliste porte et doit porter principalement ses efforts du côté du pouvoir paternel, de l'autorité du mari, du devoir austère, de la vie étroite et fermée, le poète comique montre qu'il ne faut pas tendre outre mesure ces ressorts nécessaires, sous peine de les voir éclater; il conseille de ne pas mettre le devoir en opposition trop directe avec le penchant; il conçoit l'existence plus libre et plus facile : les fêtes ne l'épouvantent point; il est favorable au plaisir. Qu'il incline trop de ce côté, c'est inévitable; qu'en signalant les malheurs de la contrainte il n'aperçoive pas aussi bien les dangers du relâchement, on ne peut guère s'en étonner. Il est évident que le théâtre ne saurait être la seule instruction des hommes; le poète comique aurait souvent tort, s'il était l'unique instituteur des peuples. Il faut toujours supposer des leçons plus sérieuses, des enseignements d'un autre caractère, et des principes d'éducation qui, en quelque sorte, lui font contre-poids.

Pour juger la morale du poète comique, il importe toujours de considérer le temps où il a vécu, de voir précisément la puissance qu'avaient alors ces enseignements, dont le sien est un peu la contre-partie. Plus le monde où il parle est fortement organisé dans le sens de l'autorité, plus sa protestation a droit d'être énergique et audacieuse. S'il vit au contraire dans une société où les pouvoirs les plus légitimes sont mis en question, où le respect est effacé, où la révolte ne sait plus même où se prendre, faute d'avoir rien épargné, son rôle diminue infailliblement, et il ne jouit plus des mêmes privilèges ni des mêmes licences. Or, entre l'époque où Molière écrivait et l'époque actuelle, il existe déjà une grande différence sous ce rapport. Si nous ne tenons pas compte du changement qui s'est opéré dans les mœurs, nous trouverons que Molière favorise parfois trop décidément le libre esprit dans la famille, qu'il pousse trop vigoureusement à l'émancipation, et qu'il gâte plutôt qu'il n'instruit la jeunesse. Mais, au XVIIe siècle, il était permis d'appuyer plus résolûment en ce sens. Les droits de la famille étaient entiers ; on pouvait sans crainte signaler les abus que la force y engendrait. La société civile n'était en butte à aucune attaque. On comprend que le rire du poète comique fût plus franc, plus ouvert, et qu'il ignorât les timidités et les pruderies que le temps présent lui impose.

Ces réflexions ne seront pas inutiles à ceux qui voudront apprécier la portée et l'intention générale de *l'École des Maris*. *L'École des Maris* s'attaque au vice le plus élémentaire dont souffrit alors la famille, à la contrainte matérielle, à la tyrannie égoïste et brutale. Sganarelle n'est ni raffiné ni dissimulé : il ne compte que sur les verrous et sur les grilles. Bizarre et entêté dans ses idées, il tient sous clef sa pupille, non par jalousie, mais par système. Les défauts qui accompagnent d'ordinaire la bizarrerie et l'entêtement : la vanité et la confiance en soi d'abord, puis le besoin d'avoir doublement raison, non seulement par son propre succès, mais encore par la perte d'autrui, la satisfaction d'une mauvaise nature trop pressée de triompher aux dépens de ses contradicteurs ; ces défauts suffisent à rendre inutiles et ses précautions et sa prudence. Son absurde méthode a eu d'abord pour effet d'aiguiser l'esprit d'Isabelle et de lui inspirer, pour s'affranchir du joug dont elle est menacée, les ruses les plus hardies. Aussi Sganarelle est-il le jouet de cette fillette déterminée, qui le connaît à fond, et qui exploite ses travers avec un sang-froid imperturbable. Le gardien ombrageux, le tuteur dragon est bafoué, dupé, berné par l'enfant qu'il a élevée et qu'il a, à son insu, armée contre lui de toute l'impitoyable sagacité de l'esclave. La déroute du despotisme marital est complète, tandis que la tolérante indulgence du sage Ariste est récompensée par l'affection de Léonor. C'est surtout cette seconde partie du tableau qui caractérise et définit le but et l'intention de Molière; elle lui conserve la supériorité sur toutes les pièces où l'on voit un tuteur aux prises avec sa pupille qu'il aime et un jeune homme qu'elle lui préfère, et où la ligue des deux amants ne manque pas de triompher des vains efforts du vieillard jaloux : les *Folies amoureuses*, le *Barbier de Séville*, *Guerre ouverte*, *l'Intrigue épistolaire*, etc.

Ce rôle d'Ariste, tout nouveau dans la comédie, a un accent particulier qu'il tient incontestablement de la situation personnelle de Molière. Au moment où il l'écrivait, Molière, âgé déjà de quarante ans, se préparait à épouser la jeune Armande Béjart. Il y a sans aucun doute un peu de ses confidences et de ses espérances dans ce personnage. N'exagérons pas, toutefois, cette conformité : pour qu'elle ressortît avec évidence, il aurait fallu que Molière jouât dans la pièce le rôle d'Ariste, et Armande Béjart celui de Léonor. Mais Molière était Sganarelle, et il est fort douteux qu'Armande ait représenté, au moins à l'origine, la pupille d'Ariste; rien ne prouve, nous le répétons, que la future Mlle Molière soit montée sur le théâtre avant son mariage.

Les matériaux qui ont été utilisés par Molière dans la composition de *l'École des Maris* sont nombreux et faciles à distinguer. La comédie des *Adelphes*, de Térence, a fourni d'abord le contraste des deux frères, des deux tuteurs, dont l'un est sévère et bourru, et l'autre bienveillant et indulgent. Voici comment s'exprime Micion au début de la comédie de Térence : « Ce frère (Déméa), ses goûts sont tout l'opposé des miens, et cela depuis notre enfance. Moi, j'ai préféré la vie douce de la ville, le calme qu'on y goûte ; et, ce qu'on croit le vrai bonheur, je ne me suis pas marié (*quod fortunatum isti putant, uxorem nunquam habui*). Lui, tout au contraire, habite la campagne, où il se tue à vivre de privations. Il s'est marié : il a eu deux enfants. J'ai adopté l'aîné, je l'ai pris chez moi tout petit; je l'ai choyé, aimé comme mon fils, et il est toute ma joie. C'est le seul être au monde que je chérisse, et je n'épargne rien pour qu'il m'en rende autant. Je donne sans compter; je ferme les yeux; je ne crois pas nécessaire d'user de mon autorité en toute circonstance. En un mot, ce que font les jeunes gens en cachette de leur père, les fredaines du jeune âge, j'ai accoutumé mon fils à ne point me les cacher. Car, s'habituer à mentir, et oser tromper son père, c'est oser plus tard tromper les autres. L'honneur et les bons sentiments sont, selon moi, des freins meilleurs que la crainte. Mon frère et moi, nous ne sommes pas là-dessus du même avis : ce système lui déplaît. Il vient souvent à moi, criant : « Que faites-« vous, Micion? Pourquoi gâter notre enfant? Comment! il a des « maîtresses! il boit! Vous lui donnez de l'argent pour toutes « ces dépenses! Vous lui permettez dans ses vêtements une « recherche excessive! En vérité, vous êtes trop bon. » N'est-ce pas lui, au contraire, qui est dur à l'excès, contre toute raison et toute justice? Il a grandement tort, à mon avis, de croire qu'un empire imposé par la peur est plus respecté, plus solide que celui qui se concilie par l'affection. Pour moi, voici mon raisonnement et l'idée que je me suis faite : quand on ne fait son devoir que sous la menace du châtiment, on s'observe tout le temps qu'on a peur d'être découvert; mais si l'on croit échapper, on revient à son naturel. Au contraire, celui qu'on s'attache par des bienfaits agit de bon cœur; que vous soyez présent ou absent, il est toujours le même. C'est donc remplir son devoir paternel que d'accoutumer un fils à bien faire de son propre mouvement, plutôt que par la crainte d'autrui. Celui qui ne comprend pas cela doit convenir qu'il n'entend rien à gouverner les enfants. »

Voilà bien l'idée principale qui se retrouve dans *l'École des Maris*. Mais Molière, en substituant deux jeunes filles aux deux jeunes gens des *Adelphes*, et l'intérêt vif et piquant des deux tuteurs amoureux à celui d'un père et d'un oncle, a rendu sa composition plus comique. Il a de plus donné une conclusion à sa comédie : tandis que Térence s'est contenté de faire sentir le vice des deux systèmes opposés, mais également dangereux, et qu'il punit à la fois l'indulgence et la rigueur, Molière renferme son dénoûment et sa moralité dans le fruit que chacun des frères recueille de sa façon d'agir.

L'intrigue de *l'École des Maris* ne ressemble pas du tout à celle des *Adelphes*. Les ruses qu'invente Isabelle pour sortir de captivité ont été suggérées à Molière par la troisième Nouvelle du Décaméron de Boccace, *le Confesseur complaisant sans le savoir*, déjà employée par Lope de Vega dans *la Discreta enamorada* (l'Amoureuse avisée)[1].

Reproduisons cette nouvelle en l'abrégeant : La belle Florinde, mariée à un rustre, qu'elle méprise, aperçoit à l'église un jeune cavalier qui cause avec un bon religieux, et elle conçoit le projet de faire servir le saint homme au succès de l'amour que le jeune et beau cavalier a fait naître dans son cœur. Elle va trouver le moine et le prend pour son confesseur. Un jour elle lui dit d'un air chagrin : « Je viens, mon père, vous demander conseil dans une conjoncture très délicate. Vous savez qui je suis, et je vous ai dit avec quelle tendresse je chéris mon époux; je serais bien ingrat s'il n'en était pas ainsi : ce digne époux ne respire que pour moi et prévient tous mes désirs. Voyez donc avec quel déplaisir je me suis aperçue qu'un jeune homme a entrepris de me persécuter. Je ne puis paraître à ma fenêtre, à ma porte, dans la rue, à la promenade, sans que je le rencontre; partout ses regards passionnés me font rougir de dépit. J'ai vu souvent ce jeune homme avec vous, et je sais que vous le connaissez particulièrement. J'ose donc vous supplier de lui apprendre combien il s'abuse dans l'opinion qu'il a conçue de moi, et de l'engager à cesser des démarches inutiles qui pourraient bien faire jaser les méchants. Daignez vous charger de cette commission. Je suis persuadée qu'il niera tout. Mais dites-lui nettement que c'est de moi que vous le tenez, et que je suis infiniment offensée de sa conduite. »

Le confesseur loua Florinde et lui promit de s'acquitter de la

---

1. Voyez *Revue des Deux Mondes*, 15 mai 1833, page 455-456. — Article de M. L. Viardot.

commission qu'elle lui donnait. Il va en effet trouver le jeune homme et lui reproche ses assiduités scandaleuses et ses projets criminels. Celui-ci se récrie d'abord et assure qu'on le prend pour un autre. Le religieux, pour lui faire honte de sa dissimulation, lui déclare qu'il est informé de tout cela et envoyé par la digne femme même qu'il outrageait. Cette circonstance fait réfléchir le jeune homme, qui n'était pas sans expérience des aventures galantes : il avoue l'attrait irrésistible auquel il a cédé, et il promet de ne donner plus à Florinde aucun sujet de plainte.

A peine le moine a-t-il les talons tournés que le jeune homme court sous le balcon de Florinde; celle-ci, qui l'attend, lui fait un gracieux salut. Ils se comprennent tous deux et ils ressentent bientôt un égal amour. Florinde, à quelques jours de là, va retrouver son confesseur. Elle l'aborde en versant un torrent de larmes : « O mon père! quel démon a suscité contre moi ce mauvais chrétien pour être le tourment de ma vie! — Eh quoi! affecte-t-il encore de vous rechercher et de vous suivre? — Il a osé davantage : il a osé m'envoyer des présents; je vous les apporte pour que vous les lui rendiez et pour que vous réprimiez sa témérité insolente. » Et elle remet au moine une bourse et une écharpe magnifiques.

Le religieux envoie chercher l'amant et lui fait des remontrances avec une nouvelle force. « Qu'ai-je donc fait? lui dit celui-ci. — Et ces présents que vous avez eu l'effronterie d'adresser à cette vertueuse personne? — Je n'ai rien à répondre à ce témoignage », répond le jeune homme, pénétré d'étonnement et de reconnaissance en lisant ces mots brodés sur l'écharpe : *Aimez-moi comme je vous aime.* Il consent tout de suite, comme on le pense bien, à emporter l'écharpe et la bourse, en promettant de laisser Florinde en repos.

Cependant le mari part en voyage. Florinde, qui attendait ce moment avec impatience, court se jeter aux pieds de son confesseur. « Pourquoi m'avez-vous détournée de me livrer à mon juste ressentiment? lui dit-elle. Je ne serais pas exposée à de nouvelles entreprises. Mon mari est parti hier pour Gênes. Je ne sais par quel moyen votre criminel ami en a été informé. Au milieu de la nuit, j'entends ouvrir ma fenêtre. Saisie de frayeur, je vois l'audacieux qui, ayant franchi les murs de notre jardin, s'était aidé d'un arbre qui ombrage mon balcon pour parvenir jusqu'à ma chambre. J'allais appeler du secours. Le malheureux, se précipitant à mes genoux, m'a suppliée, pour l'amour de Dieu et par considération pour vous, de ne pas faire un éclat où il risquerait la vie. Je l'ai laissé se retirer, mais il faut que j'avise à me mettre à l'abri des violences d'un homme si déterminé. — Je n'eusse jamais soupçonné ce jeune homme de tant d'impudence, répondit le moine; je vais faire un dernier effort pour guérir sa folie. Mais, s'il me manque encore de parole, je vous laisse maîtresse de prévenir qui il vous plaira et de vous garantir par tous les moyens possibles. — En effet, reprit la dame, ce ne serait plus à vous désormais que j'adresserais mes plaintes. »

Le religieux va trouver le jeune homme pour lui dépeindre sous les couleurs les plus noires l'horreur de son attentat; il lui fait les plus grandes menaces de l'abandonner à sa destinée; l'amant courbe la tête et paraît accablé. Il est à croire qu'il rentra enfin en lui-même, car le bon père n'entendit plus parler de lui par Florinde.

Lope de Vega, en s'emparant de cette Nouvelle pour en faire *la Discreta enamorada,* substitua au bon religieux un vieillard recherchant une jeune personne dont il veut faire sa femme et qui est aimée par son fils. La jeune femme prie le vieillard de faire cesser les importunités de ce dernier. On voit toute la suite du changement opéré par le poète espagnol. C'est une modification heureuse, sous ce rapport du moins qu'à un personnage après tout indifférent et désintéressé Lope de Vega substitue un personnage agissant contre lui-même et travaillant à sa propre ruine. Par là nous nous rapprochons de Molière.

Molière a achevé de corriger et de perfectionner cette fable en faisant choix d'un tuteur amoureux de sa pupille, qu'il opprime, et en lui donnant pour rival, non plus un fils, mais un jeune homme qui ne lui doit ni respect ni égards. Isabelle, quoiqu'elle descende directement de Florinde, a aussi sur elle une grande supériorité morale. Elle implore et accepte un secours nécessaire d'une affection loyale qu'elle a su inspirer : ses tromperies sont rendues plus innocentes par la pudeur qu'elle sait y garder. Les traits qu'elle joue à Sganarelle sont un peu vifs sans doute, mais du moins le mariage est au bout, et la décence est sauvée.

NOTICE PRÉLIMINAIRE. 59

Peu de mois avant la représentation de *l'École des Maris,* au commencement de l'année 1661, ce sujet de *la Discreta enamorada* avait fait son apparition sur la scène française dans une absurde imitation de Dorimon : *la Femme industrieuse,* jouée rue des Quatre-Vents, sur le théâtre de Mademoiselle. Molière ne put avoir à cette œuvre ridicule aucune obligation. Voici, par exemple, en quel style le Docteur, qui remplit le rôle du confesseur de Boccace, s'acquitte du message d'Isabelle à Léandre :

> Enfin, elle m'a dit que toutes ses vertus,
> Prenant son intérêt, ne t'épargneront plus :
> La vertu-chou viendra pour te casser la tête,
> La vertu-bleu le nez, de même qu'à la fête,
> La vertu-guienne encor ne t'épargnera pas,
> Et les autres vertus te casseront les bras.

Tel est le comique de Dorimon. Il n'en faut pas citer davantage.

L'École des Maris charma la cour et la ville. Voici tout ce que la critique la plus hostile en put dire : « *L'École des Maris* (c'est l'auteur des *Nouvelles nouvelles* qui parle) est encore un de ces tableaux des choses que l'on voit le plus fréquemment arriver dans le monde, ce qui a fait qu'elle n'a pas été moins suivie que les précédentes comédies du même auteur. Les vers en sont moins bons que ceux du *Cocu imaginaire,* mais le sujet en est tout à fait bien conduit, et si cette pièce avoit eu cinq actes, elle pourroit tenir rang dans la postérité après *le Menteur* et *les Visionnaires.* » *Le Menteur,* passe encore; mais *les Visionnaires!*

L'École des Maris, représentée pour la première fois le 24 juin, le fut encore le 26, le 28 et le 29 du même mois.

Elle le fut seize fois à la ville en juillet, plus une fois chez Mme de La Trimouille pour Mademoiselle, une fois à Vaux pour le surintendant Fouquet, une fois à Fontainebleau devant le roi, et le même soir devant madame la surintendante; enfin une fois pour le marquis de Richelieu, devant les filles de la reine, entre lesquelles était Mlle de La Motte d'Argencourt, qui avait inspiré un caprice au roi.

Elle le fut huit fois dans le courant d'août, dont la seconde moitié fut occupée, comme on sait, par les fêtes de Vaux, dans lesquelles *les Fâcheux* parurent pour la première fois;

Cinq fois dans le mois de septembre;

Six fois dans le mois d'octobre, plus en visite chez Monsieur le 26 novembre, chez l'abbé de Richelieu le 6 décembre, et le 28 devant le roi.

Trente-neuf représentations de cette pièce sont donc constatées du 24 juin jusqu'à la fin de l'année 1661, plus huit représentations exceptionnelles.

En 1685, *l'École des Maris* était ainsi interprétée :

SGANARELLE.	MM. ROSIMONT.
ARISTE	HUBERT.
ISABELLE.	Mlles DEBRIE.
LÉONOR.	GUÉRIN (la veuve de Molière remariée).
LISETTE.	GUIOT OU LA GRANGE.
VALÈRE.	MM. LA GRANGE.
ERGASTE.	GUÉRIN.
LE COMMISSAIRE.	DAUVILLIERS.
LE NOTAIRE	BEAUVAL[1].

La distribution actuelle est celle-ci :

SGANARELLE.	MM. THIRON.
ARISTE.	CHÉRY.
ISABELLE.	Mlles CROIZETTE.
LÉONOR.	LLOYD.
LISETTE.	DINAH FÉLIX.
VALÈRE.	MM. DELAUNAY.
ERGASTE.	COQUELIN.

L'École des Maris fut publiée par Molière, qui jugea à propos, cette fois, de se charger lui-même de ce soin. Voici le titre de l'édition *princeps* : « *L'Escole des Maris*, comédie de J.-B. P. Molière, représentée sur le théâtre du Palais-Royal. A Paris, chez Guillaume de Luyne, libraire juré, au Palais, à la salle des Merciers, à la Justice. 1661. Avec privilège du roi. » Le privilège est daté de Fontainebleau, le neuvième jour de juillet 1661.

---

1. *Répertoire des comédies françoises qui se peuvent jouer* (à la cour) *en* 1685; Bibliothèque nationale, mss. fr. n° 2509.

On y lit les lignes suivantes, curieuses à titre de renseignement, et qui font allusion à ce qui s'était passé pour *le Cocu imaginaire :* « *Notre amé Jean-Baptiste Pocquelin de Moliers, comédien de la troupe de notre très cher et très amé frère unique le duc d'Orléans,* nous a fait exposer qu'il auroit depuis peu composé pour notre divertissement une pièce de théâtre en trois actes intitulée *l'École des Maris,* qu'il désireroit faire imprimer; mais parce qu'il seroit arrivé qu'en ayant ci-devant composé quelques autres, aucunes d'icelles auroient été prises et transcrites par des particuliers qui les auroient fait imprimer, vendre et débiter en vertu des lettres de privilège qu'ils auroient surprises en notre grande chancellerie à son préjudice et dommage; pour raison de quoi il y auroit eu instance en notre conseil, jugée à l'encontre d'un nommé Ribou, libraire-imprimeur, en faveur de l'exposant; lequel, craignant que celle-ci ne lui soit pareillement prise, et que, par ce moyen, il ne soit privé du fruit qu'il en pourroit retirer, nous auroit requis lui accorder nos lettres, avec les défenses sur ce nécessaires. A ces causes, etc. »

Le privilège est suivi de cette mention : « Ledit sieur de Moliers (combien ce glorieux nom avait peine à obtenir assez de notoriété pour qu'on ne l'écorchât plus!) a cédé et transporté son privilège à Ch. de Sercy, marchand libraire à Paris... Et ledit Sercy a associé à son privilège Guillaume de Luyne, Jean Guignard, Claude Barbin et Gabriel Quinet, aussi marchands libraires. » Nous trouvons en effet des exemplaires de l'édition *princeps* au nom de ces différents libraires.

L'achevé d'imprimer est du 20 août 1661. Dans certains exemplaires, on voit une gravure représentant le fameux jeu de scène du second acte, lorsque Isabelle fait semblant d'embrasser Sganarelle et donne sa main à baiser à Valère.

C'est ce premier texte que nous transcrivons exactement. Nous donnons les variantes de l'édition de 1673 et de l'édition de 1682.

L. M.

A MONSEIGNEUR

LE DUC D'ORLÉANS,

FRÈRE UNIQUE DU ROI.

Monseigneur,

Je fais voir ici à la France des choses bien peu proportionnées. Il n'est rien de si grand et de si superbe que le nom que je mets à la tête de ce livre, et rien de plus bas que ce qu'il contient. Tout le monde trouvera cet assemblage étrange ; et quelques-uns pourront bien dire, pour en exprimer l'inégalité, que c'est poser une couronne de perles et de diamants sur une statue de terre, et faire entrer par des portiques magnifiques et des arcs triomphaux superbes dans une méchante cabane. Mais, Monseigneur, ce qui doit me servir d'excuse, c'est qu'en cette aventure je n'ai eu aucun choix à faire, et que l'honneur que j'ai d'être à Votre Altesse Royale[1] m'a imposé une

---

1. On sait que Molière était à cette époque chef de la troupe de Monsieur. Monsieur ne paya jamais, il est vrai, la pension de trois cents livres qu'il avait accordée à ses comédiens ; mais son patronage ne leur fut peut-

nécessité absolue de lui dédier le premier ouvrage que je mets de moi-même au jour[1]. Ce n'est pas un présent que je lui fais, c'est un devoir dont je m'acquitte; et les hommages ne sont jamais regardés par les choses qu'ils portent. J'ai donc osé, MONSEIGNEUR, dédier une bagatelle à VOTRE ALTESSE ROYALE, parce que je n'ai pu m'en dispenser; et si je me dispense ici de m'étendre sur les belles et glorieuses vérités qu'on pourroit dire d'elle, c'est par la juste appréhension que ces grandes idées ne fissent éclater encore davantage la bassesse[2] de mon offrande. Je me suis imposé silence pour trouver un endroit plus propre à placer de si belles choses; et tout ce que j'ai prétendu dans cette épître, c'est de justifier mon action à

être pas toujours inutile. Ainsi, en parlant du voyage qu'il fit avec La Thorillière au camp de Lille après la représentation du *Tartuffe* en 1666, La Grange écrit sur son registre : « Monsieur nous protégea comme toujours. » Il est difficile de croire que le comédien ait attaché à ces mots une intention ironique.

1. Molière avait déjà fait imprimer *les Précieuses ridicules,* mais il ne s'y était décidé que parce que « une copie dérobée de l'ouvrage étoit tombée entre les mains des libraires ». L'édition du *Cocu imaginaire* fut donnée à l'insu et sans le consentement de Molière. *L'Étourdi* et *le Dépit amoureux* ne furent imprimés qu'en 1663; *Don Garcie* ne parut qu'après la mort de son auteur. Molière a donc raison de dire que *l'École des Maris* est le premier ouvrage qu'il ait mis au jour de lui-même et de son plein gré.

2. Les mots *bas* et *bassesse* n'emportaient pas l'idée d'avilissement moral qui s'y attache maintenant. Ils exprimaient seulement celle d'une grande infériorité, d'une situation beaucoup au-dessous d'une autre. Corneille a dit :

Votre grand Marius naquit dans la bassesse.
(*Sertorius*, II, II.)

Boisrobert, qui était homme de qualité et vivait dans la haute société, dit à la comtesse de La Suze : « Est-il bien vrai

Que cet esprit seul au monde accompli,
Comme les dieux de soi-même rempli,
Souffre un moment que sa gloire s'abaisse
Jusqu'au néant qu'il voit dans ma bassesse? »

DÉDICACE.

toute la France, et d'avoir cette gloire de vous dire à vous-même, Monseigneur, avec toute la soumission possible, que je suis[1],

de Votre Altesse Royale,
le très humble, très obéissant et très fidèle serviteur,

J.-B. P. Molière.

---

1. Le ton de cette épître n'est pas différent de celui des épîtres dédicatoires en général. C'était l'usage d'y employer les formules d'adulation les plus outrées, même pour des personnages bien moins considérables que le frère du roi. Nul ne songeait à se soustraire à cette coutume, et l'on sait que le grand Corneille a été souvent dans cette voie au delà même des limites permises : on se souvient de la dédicace de *Cinna* au financier Montauron. Molière n'a point commis de ces erreurs, mais il se conforme à l'usage, et paye au jeune patron de sa troupe (âgé alors de vingt et un ans) son tribut de compliments emphatiques que leur banalité même excuse.

L'ÉCOLE DES MARIS

PERSONNAGES.		ACTEURS.
SGANARELLE, ARISTE,	frères	MOLIÈRE. L'ÉPY[1].
ISABELLE, LÉONOR,	sœurs	Mlle DEBRIE. ....[2]
LISETTE, suivante de Léonor.		MADELEINE BÉJART.
VALÈRE, amant d'Isabelle		LA GRANGE.
ERGASTE, valet de Valère		DUPARC.
LE COMMISSAIRE		DEBRIE.
LE NOTAIRE.		

La scène est à Paris[3].

1. « De l'Épy, qui ne promettoit rien que de très médiocre, parut inimitable dans *l'École des Maris.* » (*Promenade de Saint-Cloud*, par Guéret, page 212.)

2. La plupart des éditeurs attribuent la création de ce rôle à Armande Béjart. Nous avons dit, dans la notice préliminaire, que cette attribution nous paraît très problématique ; que rien ne prouve qu'Armande soit montée sur le théâtre avant son mariage ; sur le registre de La Grange, en effet, ce n'est qu'après son mariage et au renouvellement de Pâques 1662, qu'elle est inscrite parmi les actrices de la troupe. Nous nous abstenons, par conséquent, de faire figurer ce nom dans la liste ci-dessus. A défaut d'Armande Béjart, c'est sans doute par Mlle Duparc que le rôle de Léonor a été rempli à l'origine.

3. Le manuscrit de Laurent Mahelot ne contient d'autre indication que ceci pour la mise en scène : « [Le] théâtre est des maison et fenêtre. Il faut un flambeau, une robe longue, une écritoire et du papier. »

L'ÉCOLE DES MARIS

COMÉDIE

ACTE PREMIER.

SCÈNE PREMIÈRE.
SGANARELLE, ARISTE.

SGANARELLE.

Mon frère, s'il vous plaît, ne discourons point tant,
Et que chacun de nous vive comme il l'entend.
Bien que sur moi des ans vous ayez l'avantage,
Et soyez assez vieux pour devoir être sage,
Je vous dirai pourtant que mes intentions
Sont de ne prendre point de vos corrections ;
Que j'ai pour tout conseil ma fantaisie à suivre,
Et me trouve fort bien de ma façon de vivre.

ARISTE [1].

Mais chacun la condamne.

---

1. Le nom d'Ariste, tiré du grec et qui signifie : le meilleur, le plus sage, est devenu un emploi de la comédie et a servi à désigner en général les personnages chargés de représenter sur le théâtre le bon sens et la raison. Molière a donné ce même nom d'Ariste au frère de Chrysale dans *les Femmes savantes*.

SGANARELLE.
Oui, des fous comme vous,
Mon frère[1].
ARISTE.
Grand merci, le compliment est doux.
SGANARELLE.
Je voudrais bien savoir, puisqu'il faut tout entendre,
Ce que ces beaux censeurs en moi peuvent reprendre?
ARISTE.
Cette farouche humeur, dont la sévérité
Fuit toutes les douceurs de la société,
A tous vos procédés inspire un air bizarre,
Et, jusques à l'habit, vous rend chez vous barbare.*
SGANARELLE.
Il est vrai qu'à la mode il faut m'assujettir,
Et ce n'est pas pour moi que je me dois vêtir?
Ne voudriez-vous point, par vos belles sornettes,
Monsieur mon frère aîné, car, Dieu merci, vous l'êtes
D'une vingtaine d'ans, à ne nous rien celer,**
Et cela ne vaut pas la peine d'en parler;
Ne voudriez-vous point, dis-je, sur ces matières
De vos jeunes muguets[2] m'inspirer les manières?

---

* VAR. *Et jusques à l'habit, rend tout chez vous barbare.*
Cette modification est l'œuvre de quelques éditeurs, que rien ne justifie.

** VAR. *D'une vingtaine d'ans, à ne vous rien celer* (1673, 1682).

1. M. Després, auteur des *Pensées sur Molière*, a fait observer que le personnage d'Ariste est presque toujours un frère, « parce qu'un frère seul peut souffrir sans impatience les brusqueries, les duretés, les injures même d'un frère qu'il irrite pour le corriger ».

2. *Muguets* s'employait de vieille date pour désigner les damoiseaux aimant la parure et courtisant les femmes. Il y avait aussi le verbe *mugueter* et le substantif *muguetterie*. Le mot *muguet*, quoique un peu suranné,

M'obliger à porter de ces petits chapeaux
Qui laissent éventer leurs débiles cerveaux ;
Et de ces blonds cheveux de qui la vaste enflure
Des visages humains offusque la figure ?
De ces petits pourpoints sous les bras se perdants[1],
Et de ces grands collets jusqu'au nombril pendants?
De ces manches qu'à table on voit tâter les sauces,
Et de ces cotillons appelés hauts-de-chausses?
De ces souliers mignons, de rubans revêtus,
Qui vous font ressembler à des pigeons pattus ?
Et de ces grands canons où, comme en des entraves,
On met, tous les matins, ses deux jambes esclaves,
Et par qui nous voyons ces messieurs les galants
Marcher écarquillés ainsi que des volants[2]?
Je vous plairois sans doute équipé de la sorte;
Et je vous vois porter les sottises qu'on porte[3].

ARISTE.
Toujours au plus grand nombre on doit s'accommoder,

---

n'est pas encore hors d'usage. C'est la fleur du printemps qui a certainement donné naissance à cette expression, qui signifiait à l'origine : parfumé de muguet.

1. Le pourpoint était un vêtement de dessus, ayant des manches, enveloppant le buste et serrant la taille. La nouvelle mode était de l'échancrer pour laisser voir le linge.

2. « *Volant*, jouet garni de plumes qui vont en s'écartant et forment un angle très ouvert », dit M. Chasles. Le jeu du volant était connu à cette époque. Mme de Sévigné a écrit : « J'ai joué au volant, j'ai couru avec cette petite folle de Mme de La Fayette. »
Tous les autres commentateurs interprètent le mot *volants* par : ailes de moulin.

3. On reconnaît ce costume dont Sganarelle fait la satire, c'est celui du marquis de Mascarille : « Ce chapeau si petit qu'il étoit aisé de juger que le marquis le portoit bien plus souvent dans la main que sur la tête, cette perruque si grande qu'elle balayoit la place à chaque fois qu'il faisoit la révérence, ce collet ou rabat qui pouvoit s'appeler un honnête peignoir, ces canons qui sembloient n'être faits que pour servir de caches aux enfants

Et jamais il ne faut se faire regarder.
L'un et l'autre excès choque, et tout homme bien sage
Doit faire des habits ainsi que du langage,
N'y rien trop affecter, et, sans empressement,
Suivre ce que l'usage y fait de changement.
Mon sentiment n'est pas qu'on prenne la méthode
De ceux qu'on voit toujours renchérir sur la mode,
Et qui, dans ses excès dont ils sont amoureux,*
Seroient fâchés qu'un autre eût été plus loin qu'eux ;
Mais je tiens qu'il est mal, sur quoi que l'on se fonde,
De fuir obstinément ce que suit tout le monde ;
Et qu'il vaut mieux souffrir d'être au nombre des fous
Que du sage parti se voir seul contre tous[1].

SGANARELLE.

Cela sent son vieillard qui, pour en faire accroire,
Cache ses cheveux blancs d'une perruque noire[2].

---

* Var. *Et qui, dans ces excès dont ils sont amoureux* (1673, 1682).

qui jouent à la cligne-musette, etc. » On peut comparer à cette satire celle que fait Agrippa d'Aubigné des modes du commencement du siècle, dans *les Aventures du baron de Fœneste;* on y trouvera signalées déjà beaucoup des exagérations ridicules que critique Sganarelle.

La critique de Sganarelle n'est pas dépourvue de justesse. Elle donne à sa rudesse le prétexte du bon sens. Un personnage, pour être vrai, ne sauroit être absolument extravagant. Ce qu'il y a de raison dans Sganarelle sert précisément à faire ressortir la raison plus haute d'Ariste, sa sagesse plus sociable et plus humaine.

1. L'opinion d'Ariste est celle des plus excellents moralistes. On sait que La Bruyère a dit : « Un philosophe doit se laisser habiller par son tailleur ; il y a autant de foiblesse à fuir la mode qu'à l'affecter. »

2. Sganarelle n'est pas seulement un homme bizarre et bourru, c'est encore un vilain homme. L'insistance avec laquelle il revient sur l'âge, sur la vieillesse de son frère, est un trait de méchanceté, car il sait bien que ce doit être là justement le côté faible et vulnérable d'Ariste, qui songe à épouser la jeune Léonor. Aussi Ariste, à cette dernière attaque, éprouve-t-il un mouvement d'humeur qui se trahit dans sa réplique.

ARISTE.

C'est un étrange fait du soin que vous prenez
A me venir toujours jeter mon âge au nez;
Et qu'il faille qu'en moi sans cesse je vous voie
Blâmer l'ajustement, aussi bien que la joie :
Comme si, condamnée à ne plus rien chérir,
La vieillesse devoit ne songer qu'à mourir,
Et d'assez de laideur n'est pas accompagnée,
Sans se tenir encor malpropre et rechignée.

SGANARELLE.

Quoi qu'il en soit, je suis attaché fortement
A ne démordre point de mon habillement.
Je veux une coiffure, en dépit de la mode,
Sous qui toute ma tête ait un abri commode;
Un bon pourpoint bien long, et fermé comme il faut,
Qui, pour bien digérer, tienne l'estomac chaud;
Un haut-de-chausses fait justement pour ma cuisse;
Des souliers où mes pieds ne soient point au supplice,
Ainsi qu'en ont usé sagement nos aïeux :
Et qui me trouve mal n'a qu'à fermer les yeux[1].

SCÈNE II.

LÉONOR, ISABELLE, LISETTE;
ARISTE ET SGANARELLE, parlant bas ensemble sur le devant
du théâtre, sans être aperçus.

LÉONOR, à Isabelle.

Je me charge de tout, en cas que l'on vous gronde.

---

[1]. Cette première scène contient l'exposition des deux caractères principaux. Du premier coup, ils se font l'un et l'autre parfaitement connaître. Toute la pièce se déduit de ce contraste des deux frères, et ne fait que développer l'opposition de mœurs, de sentiments, de systèmes, qui ressort si vivement de leur entretien.

LISETTE, à Isabelle.

Toujours dans une chambre à ne point voir le monde?

ISABELLE.

Il est ainsi bâti.

LÉONOR.

Je vous en plains, ma sœur.

LISETTE, à Léonor.

Bien vous prend que son frère ait tout une autre humeur,
Madame ; et le destin vous fut bien favorable
En vous faisant tomber aux mains du raisonnable.

ISABELLE.

C'est un miracle encor qu'il ne m'ait aujourd'hui
Enfermée à la clef, ou menée avec lui.

LISETTE.

Ma foi, je l'envoierois au diable avec sa fraise[1],
Et...

SGANARELLE, heurté par Lisette.

Où donc allez-vous, qu'il ne vous en déplaise?

LÉONOR.

Nous ne savons encore, et je pressois ma sœur
De venir du beau temps respirer la douceur ;
Mais...

SGANARELLE, à Léonor.

Pour vous, vous pouvez aller où bon vous semble ;

(Montrant Lisette.)

Vous n'avez qu'à courir, vous voilà deux ensemble.

(A Isabelle.)

Mais vous, je vous défends, s'il vous plaît, de sortir.

---

1. La fraise était un collet plissé et empesé, qui avait eu à la fin du xvie siècle une bizarre ampleur, comme on le voit dans les portraits de Henri III, de Catherine de Médicis, et surtout d'Élisabeth d'Angleterre. C'était au commencement du règne de Louis XIV un ornement démodé.

ACTE I, SCÈNE II.

ARISTE.

Hé! laissez-les, mon frère, aller se divertir.

SGANARELLE.

Je suis votre valet, mon frère.

ARISTE.

La jeunesse
Veut...

SGANARELLE.

La jeunesse est sotte, et parfois la vieillesse.

ARISTE.

Croyez-vous qu'elle est mal d'être avec Léonor?

SGANARELLE.

Non pas; mais avec moi je la crois mieux encor.

ARISTE.

Mais...

SGANARELLE.

Mais ses actions de moi doivent dépendre,
Et je sais l'intérêt enfin que j'y dois prendre.

ARISTE.

A celles de sa sœur ai-je un moindre intérêt?

SGANARELLE.

Mon Dieu! chacun raisonne et fait comme il lui plaît.
Elles sont sans parents, et notre ami leur père
Nous commit leur conduite à son heure dernière;
Et nous chargeant tous deux, ou de les épouser,
Ou, sur notre refus, un jour d'en disposer,
Sur elles, par contrat, nous sut, dès leur enfance,
Et de père et d'époux donner pleine puissance :
D'élever celle-là vous prîtes le souci;
Et moi, je me chargeai du soin de celle-ci.
Selon vos volontés vous gouvernez la vôtre;

Laissez-moi, je vous prie, à mon gré régir l'autre[1].
ARISTE.
Il me semble...
SGANARELLE.
Il me semble, et je le dis tout haut,
Que sur un tel sujet c'est parler comme il faut.
Vous souffrez que la vôtre aille leste et pimpante :
Je le veux bien ; qu'elle ait et laquais et suivante :
J'y consens ; qu'elle coure, aime l'oisiveté,
Et soit des damoiseaux fleurée[2] en liberté :
J'en suis fort satisfait ; mais j'entends que la mienne
Vive à ma fantaisie, et non pas à la sienne[3] ;
Que d'une serge honnête elle ait son vêtement,
Et ne porte le noir qu'aux bons jours seulement ;
Qu'enfermée au logis, en personne bien sage,
Elle s'applique toute aux choses du ménage,
A recoudre mon linge aux heures de loisir,
Ou bien à tricoter quelques bas par plaisir ;
Qu'aux discours des muguets elle ferme l'oreille,
Et ne sorte jamais sans avoir qui la veille.
Enfin la chair est foible, et j'entends tous les bruits.

---

1. Sganarelle rappelle brusquement l'origine de ses droits pour couper court aux observations et aux remontrances. C'est par un mouvement fort naturel de caractère que l'on est instruit de circonstances qu'il était essentiel de connaître tout d'abord pour s'expliquer la situation. (AIMÉ MARTIN.)

2. *Fleurée,* ayant le sens de *flairée*. Dans l'édition du dictionnaire de l'Académie de 1694, on lit : « *Flairer,* on prononce ordinairement *fleurer.* » On pourrait conclure de là que Molière n'a fait que rendre l'orthographe de ce mot conforme à la prononciation de son temps. Mais nous croyons qu'il existait primitivement deux mots distincts qui avaient une signification à peu près semblable, et qu'on employait suivant les circonstances. *Fleurée,* sans contredit, a bien meilleure grâce que *flairée*.

3. Sganarelle est franc et brutal dans l'aveu de son égoïsme tyrannique. Il n'éprouve aucun besoin de dissimuler, parce qu'il n'admet pas évidemment que la femme soit un être libre ni doué d'une personnalité sérieuse.

ACTE I, SCÈNE II.

Je ne veux point porter de cornes, si je puis[1];*
Et comme à m'épouser sa fortune l'appelle,
Je prétends, corps pour corps, pouvoir répondre d'elle.

ISABELLE.

Vous n'avez pas sujet, que je crois...

SGANARELLE.

Taisez-vous.
Je vous apprendrai bien s'il faut sortir sans nous.

LÉONOR.

Quoi donc, monsieur...

SGANARELLE.

Mon Dieu, madame, sans langage,
Je ne vous parle pas, car vous êtes trop sage[2].

LÉONOR.

Voyez-vous Isabelle avec nous à regret?

SGANARELLE.

Oui, vous me la gâtez, puisqu'il faut parler net.
Vos visites ici ne font que me déplaire,
Et vous m'obligerez de ne nous en plus faire.

LÉONOR.

Voulez-vous que mon cœur vous parle net aussi?
J'ignore de quel œil elle voit tout ceci;

---

* VAR. . . . . . *des cornes, si je puis* (1673, 1682).

1. Il est de tradition au théâtre que l'acteur qui joue Sganarelle prononce ce vers à l'oreille d'Ariste. On pourrait se demander si cette précaution est bien dans le caractère du personnage. Sganarelle ne compte que sur les moyens de contrainte matérielle. Pourquoi respecterait-il l'esprit de sa pupille? La grossièreté et la licence de paroles s'accordent bien avec son système d'éducation, et l'on peut remarquer que l'état de société où la femme est très subordonnée et très assujettie est toujours celui où le langage a le moins de retenue.

2. *Sage* dans l'ancienne acception de ce mot : c'est-à-dire instruite, expérimentée, savante.

Mais je sais ce qu'en moi feroit la défiance,
Et, quoiqu'un même sang nous ait donné naissance,
Nous sommes bien peu sœurs, s'il faut que chaque jour
Vos manières d'agir lui donnent de l'amour.

LISETTE.

En effet, tous ces soins sont des choses infâmes.
Sommes-nous chez les Turcs, pour renfermer les femmes?
Car on dit qu'on les tient esclaves en ce lieu,
Et que c'est pour cela qu'ils sont maudits de Dieu.
Notre honneur est, monsieur, bien sujet à foiblesse,
S'il faut qu'il ait besoin qu'on le garde sans cesse.
Pensez-vous, après tout, que ces précautions
Servent de quelque obstacle à nos intentions?
Et, quand nous nous mettons quelque chose à la tête,
Que l'homme le plus fin ne soit pas une bête?
Toutes ces gardes-là sont visions de fous;
Le plus sûr est, ma foi, de se fier en nous :
Qui nous gêne se met en un péril extrême,
Et toujours notre honneur veut se garder lui-même.
C'est nous inspirer presque un désir de pécher
Que montrer tant de soins de nous en empêcher;
Et, si par un mari je me voyois contrainte,
J'aurois fort grande pente à confirmer sa crainte[1].

SGANARELLE, à Ariste.

Voilà, beau précepteur, votre éducation.
Et vous souffrez cela sans nulle émotion?

ARISTE.

Mon frère, son discours ne doit que faire rire :
Elle a quelque raison en ce qu'elle veut dire.

---

1. On a souvent fait admirer la vivacité de cette saillie, qui confirme en style de soubrette ce qu'il y a de juste et de sensé dans les principes d'Ariste.

ACTE I, SCÈNE II.

Leur sexe aime à jouir d'un peu de liberté ;
On le retient fort mal par tant d'austérité ;
Et les soins défiants, les verrous et les grilles,
Ne font pas la vertu des femmes ni des filles :
C'est l'honneur qui les doit tenir dans le devoir,
Non la sévérité que nous leur faisons voir.
C'est une étrange chose, à vous parler sans feinte,
Qu'une femme qui n'est sage que par contrainte.
En vain sur tous ses pas nous prétendons régner ;
Je trouve que le cœur est ce qu'il faut gagner ;
Et je ne tiendrois, moi, quelque soin qu'on se donne,
Mon honneur guère sûr aux mains d'une personne
A qui, dans les désirs qui pourroient l'assaillir,
Il ne manqueroit rien qu'un moyen de faillir.

SGANARELLE.

Chansons que tout cela.

ARISTE.

Soit ; mais je tiens sans cesse
Qu'il nous faut en riant instruire la jeunesse,
Reprendre ses défauts avec grande douceur,
Et du nom de vertu ne lui point faire peur.
Mes soins pour Léonor ont suivi ces maximes ;
Des moindres libertés je n'ai point fait des crimes,
A ses jeunes désirs j'ai toujours consenti,
Et je ne m'en suis point, grâce au ciel, repenti.
J'ai souffert qu'elle ait vu les belles compagnies,
Les divertissements, les bals, les comédies :
Ce sont choses, pour moi, que je tiens de tout temps
Fort propres à former l'esprit des jeunes gens ;
Et l'école du monde, en l'air dont il faut vivre,
Instruit mieux, à mon gré, que ne fait aucun livre :
Elle aime à dépenser en habits, linge et nœuds ;

Que voulez-vous ? je tâche à contenter ses vœux ;
Et ce sont des plaisirs qu'on peut, dans nos familles,
Lorsque l'on a du bien, permettre aux jeunes filles.
Un ordre paternel l'oblige à m'épouser ;
Mais mon dessein n'est pas de la tyranniser.
Je sais bien que nos ans ne se rapportent guère,
Et je laisse à son choix liberté tout entière.
Si quatre mille écus de rente bien venants,
Une grande tendresse et des soins complaisants,
Peuvent, à son avis, pour un tel mariage,
Réparer entre nous l'inégalité d'âge,
Elle peut m'épouser ; sinon, choisir ailleurs.
Je consens que sans moi ses destins soient meilleurs :
Et j'aime mieux la voir sous un autre hyménée,
Que si contre son gré sa main m'étoit donnée [1].

SGANARELLE.

Hé ! qu'il est doucereux ! c'est tout sucre et tout miel.

---

1. Toute cette morale d'Ariste se retrouve, pour le fond des idées, dans les *Adelphes* de Térence. Mais le Micion du poëte latin applique son système indulgent aux jeunes garçons soumis encore à l'autorité paternelle :

> Opsonat, potat, olet unguenta ? De meo.
> Amat ? Dabitur à me argentum, dum erit commodum.
> . . . . Est, Dis gratia,
> Et unde hæc fiant et adhuc non molesta sunt.

« Il fait bonne chère, il boit, il se parfume ? C'est à mes dépens. Il a des maîtresses ? Je lui donnerai de l'argent tant que cela ne m'incommodera pas. J'ai, grâces aux dieux, de quoi fournir à tout cela, et jusqu'à présent ses dépenses ne m'ont point gêné. » La générosité d'Ariste est bien plus touchante dans sa source et dans son expression. Elle est inspirée par l'attachement le plus tendre. Il ne faut pas oublier, en lisant ce passage, que Molière se trouvait dans la situation d'Ariste ; qu'il allait épouser bientôt la jeune Armande Béjart, élevée par ses soins ; et que tous ces aimables et attrayants discours traduisaient à merveille ses propres sentiments. Il est vrai qu'il fut assez mal récompensé de sa douceur et de sa confiance, et qu'il eût été par la suite un fâcheux exemple à invoquer à l'appui de son système d'éducation. Ariste eut tort, ce qui ne veut pas dire que Sganarelle aurait eu raison.

ARISTE.

Enfin, c'est mon humeur, et j'en rends grâce au ciel.
Je ne suivrois jamais ces maximes sévères
Qui font que les enfants comptent les jours des pères.

SGANARELLE.

Mais ce qu'en la jeunesse on prend de liberté
Ne se retranche pas avec facilité ;
Et tous ses sentiments suivront mal votre envie,
Quand il faudra changer sa manière de vie.

ARISTE.

Et pourquoi la changer?

SGANARELLE.

Pourquoi?

ARISTE.

Oui.

SGANARELLE.

Je ne sai.

ARISTE.

Y voit-on quelque chose où l'honneur soit blessé?

SGANARELLE.

Quoi ! si vous l'épousez, elle pourra prétendre
Les mêmes libertés que fille on lui voit prendre?

ARISTE.

Pourquoi non?

SGANARELLE.

Vos désirs lui seront complaisants
Jusques à lui laisser et mouches et rubans?

ARISTE.

Sans doute.

SGANARELLE.

A lui souffrir, en cervelle troublée,
De courir tous les bals et les lieux d'assemblée?

ARISTE.

Oui, vraiment.

SGANARELLE.

Et chez vous iront les damoiseaux?

ARISTE.

Et quoi donc?

SGANARELLE.

Qui joueront et donneront cadeaux[1]?

ARISTE.

D'accord.

SGANARELLE.

Et votre femme entendra les fleurettes[2]?

ARISTE.

Fort bien.

SGANARELLE.

Et vous verrez ces visites muguettes
D'un œil à témoigner de n'en être point soû?

ARISTE.

Cela s'entend.

SGANARELLE.

Allez, vous êtes un vieux fou.
(A Isabelle.)
Rentrez, pour n'ouïr point cette pratique infâme.

SCÈNE III.

ARISTE, SGANARELLE, LÉONOR, LISETTE.

ARISTE.

Je veux m'abandonner à la foi de ma femme,

---

1. Nous rappelons le sens qu'avait alors ce mot, que nous avons rencontré dans *les Précieuses ridicules*, scène XII.

2. Il ne faut pas aller chercher trop loin l'origine de ce terme, qui s'emploie encore. C'est le mot fleurettes, petites fleurs; au figuré: petites fleurs de rhétorique amoureuse.

ACTE I, SCÈNE III.

Et prétends toujours vivre ainsi que j'ai vécu.
SGANARELLE.
Que j'aurai de plaisir si l'on le fait cocu ! *
ARISTE.
J'ignore pour quel sort mon astre m'a fait naître ;
Mais je sais que pour vous, si vous manquez de l'être,
On ne vous en doit point imputer le défaut,
Car vos soins pour cela font bien tout ce qu'il faut.
SGANARELLE.
Riez donc, beau rieur ! Oh ! que cela doit plaire, **
De voir un goguenard presque sexagénaire !
LÉONOR.
Du sort dont vous parlez je le garantis, moi,
S'il faut que par l'hymen il reçoive ma foi :
Il s'y peut assurer ; mais sachez que mon âme***
Ne répondroit de rien si j'étois votre femme.
LISETTE.
C'est conscience¹ à ceux qui s'assurent en nous ;
Mais c'est pain bénit, certe, à des gens comme vous.
SGANARELLE.
Allez, langue maudite, et des plus mal apprises.
ARISTE.
Vous vous êtes, mon frère, attiré ces sottises.
Adieu. Changez d'humeur, et soyez averti
Que renfermer sa femme est le mauvais parti. ****
Je suis votre valet.

---

* Var. *Que j'aurai de plaisir quand il sera cocu!* (1682.)

** Var. *Bien donc, beau rieur ! Oh! que cela doit plaire* (1673).

*** Var. *Il s'en peut assurer ; mais sachez que mon âme* (1682).

**** Var. *Que renfermer sa femme est un mauvais parti* (1682).

1. Sous-entendu : de faire subir ce sort.

SGANARELLE.
Je ne suis pas le vôtre.

SCÈNE IV.

SGANARELLE, seul.

Oh! que les voilà bien tous formés l'un pour l'autre!
Quelle belle famille! Un vieillard insensé
Qui fait le dameret dans un corps tout cassé;
Une fille maîtresse, et coquette suprême;
Des valets impudents : non, la sagesse même
N'en viendroit pas à bout, perdroit sens et raison
A vouloir corriger une telle maison[1].
Isabelle pourroit perdre dans ces hantises
Les semences d'honneur qu'avec nous elle a prises :
Et, pour l'en empêcher, dans peu nous prétendons
Lui faire aller revoir nos choux et nos dindons.

SCÈNE V.

VALÈRE, SGANARELLE, ERGASTE.

VALÈRE, dans le fond du théâtre.

Ergaste, le voilà, cet Argus que j'abhorre,

---

1. Ces vers sont imités et presque traduits de Térence :

> . . . . O Jupiter!
> Hanccine vitam! hoscine mores! hanc dementiam!
> Uxor sine dote veniet; intus psaltria est;
> Domus sumptuosa; adolescens luxu perditus;
> Senex delirans! Ipsa, si cupiat, Salus
> Servare prorsus non potest hanc familiam.

« O Jupiter! quelle vie! quelles mœurs! quelle démence! Une femme sans dot; une chanteuse chez lui; un grand train de maison; un jeune homme perdu de débauche; un vieillard qui radote! *Salus* elle-même, quand elle le voudrait, ne viendrait pas à bout de sauver une telle famille. »

ACTE I, SCÈNE V.

Le sévère tuteur de celle que j'adore.

SGANARELLE, se croyant seul.

N'est-ce pas quelque chose enfin de surprenant
Que la corruption des mœurs de maintenant?

VALÈRE.

Je voudrois l'accoster, s'il est en ma puissance,
Et tâcher de lier avec lui connoissance.

SGANARELLE, se croyant seul.

Au lieu de voir régner cette sévérité
Qui composoit si bien l'ancienne honnêteté,
La jeunesse en ces lieux, libertine, absolue[1],
Ne prend...

(Valère salue Sganarelle de loin.)

VALÈRE.

Il ne voit pas que c'est lui qu'on salue.

ERGASTE.

Son mauvais œil peut-être est de ce côté-ci.
Passons du côté droit.

SGANARELLE, se croyant seul.

Il faut sortir d'ici.
Le séjour de la ville en moi ne peut produire
Que des...

VALÈRE, en s'approchant peu à peu.

Il faut chez lui tâcher de m'introduire.

SGANARELLE, entendant quelque bruit.

Heu! j'ai cru qu'on parloit.

(Se croyant seul.)

Aux champs, grâces aux cieux,

---

1. *Libertine,* c'est-à-dire : voulant sa liberté; *absolue,* c'est-à-dire : étant maîtresse, régnant et commandant.

Oui, sur tous mes désirs je me rends absolu.
(CORNEILLE, *Sertorius,* IV, III.)

Les sottises du temps ne blessent point mes yeux.*

ERGASTE, à Valère.

Abordez-le.

SGANARELLE, entendant encore du bruit.

Plaît-il?

(N'entendant plus rien.)

Les oreilles me cornent.

(Se croyant seul.)

Là, tous les passe-temps de nos filles se bornent...

(Il aperçoit Valère, qui le salue.)

Est-ce à nous?

ERGASTE, à Valère.

Approchez.

SGANARELLE, sans prendre garde à Valère.

Là, nul godelureau

(Valère le salue encore.)

Ne vient... Que diable!

(Il se retourne, et voit Ergaste qui le salue de l'autre côté.)

Encor? que de coups de chapeau[1]!

VALÈRE.

Monsieur, un tel abord vous interrompt peut-être?

SGANARELLE.

Cela se peut.

VALÈRE.

Mais quoi! l'honneur de vous connoître
Est un si grand bonheur, est un si doux plaisir,**

---

* Var. *Les sottises du temps ne blessent point les yeux* (1682).

** Var. *M'est un si grand bonheur, m'est un si doux plaisir* (1682).

1. Ces jeux de scène produisent toujours beaucoup d'effet au théâtre. C'est aux Italiens, qui en abusaient, que Molière les emprunta; mais il eut toujours soin de leur donner un intérêt de situation ou de caractère. Chez les Italiens, c'était souvent fantaisie pure.

ACTE I, SCÈNE V.

Que de vous saluer j'avois un grand désir.

SGANARELLE.

Soit.

VALÈRE.

Et de vous venir, mais sans nul artifice,
Assurer que je suis tout à votre service.

SGANARELLE.

Je le crois.

VALÈRE.

J'ai le bien d'être de vos voisins,
Et j'en dois rendre grâce à mes heureux destins.

SGANARELLE.

C'est bien fait.

VALÈRE.

Mais, monsieur, savez-vous les nouvelles
Que l'on dit à la cour, et qu'on tient pour fidèles?

SGANARELLE.

Que m'importe?

VALÈRE.

Il est vrai; mais pour les nouveautés
On peut avoir parfois des curiosités.
Vous irez voir, monsieur, cette magnificence
Que de notre Dauphin prépare la naissance [1]?

SGANARELLE.

Si je veux.

---

1. Il s'agit ici du Dauphin, fils de Louis XIV, appelé Monseigneur, qui naquit à Fontainebleau le 1er novembre 1661, et mourut à Meudon le 14 avril 1711. La première édition de *l'École des Maris*, où ces vers se trouvent tels que nous les donnons, a été achevée d'imprimer le 20 août 1661, c'est-à-dire un peu plus de deux mois avant la naissance de ce Dauphin. C'était par conséquent une sorte de prophétie que Molière se permettait, mais qu'il pouvait risquer sans inconvénient, sauf à modifier plus tard ce passage, s'il y avait lieu.

VALÈRE.

Avouons que Paris nous fait part
De cent plaisirs charmants qu'on n'a point autre part :
Les provinces auprès sont des lieux solitaires[1].
A quoi donc passez-vous le temps?

SGANARELLE.

A mes affaires.

VALÈRE.

L'esprit veut du relâche, et succombe parfois
Par trop d'attachement aux sérieux emplois.
Que faites-vous les soirs avant qu'on se retire?

SGANARELLE.

Ce qui me plaît.

VALÈRE.

Sans doute on ne peut pas mieux dire :
Cette réponse est juste, et le bon sens paroît
A ne vouloir jamais faire que ce qui plaît.
Si je ne vous croyois l'âme trop occupée,
J'irois parfois chez vous passer l'après-soupée.

SGANARELLE.

Serviteur.

SCÈNE VI.

VALÈRE, ERGASTE.

VALÈRE.

Que dis-tu de ce bizarre fou?

ERGASTE.

Il a le repart brusque et l'accueil loup-garou.

---

[1]. Valère rencontre bien de venir faire l'éloge de Paris à Sganarelle, qui est justement en train de pester contre Paris.

VALÈRE.

Ah! j'enrage.

ERGASTE.

Et de quoi?

VALÈRE.

De quoi c'est que j'enrage?*
De voir celle que j'aime au pouvoir d'un sauvage,
D'un dragon surveillant dont la sévérité
Ne lui laisse jouir d'aucune liberté.

ERGASTE.

C'est ce qui fait pour vous; et sur ces conséquences
Votre amour doit fonder de grandes espérances.
Apprenez, pour avoir votre esprit raffermi,**
Qu'une femme qu'on garde est gagnée à demi,
Et que les noirs chagrins des maris ou des pères
Ont toujours du galant avancé les affaires.
Je coquette fort peu, c'est mon moindre talent,
Et de profession je ne suis point galant;
Mais j'en ai servi vingt de ces chercheurs de proie,
Qui disoient fort souvent que leur plus grande joie
Étoit de rencontrer de ces maris fâcheux,
Qui jamais sans gronder ne reviennent chez eux;
De ces brutaux fieffés qui, sans raison ni suite,
De leurs femmes en tout contrôlent la conduite;
Et, du nom de mari fièrement se parants,
Leur rompent en visière aux yeux des soupirants.
On en sait, disent-ils, prendre ses avantages;
Et l'aigreur de la dame à ces sortes d'outrages,
Dont la plaint doucement le complaisant témoin,

---

* VAR. . . . . . . *De quoi? C'est que j'enrage* (1673, 1682).

** VAR. *Apprenez, pour avoir votre esprit affermi* (1673, 1682).

Est un champ à pousser les choses assez loin;
En un mot, ce vous est une attente assez belle
Que la sévérité du tuteur d'Isabelle[1].

VALÈRE.

Mais, depuis quatre mois que je l'aime ardemment,
Je n'ai pour lui parler pu trouver un moment.

ERGASTE.

L'amour rend inventif; mais vous ne l'êtes guère :
Et si j'avois été...

VALÈRE.

Mais qu'aurois-tu pu faire,
Puisque sans ce brutal on ne la voit jamais;
Et qu'il n'est là-dedans servantes ni valets
Dont, par l'appât flatteur de quelque récompense,
Je puisse pour mes feux ménager l'assistance?

ERGASTE.

Elle ne sait donc pas encor que vous l'aimez?

VALÈRE.

C'est un point dont mes vœux ne sont point informés.*
Partout où ce farouche a conduit cette belle,
Elle m'a toujours vu comme une ombre après elle,
Et mes regards aux siens ont tâché chaque jour
De pouvoir expliquer l'excès de mon amour.
Mes yeux ont fort parlé; mais qui me peut apprendre
Si leur langage enfin a pu se faire entendre?

ERGASTE.

Ce langage, il est vrai, peut être obscur parfois,

* VAR. . . . . . . *ne sont pas informés* (1682).

1. Ce personnage d'Ergaste n'est pas indigne d'attention. C'est un valet tout différent de ceux que Molière a mis jusqu'à présent à la scène; il n'a plus rien du *Davus* de la comédie antique. Homme d'expérience et d'observation, il se contente de donner un utile conseil au besoin.

S'il n'a pour truchement l'écriture ou la voix.

VALÈRE.

Que faire pour sortir de cette peine extrême,
Et savoir si la belle a connu que je l'aime ?
Dis-m'en quelque moyen.

ERGASTE.

                   C'est ce qu'il faut trouver :
Entrons un peu chez vous, afin d'y mieux rêver [1].

---

1. Ce premier acte ne contient que l'exposition de la pièce ; mais cette exposition est claire et complète. Tous les personnages sont bien établis ; nous savons parfaitement ce qu'ils sont en eux-mêmes et quels rapports ils ont entre eux ; il ne nous reste plus qu'à les voir dans les actes suivants agir conformément à leur caractère et à leur intérêt connu. (AUGER.)

ACTE DEUXIÈME.

SCÈNE PREMIÈRE.

ISABELLE, SGANARELLE.

SGANARELLE.

Va, je sais la maison, et connois la personne
Aux marques seulement que ta bouche me donne.

ISABELLE, à part.

O ciel! sois-moi propice, et seconde en ce jour
Le stratagème adroit d'une innocente amour!

SGANARELLE.

Dis-tu pas qu'on t'a dit qu'il s'appelle Valère?

ISABELLE.

Oui.

SGANARELLE.

Va, sois en repos, rentre, et me laisse faire;
Je vais parler sur l'heure à ce jeune étourdi.

ISABELLE, en s'en allant.

Je fais, pour une fille, un projet bien hardi;
Mais l'injuste rigueur dont envers moi l'on use
Dans tout esprit bien fait me servira d'excuse[1].

---

1. Ces quelques mots d'Isabelle suffisent à avertir les spectateurs et à tenir leur curiosité en éveil.

SCÈNE II.

SGANARELLE, seul.

(Il va frapper à la porte de Valère.)

Ne perdons point de temps; c'est ici. Qui va là[1]?
Bon, je rêve. Holà! dis-je, holà! quelqu'un! holà!
Je ne m'étonne pas, après cette lumière,
S'il y venoit tantôt de si douce manière;
Mais je veux me hâter, et de son fol espoir...

SCÈNE III.

VALÈRE, SGANARELLE, ERGASTE.

SGANARELLE, à Ergaste, qui est sorti brusquement.

Peste soit du gros bœuf, qui, pour me faire choir[2],
Se vient devant mes pas planter comme une perche!

VALÈRE.

Monsieur, j'ai du regret...

SGANARELLE.

Ah! c'est vous que je cherche.

VALÈRE.

Moi, monsieur?

SGANARELLE.

Vous. Valère est-il pas votre nom?

VALÈRE.

Oui.

---

1. Méfiant et inquiet, Sganarelle veille toujours dans sa maison, et « qui va là? » est sa question habituelle en entendant le bruit du marteau. Sa préoccupation lui fait répéter ce mot à la porte de Valère. (AIMÉ MARTIN.)

2. C'est ce vers qui fait présumer que le rôle d'Ergaste fut créé d'origine par Duparc (Gros-René).

SGANARELLE.

Je viens vous parler, si vous le trouvez bon. *

VALÈRE.

Puis-je être assez heureux pour vous rendre service?

SGANARELLE.

Non. Mais je prétends, moi, vous rendre un bon office;
Et c'est ce qui chez vous prend droit de m'amener.

VALÈRE.

Chez moi, monsieur?

SGANARELLE.

Chez vous. Faut-il tant s'étonner!

VALÈRE.

J'en ai bien du sujet; et mon âme ravie
De l'honneur...

SGANARELLE.

Laissons là cet honneur, je vous prie.

VALÈRE.

Voulez-vous pas entrer?

SGANARELLE.

Il n'en est pas besoin.

VALÈRE.

Monsieur, de grâce.

SGANARELLE.

Non, je n'irai pas plus loin.

VALÈRE.

Tant que vous serez là, je ne puis vous entendre.

SGANARELLE.

Moi, je n'en veux bouger.

VALÈRE.

Hé bien! il se faut rendre : **

---

* VAR. . . . *Je viens pour parler, si vous le trouvez bon* (1682).
** VAR. . . . . *il faut se rendre* (1682).

Vite, puisque monsieur à cela se résout,
Donnez un siège ici.
SGANARELLE.
Je veux parler debout.
VALÈRE.
Vous souffrir de la sorte !...
SGANARELLE.
Ah ! contrainte effroyable !
VALÈRE.
Cette incivilité seroit trop condamnable.
SGANARELLE.
C'en est une que rien ne sauroit égaler,
De n'ouïr pas les gens qui veulent nous parler.
VALÈRE.
Je vous obéis donc.
SGANARELLE.
Vous ne sauriez mieux faire.
(Ils font de grandes cérémonies pour se couvrir.)
Tant de cérémonie est fort peu nécessaire.
Voulez-vous m'écouter ?
VALÈRE.
Sans doute, et de grand cœur[1].
SGANARELLE.
Savez-vous, dites-moi, que je suis le tuteur
D'une fille assez jeune, et passablement belle,
Qui loge en ce quartier, et qu'on nomme Isabelle ?
VALÈRE.
Oui.

---

1. Ce jeu de scène naît de la situation des personnages et de leur caractère. Rien de plus naturel que les empressements de Valère, qui croit trouver une occasion d'amadouer le terrible tuteur. Rien de plus naturel aussi que la brusquerie et l'impatience de Sganarelle, pressé de s'acquitter d'un message désagréable à Valère. (AIMÉ MARTIN.)

SGANARELLE.

Si vous le savez, je ne vous l'apprends pas.
Mais savez-vous aussi, lui trouvant des appas,
Qu'autrement qu'en tuteur sa personne me touche,
Et qu'elle est destinée à l'honneur de ma couche?

VALÈRE.

Non.

SGANARELLE.

Je vous l'apprends donc; et qu'il est à propos
Que vos feux, s'il vous plaît, la laissent en repos.

VALÈRE.

Qui? moi, monsieur?

SGANARELLE.

Oui, vous. Mettons bas toute feinte.

VALÈRE.

Qui vous a dit que j'ai pour elle l'âme atteinte?

SGANARELLE.

Des gens à qui l'on peut donner quelque crédit.

VALÈRE.

Mais encore?

SGANARELLE.

Elle-même.

VALÈRE.

Elle?

SGANARELLE.

Elle. Est-ce assez dit?
Comme une fille honnête, et qui m'aime d'enfance,
Elle vient de m'en faire entière confidence;
Et, de plus, m'a chargé de vous donner avis
Que, depuis que par vous tous ses pas sont suivis,
Son cœur, qu'avec excès votre poursuite outrage,
N'a que trop de vos yeux entendu le langage;

ACTE II, SCÈNE III.

Que vos secrets désirs lui sont assez connus,
Et que c'est vous donner des soucis superflus
De vouloir davantage expliquer une flamme
Qui choque l'amitié que me garde son âme.

VALÈRE.

C'est elle, dites-vous, qui de sa part vous fait...

SGANARELLE.

Oui, vous venir donner cet avis franc et net;
Et qu'ayant vu l'ardeur dont votre âme est blessée,
Elle vous eût plus tôt fait savoir sa pensée,
Si son cœur avoit eu, dans son émotion,
A qui pouvoir donner cette commission;
Mais qu'enfin les douleurs d'une contrainte extrême
L'ont réduite à vouloir se servir de moi-même,*
Pour vous rendre averti, comme je vous ai dit,
Qu'à tout autre que moi son cœur est interdit,
Que vous avez assez joué de la prunelle,
Et que, si vous avez tant soit peu de cervelle,
Vous prendrez d'autres soins. Adieu, jusqu'au revoir.
Voilà ce que j'avois à vous faire savoir.

VALÈRE, bas.

Ergaste, que dis-tu d'une telle aventure?

SGANARELLE, bas, à part.

Le voilà bien surpris!

ERGASTE, bas, à Valère.

Selon ma conjecture,
Je tiens qu'elle n'a rien de déplaisant pour vous,
Qu'un mystère assez fin est caché là-dessous,
Et qu'enfin cet avis n'est pas d'une personne

---

* VAR. *Mais qu'enfin la douleur d'une contrainte extrême*
  L'a réduite à vouloir se servir de moi-même (1673, 1682).

Qui veuille voir cesser l'amour qu'elle vous donne[1].

SGANARELLE, à part.

Il en tient comme il faut.

VALÈRE, bas, à Ergaste.

Tu crois mystérieux...

ERGASTE, bas.

Oui... Mais il nous observe, ôtons-nous de ses yeux[2].

SCÈNE IV.

SGANARELLE, seul.

Que sa confusion paroît sur son visage !
Il ne s'attendoit pas, sans doute, à ce message.
Appelons Isabelle : elle montre le fruit
Que l'éducation dans une âme produit.
La vertu fait ses soins, et son cœur s'y consomme
Jusques à s'offenser des seuls regards d'un homme.

SCÈNE V.

ISABELLE, SGANARELLE.

ISABELLE, bas, en entrant.

J'ai peur que cet amant, plein de sa passion,*

---

* Var. *J'ai peur que mon amant, plein de sa passion* (1673, 1682).

1. Il était naturel qu'Ergaste soupçonnât avant son maître le stratagème d'Isabelle. Valère est trop amoureux pour ne pas redouter d'abord tout ce qui semble contraire à son amour. Aucune nuance du sentiment n'échappe au pinceau de Molière. (Auger.)

2. Cette scène, variée et graduée avec l'art le plus heureux, suffira à elle seule à remplir tout ce second acte. On peut la comparer, sous ce point de vue, à la scène des confidences d'Horace à Arnolphe, dans *l'École des Femmes,* scène qui va se répétant durant toute la pièce et dont l'uniformité, quant au fond, est d'un effet plus piquant que ne seroit la diversité même. (Auger.)

N'ait pas de mon avis compris l'intention ;
Et j'en veux, dans les fers où je suis prisonnière,
Hasarder un qui parle avec plus de lumière.
SGANARELLE.
Me voilà de retour.
ISABELLE.
Hé bien?
SGANARELLE.
Un plein effet
A suivi tes discours, et ton homme a son fait.
Il me vouloit nier que son cœur fût malade ;
Mais lorsque de ta part j'ai marqué l'ambassade,
Il est resté d'abord et muet et confus,
Et je ne pense pas qu'il y revienne plus.
ISABELLE.
Ah! que me dites-vous? J'ai bien peur du contraire,
Et qu'il ne nous prépare encor plus d'une affaire.
SGANARELLE.
Et sur quoi fondes-tu cette peur que tu dis?
ISABELLE.
Vous n'avez pas été plutôt hors du logis
Qu'ayant, pour prendre l'air, la tête à ma fenêtre,
J'ai vu dans ce détour un jeune homme paroître,
Qui d'abord, de la part de cet impertinent,
Est venu me donner un bonjour surprenant,
Et m'a, droit dans ma chambre, une boîte jetée
Qui renferme une lettre en poulet cachetée[1].
J'ai voulu sans tarder lui rejeter le tout;
Mais ses pas de la rue avoient gagné le bout,

---

1. « *Poulet* signifie aussi un petit billet amoureux qu'on envoie aux dames galantes, ainsi nommé parce qu'en le pliant on y faisoit deux pointes qui représentoient les ailes d'un poulet. » (*Dictionnaire de Furetière*, 1690.)

Et je m'en sens le cœur tout gros de fâcherie.
SGANARELLE.
Voyez un peu la ruse et la friponnerie !
ISABELLE.
Il est de mon devoir de faire promptement
Reporter boîte et lettre à ce maudit amant ;
Et j'aurois pour cela besoin d'une personne ;
Car d'oser à vous-même...
SGANARELLE.
      Au contraire, mignonne,
C'est me faire mieux voir ton amour et ta foi,
Et mon cœur avec joie accepte cet emploi ;
Tu m'obliges par là plus que je ne puis dire.
ISABELLE.
Tenez donc.
SGANARELLE.
    Bon. Voyons ce qu'il a pu t'écrire.
ISABELLE.
Ah ! ciel, gardez-vous bien de l'ouvrir.
SGANARELLE.
         Et pourquoi ?
ISABELLE.
Lui voulez-vous donner à croire que c'est moi ?
Une fille d'honneur doit toujours se défendre
De lire les billets qu'un homme lui fait rendre.
La curiosité qu'on fait lors éclater
Marque un secret plaisir de s'en ouïr conter :
Et je trouve à propos que, toute cachetée,
Cette lettre lui soit promptement reportée,
Afin que d'autant mieux il connoisse aujourd'hui
Le mépris éclatant que mon cœur fait de lui ;
Que ses feux désormais perdent toute espérance,

ACTE II, SCÈNE VI.

Et n'entreprennent plus pareille extravagance.
SGANARELLE.
Certes, elle a raison lorsqu'elle parle ainsi.
Va, ta vertu me charme, et ta prudence aussi :
Je vois que mes leçons ont germé dans ton âme,
Et tu te montres digne enfin d'être ma femme.
ISABELLE.
Je ne veux pas pourtant gêner votre désir.
La lettre est en vos mains,* et vous pouvez l'ouvrir.
SGANARELLE.
Non, je n'ai garde; hélas! tes raisons sont trop bonnes[1],
Et je vais m'acquitter du soin que tu me donnes;
A quatre pas de là dire ensuite deux mots,
Et revenir ici te remettre en repos[2].

SCÈNE VI.

SGANARELLE, seul.

Dans quel ravissement est-ce que mon cœur nage[3],
Lorsque je vois en elle une fille si sage!
C'est un trésor d'honneur que j'ai dans ma maison.
Prendre un regard d'amour pour une trahison,
Recevoir un poulet comme une injure extrême,

* Var. *La lettre est dans vos mains* (1682).

1. Isabelle peut offrir impunément à Sganarelle d'ouvrir cette boîte; après lui avoir fait sentir l'inconvénient et le danger qu'il y aurait à rompre le cachet, elle est sûre qu'il s'en gardera bien.
2. Ce second message ne rend pas le premier inutile, car il est bon que l'attention de Valère soit éveillée, avant de lui adresser un témoignage si formel de ce qu'on attend de lui. Il y a plus de chances que, préalablement averti, il ne refuse pas de reprendre la boîte ou plutôt de la recevoir.
3. Sganarelle est toujours enchanté, toujours ravi; c'est le propre de la suffisance et du contentement de soi-même.

Et le faire au galant reporter par moi-même !
Je voudrois bien savoir, en voyant tout ceci,
Si celle de mon frère en useroit ainsi.
Ma foi, les filles sont ce que l'on les fait être.
Holà !

(Il frappe à la porte de Valère.)

SCÈNE VII.

SGANARELLE, ERGASTE.

ERGASTE.

Qu'est-ce ?

SGANARELLE.

Tenez, dites à votre maître
Qu'il ne s'ingère pas d'oser écrire encor
Des lettres qu'il envoie avec des boîtes d'or,
Et qu'Isabelle en est puissamment irritée.
Voyez, on ne l'a pas au moins décachetée ;
Il connoîtra l'état que l'on fait de ses feux,
Et quel heureux succès il doit espérer d'eux.

SCÈNE VIII.

VALÈRE, ERGASTE.

VALÈRE.

Que vient de te donner cette farouche bête !

ERGASTE.

Cette lettre, monsieur, qu'avecque cette boëte
On prétend qu'ait reçue Isabelle de vous,
Et dont elle est, dit-il, en un fort grand courroux.
C'est sans vouloir l'ouvrir qu'elle vous la fait rendre.
Lisez vite, et voyons si je me puis méprendre.

VALÈRE lit.

« Cette lettre vous surprendra sans doute, et l'on peut
« trouver bien hardi pour moi, et le dessein de vous
« l'écrire, et la manière de vous la faire tenir; mais je
« me vois dans un état à ne plus garder de mesures. La
« juste horreur d'un mariage dont je suis menacée dans
« six jours me fait hasarder toutes choses; et, dans la
« résolution de m'en affranchir par quelque voie que ce
« soit, j'ai cru que je devois plutôt vous choisir que le
« désespoir. Ne croyez pas pourtant que vous soyez rede-
« vable de tout à ma mauvaise destinée : ce n'est pas la
« contrainte où je me trouve qui a fait naître les senti-
« ments que j'ai pour vous; mais c'est elle qui en préci-
« pite le témoignage, et qui me fait passer sur des
« formalités où la bienséance du sexe oblige. Il ne tiendra
« qu'à vous que je sois à vous bientôt, et j'attends seule-
« ment que vous m'ayez marqué les intentions de votre
« amour, pour vous faire savoir la résolution que j'ai
« prise; mais, surtout, songez que le temps presse, et
« que deux cœurs qui s'aiment doivent s'entendre à demi-
« mot[1]. »

ERGASTE.

Hé bien! monsieur, le tour est-il d'original?

---

1. Cette fois, Molière a renoncé à écrire en vers la lettre d'Isabelle. Il a voulu sans doute garder toute sa liberté pour traduire les délicatesses de sentiment et d'expression qui étaient ici nécessaires. Cette lettre justifie la jeune fille aussi complètement qu'il était possible de le faire. Il faut en admirer les fines nuances : « J'ai cru que je devois plutôt vous choisir que le désespoir. Ne croyez pas pourtant que vous soyez redevable de tout à ma mauvaise destinée... » On comprend qu'Isabelle soit disculpée entièrement aux yeux de Valère, car, si un indifférent comme Ergaste peut s'aviser qu'elle en sait bien long, l'amoureux à qui elle s'adresse ainsi ne sauroit lui faire un reproche de ce qu'elle entreprend ni de ce qu'elle risque pour lui; et il doit, en effet, s'il est bien épris, l'en chérir davantage.

Pour une jeune fille elle n'en sait pas mal.
De ces ruses d'amour la croiroit-on capable?
VALÈRE.
Ah! je la trouve là tout à fait adorable.
Ce trait de son esprit et de son amitié
Accroît pour elle encor mon amour de moitié,
Et joint aux sentiments que sa beauté m'inspire...
ERGASTE.
La dupe vient; songez à ce qu'il vous faut dire.

SCÈNE IX.

SGANARELLE, VALÈRE, ERGASTE.

SGANARELLE, se croyant seul.

Oh! trois et quatre fois béni soit cet édit
Par qui des vêtements le luxe est interdit[1]!
Les peines des maris ne seront plus si grandes,
Et les femmes auront un frein à leurs demandes.
Oh! que je sais au roi bon gré de ces décris[2]!

---

1. L'édit somptuaire dont parle ici Sganarelle est la déclaration du roi du 27 novembre 1660, « portant règlement pour le retranchement du luxe des habits et des équipages ». L'article 2 est ainsi conçu : « Nous défendons de mettre sur les habits, tant d'hommes que de femmes ou autres ornements, aucune broderie, piqûre, chamarrure, guipure, passements, boutons, houppes, chaînettes, passe-poils, porfilures, cannetille, paillettes, nœuds et autres choses semblables qui pourroient être cousues et appliquées, et dont les habits et autres ornements pourroient être couverts et enrichis ; voulant que les plus riches habillements soient de drap, de velours, de taffetas, satin et autres étoffes de soie unies ou façonnées, non rebrodées, et sans autres garnitures que de rubans seulement de taffetas ou de satin uni. » C'était la quatrième ordonnance que Louis XIV rendait en pareille matière ; et à la fin de son règne ces ordonnances s'élevaient au nombre de seize.

D'après l'édition de 1682, ces douze vers étaient omis à la scène.

2. *Décris* était le mot propre. On appelait ainsi le cri public par lequel on défendait soit le cours de quelque monnaie, soit la fabrication ou la vente de quelque marchandise.

Et que, pour le repos de ces mêmes maris,
Je voudrois bien qu'on fît de la coquetterie
Comme de la guipure et de la broderie!
J'ai voulu l'acheter, l'édit, expressément,
Afin que d'Isabelle il soit lu hautement;
Et ce sera tantôt, n'étant plus occupée,
Le divertissement de notre après-soupée.
(Apercevant Valère.)
Envoierez-vous encor, monsieur aux blonds cheveux,
Avec des boîtes d'or des billets amoureux?
Vous pensiez bien trouver quelque jeune coquette,
Friande de l'intrigue, et tendre à la fleurette?
Vous voyez de quel air on reçoit vos joyaux?
Croyez-moi, c'est tirer votre poudre aux moineaux.
Elle est sage, elle m'aime, et votre amour l'outrage;
Prenez visée ailleurs, et troussez-moi bagage.

VALÈRE.

Oui, oui, votre mérite, à qui chacun se rend,
Est à mes yeux, monsieur, un obstacle trop grand;
Et c'est folie à moi, dans mon ardeur fidèle,
De prétendre avec vous à l'amour d'Isabelle.

SGANARELLE.

Il est vrai, c'est folie.

VALÈRE.

Aussi n'aurois-je pas
Abandonné mon cœur à suivre ses appas,
Si j'avois pu savoir que ce cœur misérable*
Dût trouver un rival comme vous redoutable.

SGANARELLE.

Je le crois.

* Var. *Si j'avois pu prévoir que ce cœur misérable* (1682).

VALÈRE.

Je n'ai garde à présent d'espérer;
Je vous cède, monsieur, et c'est sans murmurer.

SGANARELLE.

Vous faites bien.

VALÈRE.

Le droit de la sorte l'ordonne,
Et de tant de vertus brille votre personne
Que j'aurois tort de voir d'un regard de courroux
Les tendres sentiments qu'Isabelle a pour vous.

SGANARELLE.

Cela s'entend[1].

VALÈRE.

Oui, oui, je vous quitte la place;
Mais je vous prie au moins, et c'est la seule grâce,
Monsieur, que vous demande un misérable amant
Dont vous seul aujourd'hui causez tout le tourment,
Je vous conjure donc d'assurer Isabelle
Que si depuis trois mois mon cœur brûle pour elle,
Cette amour est sans tache, et n'a jamais pensé
A rien dont son honneur ait lieu d'être offensé.

SGANARELLE.

Oui.

VALÈRE.

Que, ne dépendant que du choix de mon âme,
Tous mes desseins étoient de l'obtenir pour femme,
Si les destins, en vous qui captivez son cœur,
N'opposoient un obstacle à cette juste ardeur.

SGANARELLE.

Fort bien.

1. Rien n'étonne Sganarelle, et l'on peut lui appliquer plus justement qu'à nul autre la remarque de La Rochefoucauld : « Quelque bien qu'on dise de nous, on ne nous apprend rien de nouveau. »

VALÈRE.
Que, quoi qu'on fasse, il ne lui faut pas croire
Que jamais ses appas sortent de ma mémoire ;
Que, quelque arrêt des cieux qu'il me faille subir,
Mon sort est de l'aimer jusqu'au dernier soupir ;
Et que, si quelque chose étouffe mes poursuites,
C'est le juste respect que j'ai pour vos mérites[1].

SGANARELLE.
C'est parler sagement ; et je vais de ce pas
Lui faire ce discours, qui ne la choque pas ;
Mais, si vous me croyez, tâchez de faire en sorte
Que de votre cerveau cette passion sorte.
Adieu.

ERGASTE, à Valère.
La dupe est bonne !

SCÈNE X.

SGANARELLE, seul.

Il me fait grand'pitié,
Ce pauvre malheureux trop rempli d'amitié ;*
Mais c'est un mal pour lui de s'être mis en tête
De vouloir prendre un fort qui se voit ma conquête[2].

(Sganarelle heurte à sa porte.)

---

* Var. . . . . *tout rempli d'amitié* (1673, 1682).

1. Valère a toujours soin de revenir aux mérites de Sganarelle pour intéresser l'amour-propre de celui-ci dans sa disgrâce.
2. La fatuité de Sganarelle augmente de moment en moment par l'effet des caresses d'Isabelle et des flatteries de Valère.

SCÈNE XI.

SGANARELLE, ISABELLE.

SGANARELLE.

Jamais amant n'a fait tant de trouble éclater,
Au poulet renvoyé sans se décacheter : *
Il perd toute espérance enfin, et se retire ;
Mais il m'a tendrement conjuré de te dire
Que du moins en t'aimant il n'a jamais pensé
A rien dont ton honneur ait lieu d'être offensé,
Et que, ne dépendant que du choix de son âme,
Tous ses désirs étoient de t'obtenir pour femme
Si les destins, en moi qui captive ton cœur,
N'opposoient un obstacle à cette juste ardeur ;
Que, quoi qu'on puisse faire, il ne te faut pas croire
Que jamais tes appas sortent de sa mémoire ;
Que, quelque arrêt des cieux qu'il lui faille subir,
Son sort est de t'aimer jusqu'au dernier soupir,
Et que si quelque chose étouffe sa poursuite,
C'est le juste respect qu'il a pour mon mérite.
Ce sont ses propres mots ; et, loin de le blâmer,
Je le trouve honnête homme, et le plains de t'aimer[1].

* VAR. *Au poulet renvoyé sans le décacheter* (1673, 1682).

1. Sganarelle se fait un devoir de répéter les tendres protestations d'un amant qu'il croit malheureux : protestations d'autant plus agréables pour lui que l'hommage éclatant par lequel elles se terminent ajoute à son triomphe le plaisir de la vanité satisfaite. Sganarelle n'a si bien retenu les expressions de Valère que pour se donner la joie d'étaler aux yeux d'Isabelle cette dernière preuve d'une supériorité bien reconnue. (AIMÉ MARTIN.)
— La répétition exacte des paroles de Valère semble, à la lecture, faire trop d'honneur à la mémoire de Sganarelle, mais elle n'est point choquante à la représentation ; c'est là précisément un de ces traits un peu grossis, à qui la perspective de la scène rend leurs justes proportions.

ACTE II, SCÈNE XI.

ISABELLE, bas.

Ses feux ne trompent point ma secrète croyance,
Et toujours ses regards m'en ont dit l'innocence.

SGANARELLE.

Que dis-tu?

ISABELLE.

       Qu'il m'est dur que vous plaigniez si fort
Un homme que je hais à l'égal de la mort;
Et que, si vous m'aimiez autant que vous le dites,
Vous sentiriez l'affront que me font les poursuites.*

SGANARELLE.

Mais il ne savoit pas tes inclinations;
Et, par l'honnêteté de ses intentions,
Son amour ne mérite...

ISABELLE.

       Est-ce les avoir bonnes,
Dites-moi, de vouloir enlever les personnes?
Est-ce être homme d'honneur, de former des desseins
Pour m'épouser de force en m'ôtant de vos mains?
Comme si j'étois fille à supporter la vie,
Après qu'on m'auroit fait une telle infamie!

SGANARELLE.

Comment?

ISABELLE.

       Oui, oui, j'ai su que ce traître d'amant
Parle de m'obtenir par un enlèvement;
Et j'ignore, pour moi, les pratiques secrètes
Qui l'ont instruit si tôt du dessein que vous faites
De me donner la main dans huit jours au plus tard,
Puisque ce n'est que d'hier que vous m'en fîtes part;

---

* Var. *Vous sentiriez l'affront que me font ses poursuites* (1682).

Mais il veut prévenir, dit-on, cette journée
Qui doit à votre sort unir ma destinée.
SGANARELLE.
Voilà qui ne vaut rien.
ISABELLE.
Oh! que pardonnez-moi!
C'est un fort honnête homme, et qui ne sent pour moi...
SGANARELLE.
Il a tort; et ceci passe la raillerie.
ISABELLE.
Allez, votre douceur entretient sa folie;
S'il vous eût vu tantôt lui parler vertement,
Il craindroit vos transports et mon ressentiment :
Car c'est encor depuis sa lettre méprisée
Qu'il a dit ce dessein, qui m'a scandalisée;
Et son amour conserve, ainsi que je l'ai su,
La croyance qu'il est dans mon cœur bien reçu,
Que je fuis votre hymen, quoi que le monde en croie,
Et me verrois tirer de vos mains avec joie.
SGANARELLE.
Il est fou.
ISABELLE.
Devant vous il sait se déguiser,
Et son intention est de vous amuser.
Croyez par ces beaux mots que le traître vous joue.
Je suis bien malheureuse, il faut que je l'avoue,
Qu'avecque tous mes soins pour vivre dans l'honneur,
Et rebuter les vœux d'un lâche suborneur,
Il faille être exposée aux fâcheuses surprises
De voir faire sur moi d'infâmes entreprises!
SGANARELLE.
Va, ne redoute rien.

ACTE II, SCÈNE XI.

ISABELLE.
Pour moi, je vous le di,
Si vous n'éclatez fort contre un trait si hardi,
Et ne trouvez bientôt moyen de me défaire
Des persécutions d'un pareil téméraire,
J'abandonnerai tout, et renonce à l'ennui
De souffrir les affronts que je reçois de lui.

SGANARELLE.
Ne t'afflige point tant; va, ma petite femme,
Je m'en vais le trouver, et lui chanter sa gamme.

ISABELLE.
Dites-lui bien au moins qu'il le nieroit en vain,
Que c'est de bonne part qu'on m'a dit son dessein;
Et qu'après cet avis, quoi qu'il puisse entreprendre,
J'ose le défier de me pouvoir surprendre;
Enfin que, sans plus perdre et soupirs et moments,
Il doit savoir pour vous quels sont mes sentiments;
Et que, si d'un malheur il ne veut être cause,
Il ne se fasse pas deux fois dire une chose.

SGANARELLE.
Je dirai ce qu'il faut.

ISABELLE.
Mais tout cela d'un ton
Qui marque que mon cœur lui parle tout de bon.

SGANARELLE.
Va, je n'oublierai rien, je t'en donne assurance.

ISABELLE.
J'attends votre retour avec impatience;
Hâtez-le, s'il vous plaît, de tout votre pouvoir.
Je languis quand je suis un moment sans vous voir.

SGANARELLE.
Va, pouponne, mon cœur, je reviens tout à l'heure.

SCÈNE XII.

SGANARELLE, seul.

Est-il une personne et plus sage et meilleure?
Ah! que je suis heureux! et que j'ai de plaisir
De trouver une femme au gré de mon désir!
Oui, voilà comme il faut que les femmes soient faites;
Et non, comme j'en sais, de ces franches coquettes
Qui s'en laissent conter, et font dans tout Paris
Montrer au bout du doigt leurs honnêtes maris.

(Il frappe à la porte de Valère.)

Holà! notre galant aux belles entreprises!

SCÈNE XIII.

VALÈRE, SGANARELLE, ERGASTE.

VALÈRE.

Monsieur, qui vous ramène en ces lieux?

SGANARELLE.

Vos sottises.

VALÈRE.

Comment?

SGANARELLE.

Vous savez bien de quoi je veux parler.
Je vous croyois plus sage, à ne vous rien celer.
Vous venez m'amuser de vos belles paroles,
Et conservez sous main des espérances folles.
Voyez-vous, j'ai voulu doucement vous traiter;
Mais vous m'obligerez à la fin d'éclater.
N'avez-vous point de honte, étant ce que vous êtes,
De faire en votre esprit les projets que vous faites?

ACTE II, SCÈNE XIII.

De prétendre enlever* une fille d'honneur,
Et troubler un hymen qui fait tout son bonheur?

VALÈRE.

Qui vous a dit, monsieur, cette étrange nouvelle?

SGANARELLE.

Ne dissimulons point, je la tiens d'Isabelle,
Qui vous mande par moi, pour la dernière fois,
Qu'elle vous a fait voir assez quel est son choix;
Que son cœur, tout à moi, d'un tel projet s'offense;
Qu'elle mourroit plutôt qu'en souffrir l'insolence;
Et que vous causerez de terribles éclats,
Si vous ne mettez fin à tout cet embarras.

VALÈRE.

S'il est vrai qu'elle ait dit ce que je viens d'entendre,
J'avouerai que mes feux n'ont plus rien à prétendre:
Par ces mots assez clairs je vois tout terminé,
Et je dois révérer l'arrêt qu'elle a donné.

SGANARELLE.

Si?... Vous en doutez donc, et prenez pour des feintes**
Tout ce que de sa part je vous ai fait de plaintes?
Voulez-vous qu'elle-même elle explique son cœur?
J'y consens volontiers, pour vous tirer d'erreur.
Suivez-moi, vous verrez s'il est rien que j'avance[1],
Et si son jeune cœur entre nous deux balance.

(Il va frapper à sa porte.)

---

* Var. *Et prétendre enlever* (1673, 1682).
** Var. *S'il?... Vous en doutez donc, et prenez pour des feintes* (1673).

1. C'est-à-dire, si j'avance rien de trop, rien qu'elle ne m'ait dit.

SCÈNE XIV.

ISABELLE, SGANARELLE, VALÈRE, ERGASTE.

ISABELLE.

Quoi! vous me l'amenez! Quel est votre dessein?
Prenez-vous contre moi ses intérêts en main?
Et voulez-vous, charmé de ses rares mérites,
M'obliger à l'aimer, et souffrir ses visites?

SGANARELLE.

Non, ma mie, et ton cœur pour cela m'est trop cher;
Mais il prend mes avis pour des contes en l'air,
Croit que c'est moi qui parle et te fais, par adresse,
Pleine pour lui de haine, et pour moi de tendresse;
Et par toi-même enfin j'ai voulu, sans retour,
Le tirer d'une erreur qui nourrit son amour.

ISABELLE, à Valère.

Quoi! mon âme à vos yeux ne se montre pas toute,
Et de mes vœux encor vous pouvez être en doute?

VALÈRE.

Oui, tout ce que monsieur de votre part m'a dit,
Madame, a bien pouvoir de surprendre un esprit.
J'ai douté, je l'avoue; et cet arrêt suprême,
Qui décide du sort de mon amour extrême,
Doit m'être assez touchant, pour ne pas s'offenser
Que mon cœur par deux fois le fasse prononcer.

ISABELLE.

Non, non, un tel arrêt ne doit pas vous surprendre :
Ce sont mes sentiments qu'il vous a fait entendre;
Et je les tiens fondés sur assez d'équité
Pour en faire éclater toute la vérité.
Oui, je veux bien qu'on sache, et j'en dois être crue,

Que le sort offre ici deux objets à ma vue,
Qui, m'inspirant pour eux différents sentiments,
De mon cœur agité font tous les mouvements.
L'un, par un juste choix où l'honneur m'intéresse,
A toute mon estime et toute ma tendresse ;
Et l'autre, pour le prix de son affection,
A toute ma colère et mon aversion.
La présence de l'un m'est agréable et chère,
J'en reçois dans mon âme une allégresse entière ;
Et l'autre, par sa vue, inspire dans mon cœur
De secrets mouvements et de haine et d'horreur.
Me voir femme de l'un est toute mon envie ;
Et plutôt qu'être à l'autre on m'ôteroit la vie.
Mais c'est assez montrer mes justes sentiments,
Et trop longtemps languir dans ces rudes tourments ;
Il faut que ce que j'aime, usant de diligence,
Fasse à ce que je hais perdre toute espérance,
Et qu'un heureux hymen affranchisse mon sort
D'un supplice pour moi plus affreux que la mort[1].

SGANARELLE.

Oui, mignonne, je songe à remplir ton attente.

ISABELLE.

C'est l'unique moyen de me rendre contente.

SGANARELLE.

Tu la seras dans peu.*

* Var. *Tu le sauras dans peu* (1673).

1. Isabelle n'a pas recours au mensonge : elle laisse à Sganarelle le soin de s'abuser lui-même. Elle déclare sans détours à Valère le désir qu'elle a d'être bientôt sa femme. Il y aurait sans doute peu de délicatesse dans cette déclaration si la position d'Isabelle n'était pas aussi critique ; mais elle ne peut plus délibérer, il faut qu'avant six jours elle soit l'épouse de son amant ou de son tuteur. Dans cette extrémité la netteté de ses explications est une excuse de sa conduite, car elle force Valère à se retirer ou à se regarder comme son mari. (Aimé Martin.)

ISABELLE.
Je sais qu'il est honteux
Aux filles d'expliquer si librement leurs vœux...
SGANARELLE.
Point, point.
ISABELLE.
Mais, en l'état où sont mes destinées,
De telles libertés doivent m'être données;
Et je puis, sans rougir, faire un aveu si doux
A celui que déjà je regarde en époux.
SGANARELLE.
Oui, ma pauvre fanfan, pouponne de mon âme!
ISABELLE.
Qu'il songe donc, de grâce, à me prouver sa flamme!
SGANARELLE.
Oui, tiens, baise ma main[1].
ISABELLE.
Que sans plus de soupirs
Il conclue un hymen qui fait tous mes désirs,
Et reçoive en ce lieu la foi que je lui donne
De n'écouter jamais les vœux d'autre personne.

(Elle fait semblant d'embrasser Sganarelle, et donne sa main à baiser à Valère[2].)

1. Il faut suivre avec soin la gradation des sentiments par lesquels passe Sganarelle. En entendant ces vives déclarations de tendresse qu'il prend pour lui, il s'enfle, il fait la roue, il s'exalte dans son ridicule orgueil. C'est par un acte de condescendance quasi royale qu'il donne sa main à baiser à la pauvre enfant, qui s'est affolée de lui. Cet état d'épanouissement attendri et superbe se trahit en lui dans tout le cours de cette scène admirable.

2. Ce jeu de théâtre où Isabelle appuie la tête sur l'épaule de Sganarelle, pendant qu'elle donne sa main à baiser à Valère, n'est indiqué ni dans le texte de 1661, ni dans celui de 1673; il ne l'est que dans l'édition de 1682, où l'on trouve du reste pour la première fois la plupart des indications scéniques. Mais on ne saurait en suspecter l'origine, puisqu'un

L'ÉCOLE DES MARIS.

ACTE II SCENE XI

Garnier frères Editeurs

ACTE II, SCÈNE XIV.

SGANARELLE.

Hai, hai, mon petit nez, pauvre petit bouchon,
Tu ne languiras pas longtemps, je t'en répond.

(A Valère.)

Va, chut. Vous le voyez, je ne lui fais pas dire,
Ce n'est qu'après moi seul que son âme respire.

VALÈRE.

Hé bien ! madame, hé bien ! c'est s'expliquer assez ;
Je vois par ce discours de quoi vous me pressez,
Et je saurai dans peu vous ôter la présence
De celui qui vous fait si grande violence.

ISABELLE.

Vous ne me sauriez faire un plus charmant plaisir :
Car enfin cette vue est fâcheuse à souffrir,
Elle m'est odieuse ; et l'horreur est si forte...

SGANARELLE.

Eh ! eh !

ISABELLE.

Vous offensé-je en parlant de la sorte ?
Fais-je...

SGANARELLE.

Mon Dieu ! nenni, je ne dis pas cela ;
Mais je plains, sans mentir, l'état où le voilà ;
Et c'est trop hautement que ta haine se montre.

ISABELLE.

Je n'en puis trop montrer en pareille rencontre.

VALÈRE.

Oui, vous serez contente ; et, dans trois jours, vos yeux

---

certain nombre d'exemplaires de l'édition *princeps*, comme nous l'avons dit, sont ornés d'une gravure où ce jeu de scène est précisément figuré.

C'est, sans aucun doute, l'offre impertinente de Sganarelle qui suggère sur-le-champ à la jeune fille l'idée d'accorder à Valère la même faveur.

Ne verront plus l'objet qui vous est odieux.
ISABELLE.
A la bonne heure. Adieu.
SGANARELLE, à Valère.
Je plains votre infortune;
Mais...
VALÈRE.
Non, vous n'entendrez de mon cœur plainte aucune.
Madame assurément rend justice à tous deux,
Et je vais travailler à contenter ses vœux.
Adieu.
SGANARELLE.
Pauvre garçon! sa douleur est extrême.
Tenez, embrassez-moi : c'est un autre elle-même[1]. *
(Il embrasse Valère.)

SCÈNE XV.

ISABELLE, SGANARELLE.

SGANARELLE.
Je le tiens fort à plaindre.
ISABELLE.
Allez, il ne l'est point.
SGANARELLE.
Au reste, ton amour me touche au dernier point,

---

* Var. *Venez, embrassez-moi...* (1682).

1. La joie de Sganarelle déborde; il en est ivre, et il devient follement compatissant, comme on l'est dans l'ivresse. Cette effusion étrange, où tous les sentiments qui transportent le personnage se combinent, est le trait final d'une situation comique poussée à son dernier terme. Cette verve, cette hardiesse de Molière, déconcertait les critiques de l'école de La Harpe.

Mignonnette, et je veux qu'il ait sa récompense.
C'est trop que de huit jours pour ton impatience ;
Dès demain je t'épouse, et n'y veux appeler...

ISABELLE.

Dès demain?

SGANARELLE.

Par pudeur tu feins d'y reculer ;
Mais je sais bien la joie où ce discours te jette,
Et tu voudrois déjà que la chose fût faite[1].

ISABELLE.

Mais...

SGANARELLE.

Pour ce mariage allons tout préparer.

ISABELLE, à part.

O ciel! inspire-moi ce qui peut le parer ! *

---

* Var. *O ciel! inspirez-moi ce qui peut le parer* (1673, 1682).

1. Voilà une conséquence inattendue des caresses d'Isabelle et de l'enchantement où elles ont précipité son tuteur. Charmé des témoignages de tendresse qu'il vient de recevoir pour le compte de Valère, et persuadé qu'Isabelle brûle d'être à lui, il se détermine tout à coup à récompenser tant d'amour en lui promettant de l'épouser le lendemain. Il en résulte qu'Isabelle est forcée de méditer sa fuite dès l'instant même et de l'exécuter avant la fin de la journée. Cet incident, qui naît si naturellement du sujet, précipite l'action, accroît l'intérêt, et prépare à merveille le troisième acte.

ACTE TROISIÈME.

SCÈNE PREMIÈRE.

ISABELLE, seule.

Oui, le trépas cent fois me semble moins à craindre
Que cet hymen fatal où l'on veut me contraindre ;
Et tout ce que je fais pour en fuir les rigueurs
Doit trouver quelque grâce auprès de mes censeurs[1].
Le temps presse, il fait nuit ; allons, sans crainte aucune,
A la foi d'un amant commettre ma fortune.

SCÈNE II.

SGANARELLE, ISABELLE.

SGANARELLE, parlant à ceux qui sont dans sa maison.
Je reviens, et l'on va pour demain de ma part...

ISABELLE.
O ciel !

---

1. Il est à remarquer qu'Isabelle, chaque fois qu'elle entre en scène, témoigne son invincible horreur pour l'hymen auquel on veut la contraindre. Effrayée de la hardiesse des démarches que ce sentiment lui fait entreprendre, elle semble éprouver le besoin de se justifier à ses propres yeux, en se représentant sans cesse la tyrannie qu'on exerce sur sa personne et sur sa volonté. Du reste, quand elle demande grâce à ses censeurs, il ne nous échappe point que c'est Molière lui-même qui cherche à prévenir les siens. (AUGER.)

ACTE III, SCÈNE II.

SGANARELLE.

C'est toi, mignonne! Où vas-tu donc si tard?
Tu disois qu'en ta chambre, étant un peu lassée,
Tu t'allois renfermer, lorsque je t'ai laissée;
Et tu m'avois prié même que mon retour
T'y souffrît en repos jusques à demain jour [1].

ISABELLE.

Il est vrai; mais...

SGANARELLE.

Et quoi?

ISABELLE.

Vous me voyez confuse,
Et je ne sais comment vous en dire l'excuse.

SGANARELLE.

Quoi donc! que pourroit-ce être?

ISABELLE.

Un secret surprenant :
C'est ma sœur qui m'oblige à sortir maintenant,
Et qui, pour un dessein dont je l'ai fort blâmée,
M'a demandé ma chambre, où je l'ai renfermée.

SGANARELLE.

Comment?

ISABELLE.

L'eût-on pu croire? Elle aime cet amant
Que nous avons banni.

SGANARELLE.

Valère?

ISABELLE.

Éperdument.

---

1. Demain quand il fera jour, comme on dit demain matin, demain soir.

C'est un transport si grand qu'il n'en est point de même
Et vous pouvez juger de sa puissance extrême,
Puisque seule, à cette heure, elle est venue ici
Me découvrir à moi son amoureux souci,
Me dire absolument qu'elle perdra la vie
Si son âme n'obtient l'effet de son envie ;
Que, depuis plus d'un an, d'assez vives ardeurs
Dans un secret commerce entretenoient leurs cœurs ;
Et que même ils s'étoient, leur flamme étant nouvelle,
Donné de s'épouser une foi mutuelle...

SGANARELLE.

La vilaine !

ISABELLE.

Qu'ayant appris le désespoir
Où j'ai précipité celui qu'elle aime à voir,
Elle vient me prier de souffrir que sa flamme
Puisse rompre un départ qui lui perceroit l'âme :
Entretenir ce soir cet amant sous mon nom,
Par la petite rue où ma chambre répond ;
Lui peindre, d'une voix qui contrefait la mienne,
Quelques doux sentiments dont l'appât le retienne,
Et ménager enfin pour elle adroitement
Ce que pour moi l'on sait qu'il a d'attachement.

SGANARELLE.

Et tu trouves cela...

ISABELLE.

Moi ? j'en suis courroucée.
Quoi ! ma sœur, ai-je dit, êtes-vous insensée ?
Ne rougissez-vous point d'avoir pris tant d'amour
Pour ces sortes de gens qui changent chaque jour ?

1. *De même*, de pareil, d'égal.

ACTE III, SCÈNE II.

D'oublier votre sexe, et tromper l'espérance
D'un homme dont le ciel vous donnoit l'alliance?

SGANARELLE.

Il le mérite bien; et j'en suis fort ravi.

ISABELLE.

Enfin de cent raisons mon dépit s'est servi
Pour lui bien reprocher des bassesses si grandes,
Et pouvoir cette nuit rejeter ses demandes;
Mais elle m'a fait voir de si pressants désirs,
A tant versé de pleurs, tant poussé de soupirs,
Tant dit qu'au désespoir je porterois son âme
Si je lui refusois ce qu'exige sa flamme,
Qu'à céder malgré moi mon cœur s'est vu réduit;
Et, pour justifier cette intrigue de nuit,
Où me faisoit du sang relâcher[1] la tendresse,
J'allois faire avec moi venir coucher Lucrèce,
Dont vous me vantez tant les vertus chaque jour;
Mais vous m'avez surprise avec ce prompt retour[2].

SGANARELLE.

Non, non, je ne veux point chez moi tout ce mystère.
J'y pourrois consentir à l'égard de mon frère[3];

---

1. *Relâcher* est ici pour *condescendre*.
2. Le soir venu, Isabelle va s'échapper de la maison; sur le seuil, Sganarelle la rencontre. Que veut dire cette sortie si tard? Ce n'est guère le fait d'une jeune fille qui sait si bien congédier les galants. Tout autre que Sganarelle aurait des doutes. Il n'en a pas : son triomphe est encore trop près; il en a gardé toutes les fumées. Il verrait sa pupille au cou de Valère qu'il n'en croirait pas ses yeux. C'est pure discrétion, si elle ne lui fait qu'un conte modéré. Elle a voulu, dit-elle, prêter sa chambre à Léonor pour s'entretenir de la fenêtre avec son amant. Et Sganarelle y ajoute foi! Oui, vraiment. Il y croit par vanité, et il y croit encore par le plaisir de trouver en faute la pupille d'Ariste. (D. Nisard.)
3. Toujours le même esprit charitable anime Sganarelle vis-à-vis de son frère Ariste. C'est ce dernier sentiment, cette profonde malveillance qui sera le mobile de toute sa conduite pendant ce troisième acte.

Mais on peut être vu de quelqu'un de dehors ;
Et celle que je dois honorer de mon corps[1]
Non-seulement doit être et pudique et bien née,
Il ne faut pas que même elle soit soupçonnée[2].
Allons chasser l'infâme, et de sa passion...

ISABELLE.

Ah! vous lui donneriez trop de confusion ;
Et c'est avec raison qu'elle pourroit se plaindre
Du peu de retenue où j'ai su me contraindre :
Puisque de son dessein je dois me départir,
Attendez que du moins je la fasse sortir.

SGANARELLE.

Hé bien! fais.

ISABELLE.

   Mais surtout cachez-vous, je vous prie,
Et, sans lui dire rien, daignez voir sa sortie.

SGANARELLE.

Oui, pour l'amour de toi je retiens mes transports ;
Mais, dès le même instant qu'elle sera dehors,
Je veux, sans différer, aller trouver mon frère :
J'aurai joie à courir lui dire cette affaire[3].

ISABELLE.

Je vous conjure donc de ne me point nommer.

---

1. Ces mots : *honorer de ma couche, honorer de mon corps*, ne sont pas seulement du langage de Sganarelle ; ils caractérisent aussi un côté des mœurs de son temps, où l'idée de la supériorité de l'homme sur la femme se maintenait dans toute sa franchise, surtout parmi ceux qui demeuraient fidèles aux traditions du passé.

2. C'est le mot de César que Sganarelle prononce : « La femme de César ne doit pas même être soupçonnée. »

3. L'espoir, le besoin d'ajouter à son propre triomphe l'infortune d'Ariste, s'éveillent, se développent, se marquent davantage. Il ne suffit déjà plus à Sganarelle d'être heureux, il faut qu'il voit son frère joué et trahi, et qu'il ait ainsi doublement raison.

ACTE III, SCÈNE II.

Bonsoir; car tout d'un temps je vais me renfermer.

SGANARELLE, seul.

Jusqu'à demain, ma mie... En quelle impatience
Suis-je de voir mon frère, et lui conter sa chance!
Il en tient, le bon homme, avec tout son phébus,
Et je n'en voudrois pas tenir vingt bons écus[1].*

ISABELLE, dans la maison.

Oui, de vos déplaisirs l'atteinte m'est sensible;
Mais ce que vous voulez, ma sœur, m'est impossible :
Mon honneur, qui m'est cher, y court trop de hasard.
Adieu. Retirez-vous avant qu'il soit plus tard.

SGANARELLE.

La voilà qui, je crois, peste de belle sorte :
De peur qu'elle revînt, fermons à clef la porte.

ISABELLE, en sortant[2].

O ciel! dans mes desseins ne m'abandonnez pas!

SGANARELLE.

Où pourra-t-elle aller! suivons un peu ses pas.

ISABELLE, à part.

Dans mon trouble du moins la nuit me favorise.

SGANARELLE, à part.

Au logis du galant! Quelle est son entreprise[3]?

---

* VAR. . . . . *tenir cent bons écus* (1682).

1. Ariste a d'autant plus blessé Sganarelle que ses paroles étaient plus difficiles à réfuter, et que son exemple provoquait sans cesse une comparaison plus dangereuse. Aussi Sganarelle, en apprenant le malheur de celui qui a si souvent excité son dépit, va-t-il jusqu'à déclarer qu'il ne voudrait pas, pour vingt bons écus, que la chose n'eût pas eu lieu. Sganarelle est aussi entêté que bourru : une fois engagé dans cette voie, il y persistera aveuglément et deviendra l'instrument de sa propre ruine.

2. Elle sort voilée, ou, comme disent les Espagnols, *embozada*.

3. Isabelle déploie une grande hardiesse, et il faut que son tuteur soit prévenu et engoué comme il l'est, pour ajouter foi aussi fermement à cette histoire et à cette comédie. Cette fable improvisée, ce coup de tête, sont

SCÈNE III.

VALÈRE, ISABELLE, SGANARELLE.

VALÈRE, sortant brusquement.

Oui, oui, je veux tenter quelque effort cette nuit
Pour parler... Qui va là?

ISABELLE, à Valère.

Ne faites point de bruit,
Valère; on vous prévient, et je suis Isabelle.

SGANARELLE.

Vous en avez menti, chienne; ce n'est pas elle.
De l'honneur que tu fuis elle suit trop les lois;
Et tu prends faussement et son nom et sa voix.

ISABELLE, à Valère.

Mais à moins de vous voir par un saint hyménée[1]...

VALÈRE.

Oui, c'est l'unique but où tend ma destinée;
Et je vous donne ici ma foi que dès demain
Je vais où vous voudrez recevoir votre main.

---

peut-être d'autant mieux faits pour réussir qu'ils sont plus invraisemblables. Sganarelle, qui ne connaît de sa pupille que sa timidité, son innocence et son obéissance, ne saurait soupçonner une action si téméraire; il faudrait pour cela qu'il eût quelques soupçons de l'horreur qu'il inspire, et qui fait tout braver à Isabelle. Or il est à cent lieues de là. D'autre part, Isabelle, prise au dépourvu, s'en tire comme elle peut, et sa première pensée est d'exploiter à son profit la passion malveillante que Sganarelle nourrit contre Ariste et contre Léonor. Il faut bien se figurer qu'elle n'a pas le temps de choisir et de méditer son stratagème; s'il n'était pas un peu risqué, « s'il était plus vraisemblable, ce serait, dit Auger, une faute contre la vraisemblance même ».

1. Isabelle ne consent à entrer dans la maison de Valère qu'après avoir reçu sa foi. Il faut remarquer que la jeune fille, sur qui Sganarelle a les droits de tuteur et de père, ne saurait trouver un asile que chez un mari. Si elle se réfugiait partout ailleurs, elle retomberait sans retard sous la puissance de son persécuteur.

SGANARELLE, à part.

Pauvre sot qui s'abuse!

VALÈRE.

Entrez en assurance :
De votre Argus dupé je brave la puissance;
Et, devant qu'il vous pût ôter à mon ardeur,
Mon bras de mille coups lui perceroit le cœur.

SCÈNE IV.

SGANARELLE, seul.

Ah! je te promets bien que je n'ai pas envie
De te l'ôter, l'infâme à ses feux asservie;*
Que du don de ta foi je ne suis point jaloux;
Et que, si j'en suis cru, tu seras son époux.
Oui, faisons-le surprendre avec cette effrontée :
La mémoire du père, à bon droit respectée,
Jointe au grand intérêt que je prends à la sœur,
Veut que du moins on tâche à lui rendre l'honneur[1].**
Holà!

(Il frappe à la porte d'un commissaire.)

SCÈNE V.

SGANARELLE, LE COMMISSAIRE, LE NOTAIRE,
UN LAQUAIS avec un flambeau.

LE COMMISSAIRE.

Qu'est-ce?

* Var. *De te l'ôter, l'infâme à tes feux asservie* (1682).
** Var. *Veut que du moins l'on tâche* (1673, 1682).

1. Au fond, ce ne sont pas ces honnêtes sentiments qui poussent Sganarelle à faire un éclat, c'est le désir de faire publiquement constater la déconvenue de son frère Ariste.

SGANARELLE.
Salut, monsieur le commissaire.
Votre présence en robe est ici nécessaire;
Suivez-moi, s'il vous plaît, avec votre clarté[1].

LE COMMISSAIRE.
Nous sortions...

SGANARELLE.
Il s'agit d'un fait assez hâté.

LE COMMISSAIRE.
Quoi?

SGANARELLE.
D'aller là-dedans, et d'y surprendre ensemble
Deux personnes qu'il faut qu'un bon hymen assemble.
C'est une fille à nous, que, sous un don de foi[2],
Un Valère a séduite et fait entrer chez soi.
Elle sort de famille et noble et vertueuse,
Mais...

LE COMMISSAIRE.
Si c'est pour cela, la rencontre est heureuse,
Puisqu'ici nous avons un notaire.

SGANARELLE.
Monsieur?

LE NOTAIRE.
Oui, notaire royal.

LE COMMISSAIRE.
De plus, homme d'honneur.

SGANARELLE.
Cela s'en va sans dire. Entrez dans cette porte,
Et, sans bruit, ayez l'œil que personne n'en sorte :

---

1. *Clarté, lumière*. Molière emploie constamment l'un pour l'autre ces mots entre lesquels l'usage a établi des différences.
2. Sous prétexte de foi donnée.

Vous serez pleinement contenté de vos soins;
Mais ne vous laissez pas graisser la patte, au moins¹.
LE COMMISSAIRE.
Comment! vous croyez donc qu'un homme de justice...
SGANARELLE.
Ce que j'en dis n'est pas pour taxer votre office².
Je vais faire venir mon frère promptement :
Faites que le flambeau m'éclaire seulement.
(A part.)
Je vais le réjouir, cet homme sans colère.
Holà!

(Il frappe à la porte d'Ariste.)

SCÈNE VI.

ARISTE, SGANARELLE.

ARISTE.
Qui frappe? Ah! ah! que voulez-vous, mon frère?
SGANARELLE.
Venez, beau directeur, suranné damoiseau :
On veut vous faire voir quelque chose de beau.
ARISTE.
Comment?
SGANARELLE.
Je vous apporte une bonne nouvelle.
ARISTE.
Quoi?

---

1. Sganarelle est toujours caustique et bourru, même avec M. le commissaire.
2. *Taxer* s'employait sans régime indirect dans le sens de censurer, incriminer. « Au palais », disait G. Durand, le traducteur de Perse au XVIe siècle, en parlant de la Basoche, « à la Table de marbre, une fois l'an, l'on taxe les dames de nom et les hommes qui ont fourvoyé. »

SGANARELLE.

Votre Léonor, où, je vous prie, est-elle?

ARISTE.

Pourquoi cette demande? Elle est, comme je croi,
Au bal chez son amie.

SGANARELLE.

Eh! oui, oui; suivez-moi,
Vous verrez à quel bal la donzelle est allée.

ARISTE.

Que voulez-vous conter?

SGANARELLE.

Vous l'avez bien stylée :
Il n'est pas bon de vivre en sévère censeur;
On gagne les esprits par beaucoup de douceur;
Et les soins défiants, les verrous et les grilles,
Ne font pas la vertu des femmes ni des filles;
Nous les portons au mal par tant d'austérité,
Et leur sexe demande un peu de liberté[1].
Vraiment elle en a pris tout son soûl, la rusée;
Et la vertu chez elle est fort humanisée.

ARISTE.

Où veut donc aboutir un pareil entretien?

SGANARELLE.

Allez, mon frère aîné, cela vous sied fort bien;
Et je ne voudrois pas pour vingt bonnes pistoles
Que vous n'eussiez ce fruit de vos maximes folles;
On voit ce qu'en deux sœurs nos leçons ont produit :
L'une fuit le galant, et l'autre le poursuit.*

---

* VAR. *L'une fuit les galants, et l'autre les poursuit* (1682).

1. Ce sont les propres paroles d'Ariste que Sganarelle répète. Elles lui sont restées sur le cœur, et il a hâte de les rejeter à la face de son antagoniste, au moment où la conduite de Léonor les condamne.

ACTE III, SCÈNE VI.

ARISTE.
Si vous ne me rendez cette énigme plus claire...
SGANARELLE.
L'énigme est que son bal est chez monsieur Valère;
Que, de nuit, je l'ai vue y conduire ses pas,
Et qu'à l'heure présente elle est entre ses bras.
ARISTE.
Qui?
SGANARELLE.
Léonor.
ARISTE.
Cessons de railler, je vous prie.
SGANARELLE.
Je raille... Il est fort bon avec sa raillerie.
Pauvre esprit! Je vous dis, et vous redis encor
Que Valère chez lui tient votre Léonor,
Et qu'ils s'étoient promis une foi mutuelle
Avant qu'il eût songé de poursuivre Isabelle.
ARISTE.
Ce discours d'apparence est si fort dépourvu...
SGANARELLE.
Il ne le croira pas encore en l'ayant vu :
J'enrage. Par ma foi, l'âge ne sert de guère
Quand on n'a pas cela[1].
(Il met le doigt sur son front.)
ARISTE.
Quoi! vous voulez, mon frère...*
SGANARELLE.
Mon Dieu, je ne veux rien. Suivez-moi seulement;

* VAR. . . . . Quoi! voulez-vous, mon frère...? (1682.)

1. Sganarelle est dans la jubilation : il déguste et savoure son triomphe.

Votre esprit tout à l'heure aura contentement ;
Vous verrez si j'impose¹, et si leur foi donnée
N'avoit pas joint leurs cœurs depuis plus d'une année.

ARISTE.

L'apparence qu'ainsi, sans m'en faire avertir,
A cet engagement elle eût pu consentir?
Moi qui dans toute chose ai, depuis son enfance,
Montré toujours pour elle entière complaisance,
Et qui cent fois ai fait des protestations
De ne jamais gêner ses inclinations !

SGANARELLE.

Enfin vos propres yeux jugeront de l'affaire.
J'ai fait venir déjà commissaire et notaire ;
Nous avons intérêt que l'hymen prétendu²
Répare sur-le-champ l'honneur qu'elle a perdu,
Car je ne pense pas que vous soyez si lâche
De vouloir l'épouser avecque cette tache,
Si vous n'avez encor quelques raisonnements
Pour vous mettre au-dessus de tous les bernements.

ARISTE.

Moi, je n'aurai jamais cette foiblesse extrême
De vouloir posséder un cœur malgré lui-même.
Mais je ne saurois croire enfin³...

SGANARELLE.

      Que de discours!
Allons, ce procès-là continueroit toujours.

---

1. Nous rappelons ce qui a été dit sur les mots *imposer* et *en imposer*, à la page 87 du tome deuxième.

2. *Prétendu* paraît signifier ici : soit *exigé, réclamé*; soit *prétexté, mis en avant, promis*.

3. Ariste, de même que Sganarelle, est, d'un bout à l'autre de la pièce, fidèle à son caractère : c'est toujours un homme raisonnable et bon, un sage sans faiblesse et sans dureté, enfin un honnête homme, dans le sens le plus étendu du mot. (AUGER.)

SCÈNE VII.

SGANARELLE, ARISTE, LE COMMISSAIRE,
LE NOTAIRE.

LE COMMISSAIRE.

Il ne faut mettre ici nulle force en usage,
Messieurs; et si vos vœux ne vont qu'au mariage,
Vos transports en ce lieu se peuvent apaiser.
Tous deux également tendent à s'épouser;
Et Valère déjà, sur ce qui vous regarde,
A signé que pour femme il tient celle qu'il garde.

ARISTE.

La fille?...

LE COMMISSAIRE.

    Est renfermée, et ne veut point sortir,
Que vos désirs aux leurs ne veuillent consentir.

SCÈNE VIII.

VALÈRE, LE COMMISSAIRE, LE NOTAIRE,
SGANARELLE, ARISTE.

VALÈRE, à la fenêtre de sa maison.

Non, messieurs; et personne ici n'aura l'entrée,
Que cette volonté ne m'ait été montrée.
Vous savez qui je suis, et j'ai fait mon devoir
En vous signant l'aveu qu'on peut vous faire voir.
Si c'est votre dessein d'approuver l'alliance,
Votre main peut aussi m'en signer l'assurance :
Sinon, faites état de m'arracher le jour
Plutôt que de m'ôter l'objet de mon amour.

SGANARELLE.

Non, nous ne songeons pas à vous séparer d'elle.
(Bas, à part.)
Il ne s'est point encor détrompé d'Isabelle[1];
Profitons de l'erreur.

ARISTE, à Valère.

Mais est-ce Léonor?

SGANARELLE, à Ariste.

Taisez-vous.

ARISTE.

Mais...

SGANARELLE.

Paix donc.

ARISTE.

Je veux savoir...

SGANARELLE.

Encor?
Vous tairez-vous? vous dis-je.

VALÈRE.

Enfin, quoi qu'il avienne,
Isabelle a ma foi; j'ai de même la sienne,
Et ne suis point un choix, à tout examiner,
Que vous soyez reçus à faire condamner.

ARISTE, à Sganarelle.

Ce qu'il dit là n'est pas..

SGANARELLE.

Taisez-vous, et pour cause;

---

1. Isabelle est entrée voilée chez Valère. Sganarelle s'imagine que celle qu'il croit être Léonor a conservé son voile pour éloigner le moment d'une reconnaissance qui peut lui ravir son amant. (AIMÉ MARTIN.)
— Sganarelle porte son entêtement jusque dans sa crédulité, qui est tenace et imperturbable.

(A Valère.)
Vous saurez le secret. Oui, sans dire autre chose,
Nous consentons tous deux que vous soyez l'époux
De celle qu'à présent on trouvera chez vous.

LE COMMISSAIRE.

C'est dans ces termes-là que la chose est conçue,
Et le nom est en blanc, pour ne l'avoir point vue[1].
Signez. La fille après vous mettra tous d'accord.

VALÈRE.

J'y consens de la sorte.

SGANARELLE.

Et moi, je le veux fort.

(A part.)   (Haut.)

Nous rirons bien tantôt. Là, signez donc, mon frère ;
L'honneur vous appartient.

ARISTE.

Mais quoi ! tout ce mystère...

SGANARELLE.

Diantre, que de façons ! Signez, pauvre butor.

ARISTE.

Il parle d'Isabelle, et vous de Léonor.

SGANARELLE.

N'êtes-vous pas d'accord, mon frère, si c'est elle,
De les laisser tous deux à leur foi mutuelle ?

ARISTE.

Sans doute.

SGANARELLE.

Signez donc ; j'en fais de même aussi.

---

1. Cette façon de parler appartient au style de la pratique. Auger fait remarquer que ce commissaire et ce notaire ne savent pas leur métier, et que le mariage qu'ils font serait fort sujet à être annulé « pour erreur en la personne ». Mais on ne doit pas se montrer trop formaliste à l'égard des unions obligées qui terminent les comédies.

ARISTE.

Soit. Je n'y comprends rien.

SGANARELLE.

Vous serez éclairci.

LE COMMISSAIRE.

Nous allons revenir.

SGANARELLE, à Ariste.

Or çà, je vais vous dire
La fin de cette intrigue.

(Ils se retirent dans le fond du théâtre.)

SCÈNE IX.

LÉONOR, SGANARELLE, ARISTE, LISETTE.

LÉONOR.

O l'étrange martyre !
Que tous ces jeunes fous me paroissent fâcheux !
Je me suis dérobée au bal pour l'amour d'eux[1].

LISETTE.

Chacun d'eux près de vous veut se rendre agréable.

LÉONOR.

Et moi, je n'ai rien vu de plus insupportable ;
Et je préférerois le plus simple entretien
A tous les contes bleus de ces diseurs de rien [2].

---

1. *Pour l'amour d'eux,* employé comme *à cause de,* tout simplement. C'est une locution provençale.

2. Il y a *discours de rien* dans toutes les éditions originales, mais on peut croire à une faute d'impression qui s'est répétée. La première édition où nous trouvons *diseurs* est de 1684.

« L'expression proverbiale de *contes bleus,* dit Auger, est fondée sur l'existence d'anciens romans, tels que *les Quatre fils Aimon, Fortunatus, Valentin et Orson,* etc., qui, grossièrement imprimés et couverts de papier bleu, se vendent encore au peuple des villes et des campagnes, et dont la collection forme ce qu'on appelle *la Bibliothèque bleue.* » L'explication mé-

Ils croyent que tout cède à leur perruque blonde,
Et pensent avoir dit le meilleur mot du monde
Lorsqu'ils viennent, d'un ton de mauvais goguenard,
Vous railler sottement sur l'amour d'un vieillard;
Et moi, d'un tel vieillard je prise plus le zèle
Que tous les beaux transports d'une jeune cervelle.
Mais n'aperçois-je pas?...

SGANARELLE, à Ariste.

Oui, l'affaire est ainsi.

(Apercevant Léonor.)

Ah! je la vois paroître, et la servante aussi.*

ARISTE.

Léonor, sans courroux, j'ai sujet de me plaindre.
Vous savez si jamais j'ai voulu vous contraindre,
Et si plus de cent fois je n'ai pas protesté
De laisser à vos vœux leur pleine liberté :
Cependant votre cœur, méprisant mon suffrage,
De foi comme d'amour à mon insu s'engage.
Je ne me repens pas de mon doux traitement;
Mais votre procédé me touche assurément;
Et c'est une action que n'a pas méritée
Cette tendre amitié que je vous ai portée.

LÉONOR.

Je ne sais pas sur quoi vous tenez ce discours;
Mais croyez que je suis de même que toujours,**

---

* VAR. . . . . . . *et la suivante aussi* (1682).
** VAR. *Mais croyez que je suis la même que toujours* (1682).

---

rite d'être rapportée. On peut, toutefois, faire remarquer que le mot *bleu* a reçu en d'autres cas cette acception de frivole, léger : diables bleus, coups bleus. Le bleu est une couleur intermédiaire qui se rapproche du noir, en restant plus gaie à l'œil, et qui, au figuré, s'applique bien, par conséquent, à certaines choses qui n'offrent que peu de gravité ou de danger.

Que rien ne peut pour vous altérer mon estime,
Que toute autre amitié me paroîtroit un crime,
Et que, si vous voulez satisfaire mes vœux,
Un saint nœud dès demain nous unira tous deux.

ARISTE.

Dessus quel fondement venez-vous donc, mon frère?...

SGANARELLE.

Quoi! vous ne sortez pas du logis de Valère?
Vous n'avez point conté vos amours aujourd'hui?
Et vous ne brûlez pas depuis un an pour lui?

LÉONOR.

Qui vous a fait de moi de si belles peintures,
Et prend soin de forger de telles impostures?

SCÈNE X.

ISABELLE, VALÈRE, LÉONOR, ARISTE, SGANARELLE, LE COMMISSAIRE, LE NOTAIRE, LISETTE, ERGASTE.

ISABELLE.

Ma sœur, je vous demande un généreux pardon,
Si de mes libertés j'ai taché votre nom.
Le pressant embarras d'une surprise extrême
M'a tantôt inspiré ce honteux stratagème :
Votre exemple condamne un tel emportement;
Mais le sort nous traita nous deux diversement.*

(A Sganarelle.)

Pour vous, je ne veux point, monsieur, vous faire excuse;
Je vous sers beaucoup plus que je ne vous abuse.
Le ciel pour être joints ne nous fit pas tous deux :

---

* Var. *Mais le sort nous traita tous deux diversement* (1682).

Je me suis reconnue indigne de vos vœux;*
Et j'ai bien mieux aimé me voir aux mains d'un autre
Que ne pas mériter un cœur comme le vôtre.

VALÈRE, à Sganarelle.

Pour moi, je mets ma gloire et mon bien souverain
A la pouvoir, monsieur, tenir de votre main.

ARISTE.

Mon frère, doucement il faut boire la chose :
D'une telle action vos procédés sont cause;
Et je vois votre sort malheureux à ce point
Que, vous sachant dupé, l'on ne vous plaindra point[1].

LISETTE.

Par ma foi, je lui sais bon gré de cette affaire;
Et ce prix de ses soins est un trait exemplaire.

LÉONOR.

Je ne sais si ce trait se doit faire estimer;
Mais je sais bien qu'au moins je ne le puis blâmer[2].

ERGASTE.

Au sort d'être cocu son ascendant l'expose[3];

* VAR. *Je me suis reconnue indigne de vos feux* (1673, 1682).

1. La modération qu'Ariste met dans ses paroles forme un contraste parfait avec la joie insultante que Sganarelle faisait éclater tout à l'heure, lorsqu'il croyait son frère victime du malheur qui lui arrive à lui-même. (AUGER.)

2. L'apologie de la pièce est dans ces paroles de Léonor. C'est le jugement que Molière attend des spectateurs de sa comédie. Il ne leur propose point Isabelle pour un modèle de vertu. Son but est de montrer, non pas que la jeune fille fait bien, mais que le tuteur, le père, le maître, le mari, agissant comme Sganarelle, font mal. Le tyran domestique ne saurait être puni que par la conduite au moins indiscrète de ceux qu'il gouverne mal. Si la pupille ne finit pas malhonnêtement, ce n'est pas la faute de son geôlier, et celui-ci pouvait causer la perte entière de celle qui était confiée à sa garde. Cette vérité, qu'on aperçoit clairement, rend la leçon plus forte, en même temps que la pudeur que sait conserver Isabelle et la probité de Valère empêchent cette leçon d'être trop triste et soulagent l'esprit.

3. *Ascendant* est ici un terme de l'astrologie judiciaire, qui n'était pas

Et ne l'être qu'en herbe est pour lui douce chose¹.

SGANARELLE, *sortant de l'accablement dans lequel il étoit plongé.*

Non, je ne puis sortir de mon étonnement.
Cette déloyauté confond mon jugement;*
Et je ne pense pas que Satan en personne
Puisse être si méchant qu'une telle friponne.
J'aurois pour elle au feu mis la main que voilà².
Malheureux qui se fie à femme après cela!
La meilleure est toujours en malice féconde;
C'est un sexe engendré pour damner tout le monde.
J'y renonce à jamais, à ce sexe trompeur,**
Et je le donne tout au diable de bon cœur³.

ERGASTE.

Bon.

ARISTE.

Allons tous chez moi. Venez, seigneur Valère;
Nous tâcherons demain d'apaiser sa colère.

---

* VAR. *Cette ruse d'enfer confond mon jugement* (1682).
** VAR. *Je renonce à jamais à ce sexe trompeur* (1682).

encore décréditée à cette époque. On dirait maintenant : son astre, son étoile.

1. La différence des caractères et des personnages est parfaitement bien marquée dans la manière dont Ariste, Lisette, Léonor et Ergaste, s'expriment successivement au sujet de la conduite d'Isabelle. (AUGER.)

2. C'est une expression proverbiale qui est encore en usage et qui pourrait bien, comme on l'a dit, rappeler l'épreuve du feu à laquelle on se soumettait anciennement pour démontrer son innocence ou l'innocence d'autrui.

3. Sganarelle n'est nullement corrigé, et ne fait aucun retour sur lui-même. Regnard, en terminant sa comédie des *Folies amoureuses*, met dans la bouche d'Albert ces imprécations, qui sont visiblement imitées de celles de Sganarelle :

> Et toi, sexe trompeur, plus à craindre sur terre
> Que le feu, que la faim, que la peste et la guerre,
> De tous les gens de bien tu dois être maudit;
> Je te rends pour jamais au diable qui te fit!

ACTE III, SCÈNE X.

LISETTE, au parterre.

Vous, si vous connoissez des maris loups-garous,
Envoyez-les au moins à l'école chez nous[1].

1. C'est ici la seconde et dernière fois que Molière termine une pièce par une apostrophe directe au public. Il n'est pas inutile de signaler ce double exemple qu'offrent *le Cocu imaginaire* et *l'École des Maris*, surtout pour faire observer que Molière renonça ensuite à ces sortes d'épilogues.

On cite ordinairement la courte appréciation de Voltaire sur cette comédie; voici comment il s'exprime :

« On a dit que *l'École des Maris* était une copie des *Adelphes* de Térence : si cela était, Molière eût plus mérité l'éloge d'avoir fait passer en France le bon goût de l'ancienne Rome que le reproche d'avoir dérobé sa pièce. Mais *les Adelphes* ont fourni tout au plus l'idée de *l'École des Maris*. Il y a dans *les Adelphes* deux vieillards de différente humeur, qui donnent chacun une éducation différente aux enfants qu'ils élèvent; il y a de même dans *l'École des Maris* deux tuteurs, dont l'un est sévère, et l'autre indulgent : voilà toute la ressemblance. Il n'y a presque point d'intrigue dans *les Adelphes;* celle de *l'École des Maris* est fine, intéressante et comique. Une des femmes de la pièce de Térence, qui devait faire le personnage le plus intéressant, ne paraît sur le théâtre que pour accoucher; l'Isabelle de Molière occupe presque toujours la scène avec esprit et avec grâce, et mêle quelquefois de la bienséance même dans les tours qu'elle joue à son tuteur. Le dénoûment des *Adelphes* n'a nulle vraisemblance; il n'est point dans la nature qu'un vieillard qui a été soixante ans chagrin, sévère et avare, devienne tout à coup gai, complaisant et libéral. Le dénoûment de *l'École des Maris* est le meilleur de toutes les pièces de Molière; il est vraisemblable, naturel, tiré du fond de l'intrigue, et, ce qui vaut bien autant, il est extrêmement comique. Le style de Térence est pur, sentencieux, mais un peu froid, comme César, qui excellait en tout, le lui a reproché. Celui de Molière, dans cette pièce, est plus châtié que dans les autres. L'auteur français égale presque la pureté de la diction de Térence, et le passe de bien loin dans l'intrigue, dans le caractère, dans le dénoûment, dans la plaisanterie. »

FIN DE L'ÉCOLE DES MARIS.

LES FACHEUX

COMÉDIE-BALLET EN TROIS ACTES

17 août 1661

NOTICE PRÉLIMINAIRE.

On était au plus fort du succès de *l'École des Maris,* lorsque le surintendant des finances, Nicolas Fouquet, voulant fêter, dans sa maison de Vaux, le roi, la reine mère, les princes et l'élite de la cour, demanda une comédie à ce chef de la troupe du Palais-Royal, qui avait le talent de plaire à Louis XIV. Molière fut averti quinze jours à l'avance : non seulement le délai qu'on lui accordait était court, mais il fallait encore accommoder la pièce nouvelle aux circonstances où elle devait paraître, la rattacher aux autres divertissements; il fallait fournir des prétextes de danse au fameux maître de ballets Beauchamp, se concerter avec le peintre Lebrun et le machiniste Torelli. Molière ne recula pas devant une entreprise si soudaine : son imagination féconde en ressources, son génie rompu à toutes les difficultés du métier, sa troupe manœuvrant avec ensemble sous une direction habile, lui rendaient possibles ces merveilleuses improvisations, dont nous allons voir le premier exemple.

« Lundi, 15 août, dit La Grange, la troupe est partie pour aller à Vaux-le-Vicomte, chez M. le surintendant. » Louis XIV et sa cour s'y rendirent dans la matinée du 17, et y restèrent jusqu'à deux heures après minuit. Nous ne rappellerons pas toutes les magnificences qui éblouirent les regards du jeune monarque et l'irritèrent comme un défi. Arrêtons-nous à ce qui concerne le spectacle offert par la troupe comique. Un théâtre avait été construit sous la feuillée, au milieu des marbres, des balustrades,

des jets d'eau, des cascades qui ornaient ces jardins, que Le Nôtre dessina avant ceux de Versailles. La Fontaine, présent à ces fêtes, fait à son ami Maucroix la description de la scène dans les vers suivants :

> On vit des rocs s'ouvrir, des termes se mouvoir,
> Et sur son piédestal tourner mainte figure.
> Deux enchanteurs pleins de savoir
> Firent tant par leur imposture
> Qu'on crut qu'ils avoient le pouvoir
> De commander à la nature.
> L'un de ces enchanteurs est le sieur Torelli;
> Magicien expert et faiseur de miracles;
> Et l'autre, c'est Lebrun, par qui Vaux embelli
> Présente aux regardants mille rares spectacles;
> Lebrun, dont on admire et l'esprit et la main;
> Père d'inventions agréables et belles;
> Rival des Raphaëls, successeur des Apelles;
> Par qui notre climat ne doit rien au romain.
> Par l'avis de ces deux la chose fut réglée.
> D'abord aux yeux de l'assemblée
> Parut un rocher si bien fait
> Qu'on le crut rocher en effet;
> Mais insensiblement se changeant en coquille,
> Il en sortit une nymphe gentille
> Qui ressembloit à la Béjart,
> Nymphe excellente dans son art,
> Et que pas une ne surpasse.
> Aussi récita-t-elle avec beaucoup de grâce
> Un prologue estimé l'un des plus accomplis
> Qu'en ce genre on pût écrire,
> Et plus beau que je ne dis
> Ou bien que je n'ose dire :
> Car il est de la façon
> De notre ami Pellisson.
> Ainsi, bien que je l'admire,
> Je m'en tairai, puisqu'il n'est pas permis
> De louer ses amis [1].

C'est par ce tableau féerique que la comédie commença, comédie toute réelle cependant, et dégagée des fictions banales de la mythologie. On vit défiler alors cette suite de types origi-

---

[1]. Lisez la relation de La Fontaine dans notre édition des *OEuvres complètes de La Fontaine,* tome VII, page 320.

naux que Molière désigne du nom de *fâcheux*. Ces types étaient pris sur le vif dans la noble assemblée elle-même : on eût dit que le poète appelait un à un les personnages les plus caractérisés et les plus connus de l'assistance : marquis éventé, marquis compositeur, vicomte bretteur, courtisan joueur, belles dames précieuses, solliciteurs à la suite des grands, colporteurs de projets ridicules; et qu'il les faisait passer tour à tour sur son théâtre; et, parmi tout cela, le nom du roi était ramené toujours avec esprit, d'une manière respectueuse et sans bassesse. La Fontaine, charmé de voir que « la nature n'étoit plus quittée d'un pas », s'écriait en parlant de Molière : « C'est mon homme! » Nous sommes sûr, sans l'avoir entendu, ajoute M. Bazin, que Louis XIV en dit autant.

Tous les problèmes étaient résolus aussi heureusement que possible : la revue des fâcheux se trouvait justifiée par un prétexte suffisant; ils ne venaient pas au hasard ; ils figuraient dans une action comique. Mais cette action comique était si légèrement nouée qu'elle ne souffrait pas de la part qu'on avait voulu faire entre chaque acte à la musique et à la danse. Le succès consacra cette innovation considérable, dont Molière fut lui-même très frappé. La cour, charmée à la fois par l'à-propos et par la nouveauté, applaudit cette pièce, dit Loret,

> Que Molier d'un esprit pointu
> Avoit composée impromptu
> D'une manière assez exquise,
> Et sa troupe en trois jours apprise.

Le roi félicita l'auteur, et, lui montrant le marquis de Soyecourt qui passait : « Voilà, dit-il, un grand original que vous n'avez pas encore copié. » Ce fut assez : une nouvelle scène fut ajoutée à la comédie; et lorsque, quelques jours après, une seconde représentation eut lieu à Fontainebleau[1], un nouveau fâcheux, le chasseur Dorante, y avait pris place, et Molière put se vanter d'avoir le roi pour collaborateur.

La facilité du génie de Molière éclate dans ces entreprises

---

1. « Le mardy 23 (août 1661), la troupe est partie pour Fontainebleau et a joué *les Fascheux* deux fois, la première fois, le 25, jour St Louis. » (*Registre de La Grange.*)

précipitées. On ne sent point la hâte : son style ne perd rien de sa précision ni de sa clarté : il se joue même en de véritables tours de force, comme dans les scènes du joueur et du chasseur, qui sont faites pour effrayer un poète didactique. Ce n'est pas, bien entendu, qu'on ne puisse admettre que Molière eût par devers lui tel projet, telle esquisse dont il fit usage. Les critiques contemporains, cherchant à diminuer son mérite, supposaient que Molière, non seulement avait tous ces portraits en portefeuille, mais qu'ils lui avaient été fournis par ceux-là justement dont ils étaient la ressemblance. Voici comment s'exprime l'auteur des *Nouvelles nouvelles,* dont le témoignage est toujours bon à recueillir, parce qu'il est d'un adversaire :

« Molière recevoit des gens de qualité des mémoires dont on le prioit de se servir ; et je le vis bien embarrassé un soir, après la comédie, qui cherchoit partout des tablettes pour écrire ce que lui disoient plusieurs personnes de condition dont il étoit environné : tellement que l'on peut dire qu'il travailloit sous les gens de qualité pour leur apprendre après à vivre à leurs dépens, et qu'il étoit en ce temps, et est encore présentement (1663), leur écolier et leur maître tout ensemble. Ces messieurs lui donnent souvent à dîner, pour avoir le temps de l'instruire, en dînant, de tout ce qu'ils veulent lui faire mettre dans ses pièces ; mais comme ceux qui croient avoir du mérite ne manquent jamais de vanité, il rend tous les repas qu'il reçoit, son esprit le faisant aller de pair avec beaucoup de gens qui sont beaucoup au-dessus de lui. L'on ne doit point après cela s'étonner pourquoi l'on voit tant de monde à ses pièces ; tous ceux qui lui donnent des mémoires veulent voir s'il s'en sert bien ; tel y va pour un vers, tel pour un demi-vers, tel pour un mot, et tel pour une pensée dont il l'aura prié de se servir : ce qui fait croire justement que la quantité d'auditeurs intéressés qui vont voir ses pièces les font réussir, et non pas leur bonté toute seule, comme quelques-uns se persuadent.

« Notre auteur, après avoir fait *le Cocu imaginaire* et *l'École des Maris,* reçut des mémoires en telle confusion que, de ceux qui lui restoient et de ceux qu'il recevoit tous les jours, il en auroit eu de quoi travailler toute sa vie, s'il ne se fût avisé, pour satisfaire les gens de qualité et pour les railler ainsi qu'ils le souhaitoient, de faire une pièce où il pût mettre quantité de leurs portraits. Il fit donc la comédie des *Fâcheux,* dont le sujet est autant méchant que l'on puisse imaginer, et qui ne doit pas être appelée une pièce de théâtre : ce n'est qu'un amas de portraits détachés et tirés de ces mémoires, mais qui sont si naturellement représentés, si bien touchés et si bien finis, qu'il en a mérité beaucoup de gloire. »

C'est ainsi que de Vizé[1] tâchait d'expliquer comment on fait un chef-d'œuvre. En laissant de côté ces prétendus mémoires dont les gens de qualité auraient été prodigues, nous allons rechercher les éléments principaux dont était composée la comédie des *Fâcheux.* On y distingue deux choses : l'intrigue légère qui court d'un bout à l'autre de la pièce, et la série des personnages qui représentent, pour ainsi dire, les principales variétés d'importuns.

La petite intrigue des *Fâcheux,* cette idée des contre-temps de la vie, des embarras qui vous écartent et vous éloignent d'un but désiré, n'est rien ou se trouve partout. On a pourtant rappelé à ce propos un canevas italien : *le Case svaliggiate ovvero gli Interrompimenti di Pantalone;* en voici le sujet : Une jeune femme, courtisée par Pantalon, lui donne, pour se débarrasser de ses instances, un rendez-vous, et un valet, qui conspire contre Pantalon, lui envoie toutes sortes de gens qui le retiennent et lui font manquer l'heure. Il n'y a, du reste, aucune ressemblance entre les détails de cette parade et ceux de la comédie de Molière. Auger a donc raison de nier qu'il y ait là un rapprochement qui mérite qu'on s'y arrête. La situation d'Éraste ferait songer aussi à l'histoire du boiteux de Bagdad dans *les Mille et une Nuits,* lorsqu'au moment de se rendre « à une assignation amoureuse », il est retenu par le barbier babillard. Mais il est

---

1. L'auteur des *Nouvelles nouvelles,* c'est pour nous Donneau de Vizé, quoiqu'on puisse s'autoriser d'un passage de la *Lettre sur les affaires du théâtre* pour attribuer ce recueil à l'auteur de *Zélinde* et de *la Vengeance des Marquis,* qui, sur la foi des frères Parfait, a passé longtemps pour être de Villiers, comédien de l'hôtel de Bourgogne.

M. Taschereau met au compte du seul de Vizé tous ces ouvrages satiriques.

M. Victor Fournel incline, au contraire, à les mettre tous au compte de de Villiers.

M. Despois, après avoir adopté l'opinion de M. Fournel, est revenu à celle de M. Taschereau.

Voyez ce que nous disons ci-après sur ce sujet, page 390.

impossible de supposer que cette histoire ait pu servir à Molière, puisque le premier volume des *Contes arabes* ne fut traduit et publié qu'en 1704.

Le caractère de l'importun, du fâcheux, comme on disait au XVIIe siècle, a été tracé d'abord par Horace dans la satire : *Ibam forte via Sacra*. Molière s'en est souvenu sans doute; il n'a pu en tirer toutefois que fort peu de profit. Il a eu plus d'obligations à la huitième satire de Régnier, qui commence par ce vers :

> Charles, de mes péchés j'ai bien fait pénitence,

et qui se termine par ceux-ci :

> Mais craignant d'encourir vers toi le même vice
> Que je blâme en autrui, je suis à ton service,
> Et pry Dieu qu'il nous garde en ce bas monde ici,
> De faim, d'un importun, de froid et de souci.

Le précurseur immédiat de Molière, celui de qui il s'inspira le plus directement, c'est à coup sûr Paul Scarron, bien qu'on le cite rarement à propos de cette comédie. Horace, Régnier, n'ont peint qu'un seul importun : le bavard, l'homme qui s'attache à vous et dont on ne peut se débarrasser sans un secours du ciel ou sans l'intervention des sergents; tandis que Scarron, dans son *Épître chagrine* au maréchal d'Albret, passe en revue toute la tribu des fâcheux. Qu'il nous soit permis d'extraire quelques passages de cette épître :

> Oh! qu'il en est de genres et de sectes
> De ces fâcheux, pires que des insectes!
> Oh! qu'il en est dans les murs de Paris,
> Sans excepter messieurs les beaux esprits,
> Même de ceux qui de l'Académie
> Forment la belle et docte compagnie!...
> Oh! qu'il en est, et plus que l'on ne pense,
> Dans notre noble et florissante France!
> Tel est fâcheux, et fâcheux diablement,
> Qui des fâcheux se plaint incessamment.
> Tel de fâcheux a mérité le titre,
> Qui sera peint au vif dans mon épître
> Et que d'abord chacun reconnoîtra,

Et qui pourtant des premiers en rira.
Il est ainsi des grands diseurs de rien;
De ceux qui font d'éternelles redites;
De ceux qui font de trop longues visites;
Ajoutons-y les réciteurs de vers;
Ceux qui premiers savent les nouveaux airs,
Et qui partout, d'une voix téméraire,
Osent chanter comme feroit Hilaire;
Le grand parleur toujours gesticulant;
Celui qui rit et s'écoute en parlant;
Le clabaudeur qui détonne ou qui braille
Ou qui, parlant, vous frappe et vous tiraille;
Ou qui rebat jusqu'à l'éternité
Quelque vieux conte ou chapitre affecté;
Ou qui n'oit pas quelque accident notable,
Qu'il n'en conte un de soi presque semblable;
Un putréfait qui vous vient approcher;
Des inconnus qui vous nomment : mon cher...
Les grands seigneurs qui prônent leurs exploits,
Leur grand crédit, leurs importants emplois,
Et qui partout font comme un manifeste
De leur haut rang, qu'aucun ne leur conteste;
Un courtisan qui se croit un grand clerc,
Par la raison qu'il aura le bel air,
Et qui se croit, par la seule lumière
De son esprit, maître en toute matière.
Un sot poète est partout détesté,
Et de son siècle est l'incommodité...
Qu'il est fâcheux le fat, quand il conseille !
Qu'ils sont fâcheux, les parleurs à l'oreille,
Et qui pourroient sans péril dire à tous
Ce grand secret qu'ils ne disent qu'à vous !...
Le franc bourgeois qui fait l'homme de cour
Et, quand il est chez les gens de la ville,
Qui dit tout sec : « Turenne, Longueville,
(Se gardant bien de donner du Monsieur),
Le maréchal, le petit commandeur,
J'étois au Cours avecque les comtesses,
Ou je jouois avec telles duchesses »,
Est un fâcheux qui divertit parfois,
Mais il ne faut le voir que tous les mois.

Scarron termine à peu près comme Régnier :

Mais te parlant si longtemps des fâcheux,
Je pourrois bien le devenir plus qu'eux.
Je finis donc, cher d'Albret, et conjure

> Le tout-puissant maître de la nature
> De détourner de toi tout grand hableur,
> Tout froid bouffon, et tout grand emprunteur!

L'*Épître chagrine* à M. d'Elbène offre bien aussi quelque intérêt à consulter, quoique Scarron s'y occupe, non plus de l'espèce, mais de l'individu. C'est encore un fâcheux dont il reçoit la visite, et qu'il peint comme il suit :

> Alors je vis entrer un visage d'eunuque,
> Rajustant à deux mains sa trop longue perruque ;
> Hérissé de galands rouges, jaunes et bleus ;
> Sa reingrave étoit courte, et son genoux cagneux.
> Il avoit deux canons ou plutôt deux rotondes,
> Dont le tour surpassoit celui des tables rondes ;
> Il chantoit en entrant je ne sais quel vieux air,
> S'appuyoit d'une canne et marchoit du bel air.

Parmi les sots contes que fait ce visiteur, il est question d'un grand travail qu'il destine au clergé de France, *Les Conciles*, en vers :

> Je n'en suis pas encore au troisième concile
> Et j'ai déjà des vers plus de quatre cent mille ;
> Pour diversifier je les fais inégaux,
> Et j'y fais dominer surtout les madrigaux.

Dans tout cela il est plus d'un trait qui a pu être utile pour la comédie des *Fâcheux* et pour d'autres comédies. Il y a loin sans doute de ce dénombrement rapide à la mise en scène de Molière. Mais si l'on nomme Régnier, pourquoi ne pas nommer Scarron? On a eu généralement pour le poète burlesque plus de dédain que n'en avait Molière. C'est peut-être celui de ses contemporains à qui il emprunta davantage; il n'oublia pas les grands succès populaires du *Maître-Valet* et de *Don Japhet d'Arménie*, et il lui rendit plus d'une fois justice. Ainsi, d'après le *Longueruana*, il avouait que « Scarron avoit plus de jeux de théâtre que lui, et avoit été plus heureux que lui en acteurs de ce genre ».

Mais revenons à la comédie des *Fâcheux*. Les événements qui suivirent les fêtes de Vaux, l'arrestation de Fouquet et de Pellisson, l'empêchèrent d'abord d'être représentée à la ville. Un autre résultat que cette catastrophe eut bien probablement, ce fut de faire perdre à la troupe la rémunération sans doute très généreuse qui avait été promise à son zèle par le surintendant.

NOTICE PRÉLIMINAIRE. 153

Le registre de La Grange ne porte du moins aucune mention des sommes qu'elle en aurait dû recevoir.

Le 1ᵉʳ novembre, la reine Marie-Thérèse mit au jour le Dauphin, que Molière avait annoncé dans *l'École des Maris*. Les réjouissances auxquelles donna lieu la naissance de ce premier fils de Louis XIV effacèrent un peu l'impression produite par la chute du surintendant; Molière profita de cette diversion pour faire paraître *les Fâcheux* sur le théâtre du Palais-Royal. Ils y furent joués le 4 novembre, un peu plus de deux mois après la seconde représentation, qui avait eu lieu à Fontainebleau. Le succès fut des plus brillants.

Du 4 novembre jusqu'à la fin du mois, on constate sur le registre de La Grange douze représentations, plus une chez Monsieur; — en décembre, douze représentations, plus une devant le roi; — en janvier 1662, quatorze représentations, et deux chez M. de Nevers : soit quarante-deux représentations consécutives.

Les Fâcheux ont encore quelques représentations dans le courant de février, mais non plus d'une manière suivie. Ils furent représentés cent six fois du vivant de Molière.

Voici les remarques d'Auger sur le caractère particulier de cette comédie :

« Cette comédie est d'un genre dont il n'existait pas encore de modèle. Voltaire a commis une erreur, que d'autres ont répétée, en disant que Desmarets, avant Molière, avait fait paraître sur notre théâtre *un ouvrage en scènes absolument détachées*. Les scènes de la comédie des *Visionnaires* ne sont point détachées. Elles ont entre elles une espèce de liaison et d'enchaînement; de leur ensemble résulte une intrigue, légère à la vérité, mais à laquelle toutefois chaque scène concourt de manière à ne pouvoir être supprimée, ou changée de place, sans que l'économie de la pièce en soit dérangée. Les divers originaux mis en jeu dans l'ouvrage, au lieu de passer l'un après l'autre sur la scène pour n'y plus reparaître, dialoguent entre eux, se montrent à plusieurs reprises, et participent tous au dénoûment. Le seul rapport qui existe entre *les Visionnaires* et *les Fâcheux*, c'est que les deux comédies ont pour objet de représenter un certain nombre de personnages, atteints chacun de quelque folie particulière; mais, sans parler de la prodigieuse distance où elles sont l'une de l'autre pour le mérite, il y a entre elles cette grande différence que les visionnaires semblent des fous échappés des Petites-Maisons, tandis que les fâcheux sont des extravagants tels qu'on en rencontre dans le monde.

« Molière est donc le premier qui ait fait parmi nous une pièce à scènes détachées. Ce n'est point un titre de gloire que j'ai voulu revendiquer pour lui, c'est un point d'histoire littéraire que j'ai cru devoir établir. L'invention des pièces à tiroir n'est pas de celles qui étendent ou enrichissent le domaine des arts. Loin d'en tirer vanité, Molière s'en excuse : s'il n'a fait que des portraits au lieu d'un tableau, des scènes au lieu d'une comédie, ce ne fut pas par choix, mais par nécessité ; c'est parce qu'il fut obligé de composer et de faire jouer une pièce en moins de temps qu'il ne lui en eût fallu seulement pour imaginer le sujet d'une véritable action dramatique. Ce genre, enfin, s'il n'était justifié par l'impossibilité de faire autrement, semblerait prouver l'impuissance de faire mieux. C'est ce que n'ont pas senti ceux qui ont cru voir dans *les Fâcheux* un modèle à imiter. Comme, avec tout le loisir qui avait manqué à Molière, ils n'avaient rien du génie par lequel il y a suppléé, leurs froides imitations, après avoir amusé un moment la malignité contemporaine par la peinture de quelques ridicules fugitifs, sont tombées dans le plus profond oubli. Il est juste, toutefois, d'excepter *le Procureur arbitre,* de P. Poisson, surtout *le Mercure galant,* et les deux *Ésope,* de Boursault, auteur dont le talent naturel et facile, incapable peut-être de s'élever avec succès jusqu'au développement d'une intrigue ou d'un caractère, brilla dans des scènes détachées, d'une invention heureuse et d'une exécution piquante. »

Voici ce que l'on sait de la distribution des rôles à l'origine. La naïade qui récita le prologue était représentée par Madeleine Béjart, ainsi que nous l'établissons dans la note de la page 162. Madeleine Béjart jouait ensuite dans la comédie, avec Mlle Debrie et Mlle Duparc. Ces trois actrices se partageaient les rôles d'Ophise, d'Orante et de Climène ; mais l'assignation de ces rôles à chacune d'elles n'est que conjecturale.

Le personnage d'Éraste était tenu par La Grange, qui écrit sur son registre le 13 novembre 1661 : « Icy je tombay malade d'une fièvre continue double tierce, et j'eus deux rechuttes. Je fus deux mois sans jouer. M. du Croisy prist mon rôle d'Éraste. »

Molière, d'après l'inventaire après décès publié par M. Eudore Soulié, remplissait au moins trois rôles de fâcheux. Cet inventaire énumère, en effet, les habits de Molière dans cette pièce; ce sont les suivants :

« Un habit du marquis des *Fâcheux,* consistant en un rhingrave de petite étoffe de soie rayée bleue et aurore, avec une ample garniture d'incarnat et jaune, de Colbertine, un pourpoint de toile Colbertine, garni de rubans ponceau, bas de soie et jarretières. L'habit de Caritidès de la même pièce manteau et chausses de drap garni de découpures, et un pourpoint taillé. Le juste-au-corps de chasse, sabre et la sangle, ledit juste-au-corps garni de galons d'argent fin, une paire de gants de cerf, une paire de bas à botter de toile jaune; prisés cinquante livres. »

Molière était donc Caritidès le correcteur d'enseignes, Dorante le chasseur, plus un marquis, peut-être Lysandre le danseur, peut-être Alcippe le joueur, qui ne sont pas qualifiés dans la pièce, peut-être l'un et l'autre.

Les rôles de Damis et de La Montagne sont attribués par M. Aimé Martin à L'Épy et à Duparc; mais cette attribution n'est fondée sur aucune autorité connue.

En 1685, la pièce était distribuée comme il suit :

DAMIS.	M. HUBERT.
ORPHISE	Mlle DEBRIE.
ÉRASTE.	MM. LA GRANGE.
ALCIDOR	DE VILLIERS.
LISANDRE.	GUÉRIN.
ALCANDRE	HUBERT.
ALCIPPE	BRÉCOURT.
ORANTE.	Mlles GUYOT.
CLIMÈNE	DUPIN OU LA GRANGE.
DORANTE.	MM. DAUVILLIERS.
CARITIDÈS.	ROSIMOND.
ORMIN.	GUÉRIN.
FILINTE.	DE VILLIERS.
LA MONTAGNE.	DU CROISY.

La distribution actuelle (19 juillet 1869) est celle-ci :

DAMIS	M. Chéri.
ORPHISE	Mme Lloyd.
ÉRASTE	MM. Sénéchal.
ALCIDOR	
LISANDRE	Coquelin.
ALCANDRE	Masset.
ALCIPPE	Prudhon.
ORANTE	Mmes Ponsin.
CLIMÈNE	Édile Riquer.
DORANTE	MM. Coquelin.
CARITIDÈS	Eugène Provost.
ORMIN	Seveste.
FILINTE	Masset.
LA MONTAGNE	Coquelin cadet.

Molière ne fit imprimer sa pièce qu'au commencement de l'année suivante. Voici le titre de la première édition : « *Les Fâcheux,* comédie de J.-B. P. Molière, représentée sur le théâtre du Palais-Royal. A Paris, chez Guillaume de Luyne, libraire-juré, au Palais, dans la salle des Merciers, à la Justice, 1662. Avec privilège du roi. » Le privilège est du 5 février ; il est accordé au sieur Molière. (Ce nom, que tout à l'heure Loret défigurait encore, est enfin écrit exactement!) Il est suivi d'une mention portant que « ledit sieur de Molière a cédé et transporté le droit du privilège à Guillaume de Luyne, marchand libraire..., lequel en a fait part à Charles de Sercy, Jean Guignard, Claude Barbin, et Gabriel Quinet ». L'achevé d'imprimer est du 18 février 1662, date qui précède de deux jours celle du mariage de Molière.

C'est cette édition *princeps* que nous reproduisons. Nous donnons les variantes de l'édition de 1673 et de l'édition de 1682. Le titre de cette pièce dans l'édition de La Grange et Vinot est celui-ci : « *Les Fâcheux,* comédie faite pour les divertissements du roi, au mois d'août 1661, et représentée la première fois en public à Paris, sur le théâtre du Palais-Royal, le 4 novembre de la même année 1661, par la troupe de Monsieur, frère unique du roi. »

L. M.

AU ROI.

SIRE,

J'ajoute une scène à la comédie; et c'est une espèce de fâcheux assez insupportable qu'un homme qui dédie un livre. Votre Majesté en sait des nouvelles plus que personne de son royaume, et ce n'est pas d'aujourd'hui qu'elle se voit en butte à la furie des épîtres dédicatoires. Mais, bien que je suive l'exemple des autres, et me mette moi-même au rang de ceux que j'ai joués, j'ose dire toutefois à Votre Majesté que ce que j'en ai fait n'est pas tant pour lui présenter un livre que pour avoir lieu de lui rendre grâce du succès de cette comédie. Je le dois, Sire, ce succès qui a passé mon attente, non seulement à cette glorieuse approbation dont Votre Majesté honora d'abord la pièce, et qui a entraîné si hautement celle de tout le monde, mais encore à l'ordre qu'elle me donna d'y ajouter un caractère de fâcheux dont elle eut la bonté de m'ouvrir les idées elle-même, et qui a été trouvé partout le plus beau morceau de l'ouvrage[1]. Il faut avouer, Sire, que je n'ai jamais rien fait avec tant de facilité, ni si promptement, que cet endroit où Votre Majesté me commanda de travailler. J'avois une joie à lui obéir qui me valoit bien mieux qu'Apollon et toutes les Muses; et je conçois par là ce que je serois capable

---

1. Nous avons dit dans la notice préliminaire à quelle circonstance Molière fait ici allusion.

DÉDICACE.

d'exécuter pour une comédie entière, si j'étois inspiré par de pareils commandements[1]. Ceux qui sont nés en un rang élevé peuvent se proposer l'honneur de servir Votre Majesté dans les grands emplois ; mais, pour moi, toute la gloire où je puis aspirer, c'est de la réjouir. Je borne là l'ambition de mes souhaits ; et je crois qu'en quelque façon ce n'est pas être inutile à la France que de contribuer[2] quelque chose au divertissement de son roi. Quand je n'y réussirai pas, ce ne sera jamais par un défaut de zèle ni d'étude, mais seulement par un mauvais destin qui suit assez souvent les meilleures intentions, et qui sans doute affligeroit sensiblement[3],

Sire,

De Votre Majesté,

Le très humble, très obéissant et très fidèle serviteur et sujet,

J.-B. P. Molière.

---

1. Le roi, après une provocation si adroite, ne pouvait se dispenser de mettre à l'épreuve le génie de Molière, et c'est en effet ce qu'il fit peu de temps après.

2. *Contribuer* s'employait avec un régime direct : « Nous contribuerons franchement, pour mettre fin en cette guerre, nostre peine, tous nos moyens, nostre sang et nostre propre vie. » (Henri IV, *Lettres missives*.)

> Et mon reste d'amour, en cet enlèvement,
> Ne peut contribuer que mon consentement.
> (Corneille, *la Place Royale*, IV, II.)

3. On peut remarquer que cette épître dédicatoire au roi respire une sorte d'aisance respectueuse, et qu'elle est beaucoup moins banale et moins emphatique que l'épître dédicatoire à *Monsieur,* qu'on lit en tête de *l'École des Maris*. Molière, toutes les fois qu'il s'adresse à Louis XIV, retrouve ce tour spirituel, facile et sans embarras, qui fait autant d'honneur au monarque qu'au poète.

AVERTISSEMENT.

Jamais entreprise au théâtre ne fut si précipitée que celle-ci; et c'est une chose, je crois, toute nouvelle, qu'une comédie ait été conçue, faite, apprise, et représentée en quinze jours. Je ne dis pas cela pour me piquer de l'impromptu et en prétendre de la gloire, mais seulement pour prévenir certaines gens qui pourroient trouver à redire que je n'aie pas mis ici toutes les espèces de fâcheux qui se trouvent. Je sais que le nombre en est grand et à la cour et dans la ville, et que, sans épisodes[2], j'eusse bien pu en composer une comédie en cinq actes bien fournis et avoir encore de la matière de reste. Mais, dans le peu de temps qui me fut donné, il m'étoit impossible de faire un grand dessein, et de rêver beaucoup sur le choix de mes personnages et sur la disposi-

1. Les premières éditions ne portent point ce titre.
2. *Sans épisodes*, c'est-à-dire sans rien ajouter d'étranger au sujet, sans introduire d'autres personnages que des fâcheux. (Auger.)

tion de mon sujet. Je me réduisis donc à ne toucher qu'un petit nombre d'importuns ; et je pris ceux qui s'offrirent d'abord à mon esprit, et que je crus les plus propres à réjouir les augustes personnes devant qui j'avois à paroître ; et pour lier promptement toutes ces choses ensemble, je me servis du premier nœud que je pus trouver. Ce n'est pas mon dessein d'examiner maintenant si tout cela pouvoit être mieux, et si tous ceux qui s'y sont divertis ont ri selon les règles. Le temps viendra de faire imprimer mes remarques sur les pièces que j'aurai faites, et je ne désespère pas de faire voir un jour, en grand auteur, que je puis citer Aristote et Horace[1]. En attendant cet examen, qui peut-être ne viendra point, je m'en remets assez aux décisions de la multitude, et je tiens aussi difficile de combattre un ouvrage que le public approuve, que d'en défendre un qu'il condamne.

Il n'y a personne qui ne sache pour quelle réjouissance la pièce fut composée, et cette fête a fait un tel éclat qu'il n'est pas nécessaire d'en parler[2] ; mais il ne sera

1. On ne voit pas si c'est bien sérieusement que Molière annonce le dessein d'examiner quelque jour les pièces qu'il aura faites. Il en parle d'un ton de badinage qui autoriserait presque à en douter. On ne serait peut-être pas éloigné de la vérité si l'on apercevait dans ce passage une épigramme, du reste assez inoffensive, dirigée contre Corneille, qui avait publié en 1660 une édition de ses OEuvres, contenant trois discours sur le poème dramatique, et des examens, par l'auteur, de chacun de ses ouvrages. Si l'on admet que Molière ait eu cette arrière-pensée, il ne faut pas lui prêter pourtant l'intention de blesser le grand tragique : l'hommage qui lui est rendu à la première scène de la comédie suffit à repousser cette dernière supposition.

2. Molière s'exprime avec beaucoup de circonspection sur la fête de Vaux ; la sensation produite par les événements qui l'avaient suivie était bien loin d'être apaisée. Le surintendant Fouquet était en ce moment prisonnier au château d'Amboise, où il demeura jusqu'à la fin de 1662. Son procès ne commença que l'année suivante, et l'arrêt ne fut rendu que le 20 décembre 1664. Pellisson, l'auteur du prologue, était à la Bastille.

pas hors de propos de dire deux paroles des ornements qu'on a mêlés avec la comédie.

Le dessein étoit de donner un ballet aussi; et, comme il n'y avoit qu'un petit nombre choisi de danseurs excellents, on fut contraint de séparer les entrées de ce ballet, et l'avis fut de les jeter dans les entr'actes de la comédie, afin que ces intervalles donnassent temps aux mêmes baladins de revenir sous d'autres habits; de sorte que, pour ne point rompre aussi le fil de la pièce par ces manières d'intermèdes, on s'avisa de les coudre au sujet du mieux que l'on put et de ne faire qu'une seule chose du ballet et de la comédie. Mais comme le temps étoit fort précipité, et que tout cela ne fut pas réglé entièrement par une même tête, on trouvera peut-être quelques endroits du ballet qui n'entrent pas dans la comédie aussi naturellement que d'autres. Quoi qu'il en soit, c'est un mélange qui est nouveau pour nos théâtres, et dont on pourroit chercher quelques autorités dans l'antiquité; et, comme tout le monde l'a trouvé agréable, il peut servir d'idée à d'autres choses qui pourroient être méditées avec plus de loisir[1].

D'abord que la toile fut levée, un des acteurs, comme vous pourriez dire moi, parut sur le théâtre en habit de ville, et, s'adressant au roi avec le visage d'un homme surpris, fit des excuses en désordre sur ce qu'il se trouvoit là seul, et manquoit de temps et d'acteurs pour donner à Sa Majesté le divertissement qu'elle sembloit attendre. En même temps, au milieu de vingt jets d'eau naturels,

___

1. En effet, Molière fit de la comédie-ballet un genre dont il tira un parti admirable. Toutes les pièces qu'il composa pour être représentées d'abord devant le roi sont des comédies-ballets; et il y en a dix, y compris *les Fâcheux*.

s'ouvrit cette coquille que tout le monde a vue, et l'agréable Naïade[1] qui parut dedans s'avança au bord du théâtre, et d'un air héroïque prononça les vers que M. Pellisson avoit faits, et qui servent de prologue.

1. Cette Naïade fut représentée par Madeleine Béjart, et non par Armande sa sœur, comme on l'a dit souvent. Les vers de La Fontaine que nous avons cités en fournissent la preuve : il parle de la Béjart,

> Nymphe excellente dans son art
> Et que pas une ne surpasse.

Il s'agit bien, par conséquent, d'une actrice connue et dont la réputation était établie. Un autre témoignage est celui de de Villiers dans la pièce satirique intitulée *la Vengeance des Marquis,* où il attaque si vivement Molière. Après avoir cité un couplet de la *Chanson de la Coquille,* faite contre la Béjart à propos de ce rôle de naïade, il ajoute : « On croyoit nous faire trouver beaucoup de jeunesse dans un vieux poisson. » Madeleine Béjart, en effet, avait alors quarante-trois ans. Elle n'en parut pas moins fort agréable, comme dit Molière, et toutes les chansons du temps ne lui font pas la guerre; ainsi l'une d'elles se termine par ce couplet :

> Peut-on voir nymphe plus gentille
> Qu'étoit Béjart l'autre jour?
> Lorsqu'on vit ouvrir sa coquille,
> Tout le monde dit à l'entour,
> Lorsqu'on vit ouvrir sa coquille :
> Voici la mère d'amour!

Voyez, dans *la Vengeance des Marquis,* un couplet satirique et grossier sur le même sujet (scène VII).

PROLOGUE.

Le théâtre représente un jardin orné de termes et de plusieurs jets d'eau.

UNE NAÏADE, sortant des eaux dans une coquille.

Pour voir en ces beaux lieux le plus grand roi du monde,
Mortels, je viens à vous de ma grotte profonde.
Faut-il, en sa faveur, que la terre ou que l'eau
Produisent à vos yeux un spectacle nouveau?
Qu'il parle ou qu'il souhaite, il n'est rien d'impossible :
Lui-même n'est-il pas un miracle visible?
Son règne, si fertile en miracles divers,
N'en demande-t-il pas à tout cet univers?
Jeune, victorieux, sage, vaillant, auguste,
Aussi doux que sévère, aussi puissant que juste :
Régler et ses États et ses propres désirs;
Joindre aux nobles travaux les plus nobles plaisirs;
En ses justes projets jamais ne se méprendre;
Agir incessamment, tout voir et tout entendre,
Qui peut cela peut tout : il n'a qu'à tout oser,
Et le ciel à ses vœux ne peut rien refuser.
Ces termes marcheront, et si Louis l'ordonne,
Ces arbres parleront mieux que ceux de Dodone.
Hôtesses de leurs troncs, moindres divinités,

C'est Louis qui le veut, sortez, nymphes, sortez ;
Je vous montre l'exemple, il s'agit de lui plaire.
Quittez pour quelque temps votre forme ordinaire ;
Et paroissons ensemble, aux yeux des spectateurs,
Pour ce nouveau théâtre autant de vrais acteurs.

(Plusieurs Dryades, accompagnées de Faunes et de Satyres, sortent des arbres et des termes.)

Vous, soin de ses sujets, sa plus charmante étude,
Héroïque souci, royale inquiétude,
Laissez-le respirer, et souffrez qu'un moment
Son grand cœur s'abandonne au divertissement :
Vous le verrez demain, d'une force nouvelle,
Sous le fardeau pénible où votre voix l'appelle,
Faire obéir les lois, partager les bienfaits,
Par ses propres conseils prévenir nos souhaits,
Maintenir l'univers dans une paix profonde,
Et s'ôter le repos pour le donner au monde.
Qu'aujourd'hui tout lui plaise, et semble consentir
A l'unique dessein de le bien divertir !
Fâcheux, retirez-vous ; ou, s'il faut qu'il vous voie,
Que ce soit seulement pour exciter sa joie[1] !

(La Naïade emmène avec elle, pour la comédie, une partie des gens qu'elle a fait paroître, pendant que le reste se met à danser au son des hautbois, qui se joignent aux violons.)

---

1. Ce prologue, dont les deux derniers vers annoncent ingénieusement le sujet de la comédie, est d'une pureté, d'une élégance et d'une noblesse de style remarquables. (AUGER.)

LES FACHEUX

PERSONNAGES. ACTEURS.

DAMIS, tuteur d'Orphise . . . . L'ÉPY.
ORPHISE. . . . . M{the} BÉJART [1].
ÉRASTE, amoureux d'Orphise. . . . . LA GRANGE.
ALCIDOR, \} . . . .
LISANDRE, ...
ALCANDRE, ...
ALCIPPE, MOLIÈRE [2].
ORANTE, fâcheux. . . . . M{the} DUPARC.
CLIMÈNE, M{the} DEBRIE.
DORANTE, MOLIÈRE.
CARITIDÈS, MOLIÈRE.
ORMIN, ...
FILINTE, / . . . .
LA MONTAGNE, valet d'Éraste. . . . . DUPARC.
L'ÉPINE, valet de Damis.
LA RIVIÈRE, et deux camarades.

La scène est à Paris [3].

1. Il est probable que ce fut Madeleine Béjart qui créa ce rôle, car la Naïade annonce bien l'intention de jouer dans la comédie. Loret dit d'ailleurs positivement que

L'agréable nymphe Béjart,
Quittant sa pompeuse coquille,
Y joue en admirable fille.

Cette actrice n'avait pas renoncé complètement à jouer les rôles de première amoureuse, s'il était vrai, comme on pourrait le conjecturer d'après un passage de *la Vengeance des Marquis*, qu'elle eût fait le personnage de Done Elvire dans *Don Garcie de Navarre*.

2. Voyez la notice préliminaire.

3. Le manuscrit de Laurent Mahelot contient, pour la mise en scène des *Fâcheux*, l'indication suivante : « Il faut un jeu d'écarté, un flambeau, des jetons. La décoration est de verdure. »

LES FÂCHEUX

COMÉDIE-BALLET

ACTE PREMIER.

SCÈNE PREMIÈRE.

ÉRASTE, LA MONTAGNE.

ÉRASTE.

Sous quel astre, bon Dieu! faut-il que je sois né,
Pour être de fâcheux toujours assassiné!
Il semble que partout le sort me les adresse,
Et j'en vois chaque jour quelque nouvelle espèce;
Mais il n'est rien d'égal au fâcheux d'aujourd'hui:
J'ai cru n'être jamais débarrassé de lui;
Et cent fois j'ai maudit cette innocente envie
Qui m'a pris, à dîner, de voir la comédie,
Où, pensant m'égayer, j'ai misérablement
Trouvé de mes péchés le rude châtiment.
Il faut que je te fasse un récit de l'affaire,
Car je m'en sens encor tout ému de colère[1].

---

1. Éraste est agacé et exaspéré : il éprouve le besoin d'exhaler sa mauvaise humeur et de raconter les épreuves qu'il a subies. Peu lui importe son interlocuteur ou plutôt son auditeur! C'est un monologue qu'il fait. La Montagne se trouvant là, il lui adresse la parole. Mais il n'y aurait per-

J'étois sur le théâtre en humeur d'écouter
La pièce qu'à plusieurs j'avois ouï vanter[1] :
Les acteurs commençoient, chacun prêtoit silence,
Lorsque, d'un air bruyant et plein d'extravagance,
Un homme à grands canons est entré brusquement
En criant : « Holà! ho! un siége promptement! »
Et, de son grand fracas surprenant l'assemblée,
Dans le plus bel endroit a la pièce troublée.
« Hé! mon Dieu! nos François, si souvent redressés,
Ne prendront-ils jamais un air de gens sensés?
Ai-je dit; et faut-il sur nos défauts extrêmes
Qu'en théâtre public nous nous jouions nous-mêmes,
Et confirmions ainsi, par des éclats de fous,
Ce que chez nos voisins on dit partout de nous? »
Tandis que là-dessus je haussois les épaules,
Les acteurs ont voulu continuer leurs rôles ;
Mais l'homme pour s'asseoir a fait nouveau fracas,
Et, traversant encor le théâtre à grands pas,

---

sonne, qu'il ne se répandrait pas moins en récriminations satiriques. Aussi les critiques qui ont blâmé ce récit du maître à son valet ont-ils eu tort, selon nous, et cela, comme presque toujours, faute de se bien placer dans la situation comique.

1. Tallemant de Réaux écrivait, dans son *historiette* de Mondory, quelques années avant la représentation des *Fâcheux* : « Il y a à cette heure une incommodité épouvantable : c'est que les deux côtés du théâtre sont tout pleins de jeunes gens assis sur des chaises de paille; cela vient de ce qu'ils ne veulent pas aller au parterre, quoiqu'il y ait des soldats à la porte, et que les pages et les laquais ne portent plus d'épées. Les loges sont fort chères, et il y faut songer de bonne heure. Pour un écu ou pour un demi-louis, on est sur le théâtre; mais cela gâte tout, et il ne faut quelquefois qu'un insolent pour tout troubler. »

L'usage de placer des sièges sur le théâtre ne fut aboli qu'en 1759, environ cent ans après l'époque où Molière jouait *les Fâcheux*. Un riche habitué du théâtre, le comte de Lauraguais, donna, pour le faire cesser, une forte somme destinée à compenser le produit que les comédiens retiraient de ces places.

Bien que dans les côtés il pût être à son aise,
Au milieu du devant il a planté sa chaise,
Et, de son large dos morguant les spectateurs [1],
Aux trois quarts du parterre a caché les acteurs.
Un bruit s'est élevé, dont un autre eût eu honte ;
Mais lui, ferme et constant, n'en a fait aucun compte,
Et se seroit tenu comme il s'étoit posé
Si, pour mon infortune, il ne m'eût avisé.
« Ha ! marquis, m'a-t-il dit, prenant près de moi place,
Comment te portes-tu ? Souffre que je t'embrasse. »
Au visage, sur l'heure, un rouge m'est monté
Que l'on me vît connu d'un pareil éventé.
Je l'étois peu pourtant ; mais on en voit paroître
De ces gens qui de rien veulent fort vous connoître,
Dont il faut au salut les baisers essuyer,
Et qui sont familiers jusqu'à vous tutoyer [2].
Il m'a fait à l'abord cent questions frivoles,
Plus haut que les acteurs élevant ses paroles.
Chacun le maudissoit ; et moi, pour l'arrêter :
« Je serois, ai-je dit, bien aise d'écouter.
— Tu n'as point vu ceci, marquis ? Ah ! Dieu me damne !
Je le trouve assez drôle, et je n'y suis pas âne ;

---

1. *Morguer,* braver insolemment :

> . . . . Tous ces vaillants, de leur valeur guerrière
> Morguent la destinée et gourmandent la mort.
> (RÉGNIER, satire VI.)

« Elle me morguoit également partout. » (Mme DE SÉVIGNÉ.)
Morgante est le nom d'un géant fanfaron, héros du poëme du Pulci.

2. Ce travers, qui semble avoir été assez commun à la cour de Louis XIV, dit Auger, a eu des imitateurs sous les règnes suivants. Tout le monde sait ce qui est arrivé à feu M. le comte Louis de Narbonne. Un de ces gens « qui de rien veulent fort vous connoître » le rencontre et lui dit : « Bonjour, mon ami, comment te portes-tu ? » Il lui répond sur-le-champ : « A merveille, mon ami ; et toi, comment t'appelles-tu ? »

Je sais par quelles lois un ouvrage est parfait,
Et Corneille me vient lire tout ce qu'il fait¹. »
Là-dessus, de la pièce il m'a fait un sommaire,
Scène à scène averti de ce qui s'alloit faire ;
Et jusques à des vers qu'il en savoit par cœur,
Il me les récitoit tout haut avant l'acteur.
J'avois beau m'en défendre, il a poussé sa chance²,
Et s'est devers la fin levé longtemps d'avance :
Car les gens du bel air, pour agir galamment,
Se gardent bien surtout d'ouïr le dénoûment.
Je rendois grâce au ciel, et croyois de justice
Qu'avec la comédie eût fini mon supplice ;
Mais, comme si c'en eût été trop bon marché,
Sur nouveaux frais mon homme à moi s'est attaché,
M'a conté ses exploits, ses vertus non communes,
Parlé de ses chevaux, de ses bonnes fortunes,
Et de ce qu'à la cour il avoit de faveur,
Disant qu'à m'y servir il s'offroit de grand cœur.
Je le remerciois doucement de la tête,
Minutant à tous coups quelque retraite honnête³ ;
Mais lui, pour le quitter me voyant ébranlé :

1. Corneille était vivant : son nom placé dans cette scène et prononcé devant le roi était une sorte d'hommage public rendu au génie du père de notre théâtre. Rotrou en avait déjà donné l'exemple dans sa tragédie du *Véritable saint Genest,* en mettant dans la bouche de son héros des vers qui désignaient Corneille et ses plus belles tragédies. (Augen.)

2. *Il a poussé sa chance,* c'est-à-dire : il a continué son jeu.

3. *Minuter* s'employait dans le sens de projeter tacitement, sournoisement. Trévoux cite les exemples suivants : « Ce marchand minute sa fuite, s'apprête à faire banqueroute. Ce mécontent minute quelque conspiration. » Le poète Régnier s'est servi de cette expression dans la satire qu'il a faite du *Fâcheux* :

Minutant me sauver de cette tyrannie.

Et dans la satire Xᵉ :

Avec un froid adieu je minute ma fuite.

ACTE 1, SCÈNE I.

« Sortons, ce m'a-t-il dit, le monde est écoulé. »
Et sortis de ce lieu, me la donnant plus sèche[1] :
« Marquis, allons au Cours[2] faire voir ma galèche[3] :
Elle est bien entendue, et plus d'un duc et pair
En fait à mon faiseur faire une du même air. »
Moi, de lui rendre grâce, et, pour mieux m'en défendre,
De dire que j'avois certain repas à rendre.
« Ah! parbleu! j'en veux être, étant de tes amis,
Et manque au maréchal, à qui j'avois promis[4].
— De la chère, ai-je fait, la dose est trop peu forte*
Pour oser y prier des gens de votre sorte.
— Non, m'a-t-il répondu, je suis sans compliment,

* VAR. *De la chère, ai-je dit, la dose est trop peu forte* (1682).

1. *Me la donnant plus sèche,* me tenant plus court, employant de plus vigoureux moyens pour m'empêcher de me dérober. Cette expression nous semble empruntée à la langue du manège, et indique soit une saccade avec la bride, soit un coup sec avec l'éperon.

2. *Le Cours* est cette partie des Champs-Élysées qui porte le nom de *Cours-la-Reine*, à cause des plantations qu'y fit faire Marie de Médicis. Boursault, dans la préface de son petit roman d'*Artémise et Poliante*, nous apprend que la comédie se terminait alors à sept heures du soir. Cette circonstance explique comment, en sortant du spectacle, le fâcheux peut, au mois d'août, « aller au Cours faire voir sa galèche ». (AIMÉ MARTIN.)

3. *Galèche*, c'est ainsi que ce mot est écrit dans toutes les premières éditions, au lieu de *calèche*. Il est à propos de conserver cette orthographe, puisqu'elle peut servir à justifier l'étymologie qu'on a trouvée à ce mot : *galée*, qui dans notre ancienne langue signifiait nef, navire, galère, la coupe d'une calèche ayant quelque ressemblance avec celle d'un vaisseau.

4. Ce trait est imité de la satire du *Fâcheux*, de Régnier :

> Lui, de m'offrir la croupe (de son cheval)
> Moi, pour m'en dépêtrer, lui dire tout exprès :
> « Je vous baise les mains, je m'en vais ici près,
> Chez mon oncle dîner. — O Dieu! le galant homme!
> J'en suis. »

Les ennemis de Molière ne se sont pas fait faute de lui reprocher cette imitation, qu'ils ont, comme toujours, fort exagérée : « N'avez-vous pas remarqué, dit de Villiers dans *la Zélinde*, que le récit que l'on fait, dans *les Fâcheux*, de celui qui se prie pour dîner, est une satire de Régnier tout entière? »

Et j'y vais pour causer avec toi seulement;
Je suis des grands repas fatigué, je te jure.
— Mais si l'on vous attend, ai-je dit, c'est injure.
— Tu te moques, marquis! nous nous connoissons tous ;
Et je trouve avec toi des passe-temps plus doux. »
Je pestois contre moi, l'âme triste et confuse
Du funeste succès qu'avoit eu mon excuse,
Et ne savois à quoi je devois recourir
Pour sortir d'une peine à me faire mourir :
Lorsqu'un carrosse fait de superbe manière,
Et comblé de laquais et devant et derrière,
S'est, avec un grand bruit, devant nous arrêté,
D'où sautant un jeune homme amplement ajusté,
Mon importun et lui courant à l'embrassade,
Ont surpris les passants de leur brusque incartade :
Et, tandis que tous deux étoient précipités
Dans les convulsions de leurs civilités,
Je me suis doucement esquivé sans rien dire[1] ;
Non sans avoir longtemps gémi d'un tel martyre,
Et maudit ce fâcheux, dont ce zèle obstiné
M'ôtoit au rendez-vous qui m'est ici donné.

LA MONTAGNE.

Ce sont chagrins mêlés aux plaisirs de la vie.
Tout ne va pas, monsieur, au gré de notre envie :
Le ciel veut qu'ici-bas chacun ait ses fâcheux,
Et les hommes seroient sans cela trop heureux.

ÉRASTE.

Mais de tous mes fâcheux, le plus fâcheux encore
C'est Damis, le tuteur de celle que j'adore,

---

1. Régnier dit :

> J'esquive doucement, et m'en vais à grands pas,
> La queue en loup qui fuit, et les yeux contre-bas.

Qui rompt ce qu'à mes vœux elle donne d'espoir,
Et fait qu'en sa présence elle n'ose me voir. *
Je crains d'avoir déjà passé l'heure promise,
Et c'est dans cette allée où devoit être Orphise.

LA MONTAGNE.

L'heure d'un rendez-vous d'ordinaire s'étend,
Et n'est pas resserrée aux bornes d'un instant.

ÉRASTE.

Il est vrai; mais je tremble, et mon amour extrême
D'un rien se fait un crime envers celle que j'aime.

LA MONTAGNE.

Si ce parfait amour, que vous prouvez si bien,
Se fait vers votre objet un grand crime de rien,
Ce que son cœur pour vous sent de feux légitimes,
En revanche, lui fait un rien de tous vos crimes.

ÉRASTE.

Mais, tout de bon, crois-tu que je sois d'elle aimé?

LA MONTAGNE.

Quoi! vous doutez encor d'un amour confirmé?

ÉRASTE.

Ah! c'est malaisément qu'en pareille matière
Un cœur bien enflammé prend assurance entière;
Il craint de se flatter; et, dans ses divers soins,
Ce que plus il souhaite est ce qu'il croit le moins.
Mais songeons à trouver une beauté si rare.

LA MONTAGNE.

Monsieur, votre rabat par-devant se sépare.

ÉRASTE.

N'importe.

* Var. *Et malgré ses bontés lui défend de me voir* (1682).

LA MONTAGNE.
Laissez-moi l'ajuster, s'il vous plaît.
ÉRASTE.
Ouf! tu m'étrangles, fat; laisse-le comme il est.
LA MONTAGNE.
Souffrez qu'on peigne un peu...
ÉRASTE.
Sottise sans pareille!
Tu m'as, d'un coup de dent, presque emporté l'oreille[1].
LA MONTAGNE.
Vos canons...
ÉRASTE.
Laisse-les, tu prends trop de souci.
LA MONTAGNE.
Ils sont tout chiffonnés.
ÉRASTE.
Je veux qu'ils soient ainsi.
LA MONTAGNE.
Accordez-moi du moins, pour grâce singulière,*
De frotter ce chapeau, qu'on voit plein de poussière.
ÉRASTE.
Frotte donc, puisqu'il faut que j'en passe par là.
LA MONTAGNE.
Le voulez-vous porter fait comme le voilà?
ÉRASTE.
Mon Dieu, dépêche-toi!
LA MONTAGNE.
Ce seroit conscience.

* Var. *Accordez-moi du moins, par grâce singulière* (1682).

1. Les valets portaient sur eux un peigne pour rajuster la perruque de leurs maîtres; les maîtres eux-mêmes en avaient toujours un en poche, et s'en servaient fréquemment; cela était du bon air. (Auger.)

ACTE I, SCÈNE I.

ÉRASTE, après avoir attendu.

C'est assez.

LA MONTAGNE.

Donnez-vous un peu de patience.

ÉRASTE.

Il me tue.

LA MONTAGNE.

En quel lieu vous êtes-vous fourré?

ÉRASTE.

T'es-tu de ce chapeau pour toujours emparé?

LA MONTAGNE.

C'est fait.

ÉRASTE.

Donne-moi donc.

LA MONTAGNE, laissant tomber le chapeau.

Hai!

ÉRASTE.

Le voilà par terre :
Je suis fort avancé. Que la fièvre te serre!

LA MONTAGNE.

Permettez qu'en deux coups j'ôte...

ÉRASTE.

Il ne me plaît pas.
Au diantre tout valet qui vous est sur les bras,
Qui fatigue son maître, et ne fait que déplaire,
A force de vouloir trancher du nécessaire[1] !

---

1. C'est une idée tout à fait comique que d'avoir donné au valet d'Éraste un zèle poussé jusqu'à l'importunité, qui fait de lui un des fâcheux les plus à charge à son maître. (AUGER.)

—Molière, dès cette première scène, jette habilement les fils de la petite intrigue à laquelle se rattachent tous les caractères qu'il doit faire paraître; ce rendez-vous avec Orphise, qu'Éraste ne peut plus voir chez elle, va rendre plus piquante la rencontre de tous les fâcheux. (BRET.)

SCÈNE II.

ORPHISE, ALCIDOR, ÉRASTE, LA MONTAGNE.

(Orphise traverse le fond du théâtre ; Alcidor lui donne la main.)

ÉRASTE.

Mais vois-je pas Orphise? Oui, c'est elle qui vient.
Où va-t-elle si vite, et quel homme la tient?

(Il la salue comme elle passe, et elle, en passant, détourne la tête.)

SCÈNE III.

ÉRASTE, LA MONTAGNE.

ÉRASTE.

Quoi! me voir en ces lieux devant elle paroître,
Et passer en feignant de ne me pas connoître!
Que croire? Qu'en dis-tu? Parle donc, si tu veux.

LA MONTAGNE.

Monsieur, je ne dis rien, de peur d'être fâcheux.

ÉRASTE.

Et c'est l'être en effet que de ne me rien dire
Dans les extrémités d'un si cruel martyre.
Fais donc quelque réponse à mon cœur abattu.
Que dois-je présumer? Parle, qu'en penses-tu?
Dis-moi ton sentiment.

LA MONTAGNE.

Monsieur, je veux me taire,
Et ne désire point trancher du nécessaire.

ÉRASTE.

Peste l'impertinent! Va-t'en suivre leurs pas,
Vois ce qu'ils deviendront, et ne les quitte pas.

ACTE I, SCÈNE V.

LA MONTAGNE, *revenant sur ses pas.*
Il faut suivre de loin?
ÉRASTE.
Oui.
LA MONTAGNE, *revenant sur ses pas.*
Sans que l'on me voie,
Ou faire aucun semblant qu'après eux on m'envoie?
ÉRASTE.
Non, tu feras bien mieux de leur donner avis
Que par mon ordre exprès ils sont de toi suivis.
LA MONTAGNE, *revenant sur ses pas.*
Vous trouverai-je ici?
ÉRASTE.
Que le ciel te confonde,
Homme, à mon sentiment, le plus fâcheux du monde!

SCÈNE IV.

ÉRASTE, *seul.*

Ah! que je sens de trouble, et qu'il m'eût été doux
Qu'on me l'eût fait manquer, ce fatal rendez-vous!
Je pensois y trouver toutes choses propices,
Et mes yeux pour mon cœur* y trouvent des supplices.

SCÈNE V.

LISANDRE, ÉRASTE.

LISANDRE.
Sous ces arbres, de loin, mes yeux t'ont reconnu,

---

* VAR. *Et mes yeux par mon cœur* (1673).

Cher marquis; et d'abord je suis à toi venu.
Comme à de mes amis, il faut que je te chante
Certain air que j'ai fait de petite courante[1],
Qui de toute la cour contente les experts,
Et sur qui plus de vingt ont déjà fait des vers.
J'ai le bien, la naissance, et quelque emploi passable,
Et fais figure en France assez considérable;
Mais je ne voudrois pas, pour tout ce que je suis,
N'avoir point fait cet air qu'ici je te produis.

(Il prélude.)

La, la, hem, hem : écoute avec soin, je te prie.

(Il chante sa courante.)

N'est-elle pas belle?

ÉRASTE.

Ah!

LISANDRE.

Cette fin est jolie.

(Il rechante la fin quatre ou cinq fois de suite.)

Comment la trouves-tu?

ÉRASTE.

Fort belle assurément.

LISANDRE.

Les pas que j'en ai faits n'ont pas moins d'agrément,
Et surtout la figure a merveilleuse grâce.

(Il chante, parle et danse tout ensemble, et fait faire à Éraste les figures de la femme.)

---

1. La *courante* était une danse française, qui eut la vogue avant le *menuet*, et que nous n'essayerons pas de définir. On trouve dans les poètes des règnes de Louis XIII et de Louis XIV beaucoup de petites pièces de vers faites sur l'air d'une *courante*. Il en est une de Scarron, à la date de 1635:

> Je vous ai donné des bijoux,
>   Collet, robe et jupe;
>   Enfin, jamais dupe
> N'a tant fait pour vous, etc.

ACTE I, SCÈNE V.

Tiens, l'homme passe ainsi; puis la femme repasse;
Ensemble; puis on quitte, et la femme vient là.
Vois-tu ce petit trait de feinte que voilà?
Ce fleuret? ces coupés courant après la belle[1]?
Dos à dos : face à face, en se pressant sur elle.
(Après avoir achevé.)
Que t'en semble, marquis?

ÉRASTE.

Tous ces pas-là sont fins.

LISANDRE.

Je me moque, pour moi, des maîtres baladins[2].

ÉRASTE.

On le voit.

LISANDRE.

Les pas donc?

ÉRASTE.

N'ont rien qui ne surprenne.

LISANDRE.

Veux-tu, par amitié, que je te les apprenne?

ÉRASTE.

Ma foi, pour le présent, j'ai certain embarras...

LISANDRE.

Hé bien donc, ce sera lorsque tu le voudras.
Si j'avois dessus moi ces paroles nouvelles,
Nous les lirions ensemble, et verrions les plus belles.

ÉRASTE.

Une autre fois.

LISANDRE.

Adieu. Baptiste le très-cher

1. Le *fleuret*, le *coupé*, sont des termes techniques qui désignaient certains pas de danse.
2. *Maîtres baladins*, c'est-à-dire : maîtres de ballet. Le mot *baladin* n'avait pas alors le sens méprisant qu'il a aujourd'hui.

N'a point vu ma courante, et je le vais chercher[1] :
Nous avons pour les airs de grandes sympathies,
Et je veux le prier d'y faire des parties.

(Il s'en va, chantant toujours.)

SCÈNE VI.

ÉRASTE, seul.

Ciel! faut-il que le rang, dont on veut tout couvrir,
De cents sots tous les jours nous oblige à souffrir;
Et nous fasse abaisser jusques aux complaisances
D'applaudir bien souvent à leurs impertinences!

SCÈNE VII.

ÉRASTE, LA MONTAGNE.

LA MONTAGNE.

Monsieur, Orphise est seule, et vient de ce côté.

ÉRASTE.

Ah! d'un trouble bien grand je me sens agité!
J'ai de l'amour encor pour la belle inhumaine,
Et ma raison voudroit que j'eusse de la haine.

LA MONTAGNE.

Monsieur, votre raison ne sait ce qu'elle veut,
Ni ce que sur un cœur une maîtresse peut.

---

1. Jean-Baptiste Lulli, que le gentilhomme Lisandre désigne avec cette familiarité, commençait à prendre posture à la cour. L'ancien marmiton des cuisines de Mademoiselle avait été, au mois de mai précédent, gratifié par le roi de la charge de « surintendant et compositeur de la musique de sa chambre ».
— Ce qu'il y avait de piquant, c'est que Lulli, d'après le manuscrit de Philidor, avait composé par exception l'air de cette courante, toute la musique étant d'ailleurs de Beauchamps. (*Note de M. P. Mesnard.*)

Bien que de s'emporter on ait de justes causes,
Une belle, d'un mot, rajuste bien des choses.
ÉRASTE.
Hélas! je te l'avoue, et déjà cet aspect
A toute ma colère imprime le respect.

SCÈNE VIII.

ORPHISE, ÉRASTE, LA MONTAGNE.

ORPHISE.
Votre front à mes yeux montre peu d'allégresse :
Seroit-ce ma présence, Éraste, qui vous blesse?
Qu'est-ce donc? qu'avez-vous? et sur quels déplaisirs,
Lorsque vous me voyez, poussez-vous des soupirs?
ÉRASTE.
Hélas! pouvez-vous bien me demander, cruelle,
Ce qui fait de mon cœur la tristesse mortelle?
Et d'un esprit méchant n'est-ce pas un effet
Que feindre d'ignorer ce que vous m'avez fait?
Celui dont l'entretien vous a fait à ma vue
Passer...
ORPHISE, riant.
C'est de cela que votre âme est émue?
ÉRASTE.
Insultez, inhumaine, encore à mon malheur.
Allez, il vous sied mal de railler ma douleur,
Et d'abuser, ingrate, à maltraiter ma flamme,
Du foible que pour vous vous savez qu'a mon âme.
ORPHISE.
Certes il en faut rire, et confesser ici
Que vous êtes bien fou de vous troubler ainsi.
L'homme dont vous parlez, loin qu'il puisse me plaire,

Est un homme fâcheux dont j'ai su me défaire ;
Un de ces importuns et sots officieux
Qui ne sauroient souffrir qu'on soit seule en des lieux,
Et viennent aussitôt, avec un doux langage,
Vous donner une main contre qui l'on enrage.
J'ai feint de m'en aller pour cacher mon dessein ;
Et jusqu'à mon carrosse il m'a prêté la main.
Je m'en suis promptement défaite de la sorte ;
Et j'ai, pour vous trouver, rentré par l'autre porte.

ÉRASTE.

A vos discours, Orphise, ajouterai-je foi?
Et votre cœur est-il tout sincère pour moi?

ORPHISE.

Je vous trouve fort bon de tenir ces paroles,
Quand je me justifie à vos plaintes frivoles.
Je suis bien simple encore, et ma sotte bonté...

ÉRASTE.

Ah! ne vous fâchez pas, trop sévère beauté!
Je veux croire en aveugle, étant sous votre empire,
Tout ce que vous aurez la bonté de me dire.
Trompez, si vous voulez, un malheureux amant ;
J'aurai pour vous respect jusques au monument[1].
Maltraitez mon amour, refusez-moi le vôtre,
Exposez à mes yeux le triomphe d'un autre ;
Oui, je souffrirai tout de vos divins appas.
J'en mourrai ; mais enfin je ne m'en plaindrai pas.

ORPHISE.

Quand de tels sentiments règneront dans votre âme,
Je saurai de ma part...

---

1. *Jusques au monument*, c'est-à-dire : jusques au tombeau.

SCÈNE IX.

ALCANDRE, ORPHISE, ÉRASTE, LA MONTAGNE.

ALCANDRE.

(A Orphise.)

Marquis, un mot. Madame,
De grâce, pardonnez si je suis indiscret,
En osant, devant vous, lui parler en secret.

(Orphise sort.)

SCÈNE X.

ALCANDRE, ÉRASTE, LA MONTAGNE.

ALCANDRE.

Avec peine, marquis, je te fais la prière;
Mais un homme vient là de me rompre en visière,
Et je souhaite fort, pour ne rien reculer,
Qu'à l'heure, de ma part, tu l'ailles appeler.
Tu sais qu'en pareil cas ce seroit avec joie
Que je te le rendrois en la même monnoie.

ÉRASTE, après avoir un peu demeuré sans parler.

Je ne veux point ici faire le capitan;
Mais on m'a vu soldat avant que courtisan :
J'ai servi quatorze ans, et je crois être en passe
De pouvoir d'un tel pas me tirer avec grâce,
Et de ne craindre point qu'à quelque lâcheté
Le refus de mon bras ne puisse être imputé[1].

---

1. Éraste fait allusion à l'usage où étaient les *seconds* de se battre entre eux. « Vous auriez tort, dit Cyrano de Bergerac dans une de ses lettres, de m'appeler maintenant le premier des hommes, car je vous proteste qu'il y a plus d'un mois que je suis le second de tout le monde. En quelque lieu que j'aille, je me trouve toujours sur le pré. » Voici comment Brantôme

Un duel met les gens en mauvaise posture;
Et notre roi n'est pas un monarque en peinture :
Il sait faire obéir les plus grands de l'État,
Et je trouve qu'il fait en digne potentat.
Quand il faut le servir, j'ai du cœur pour le faire;
Mais je ne m'en sens point quand il faut lui déplaire.
Je me fais de son ordre une suprême loi :
Pour lui désobéir, cherche un autre que moi.
Je te parle, vicomte, avec franchise entière,
Et suis ton serviteur en toute autre matière[1].
Adieu.

SCÈNE XI.

ÉRASTE, LA MONTAGNE.

ÉRASTE.

Cinquante fois au diable les fâcheux!
Où donc s'est retiré cet objet de mes vœux?

---

raconte que cet usage s'établit : « En tels combats, il y avoit toujours (ou le plus souvent) des appelans ou seconds, lesquels voyans battre leurs compaignons, s'entre-disoient entre eux (bien qu'ils n'eussent débat aucun ensemble, mais plutôt amitié que haine) : « Hé! que faisons-nous nous autres « cependant que nos amis et compaignons se battent? Vraiment, il nous « faict beau voir ne servir ici que de spectateurs à les voir s'entretuer? Bat-« tons-nous comme eux! » Et sans autre cérémonie se battoient et s'entre-tuoient bien souvent tous quatre : cela estoit plus de gayeté de cœur, que de subject et d'animosité. »

1. Louis XIV s'occupa pendant tout son règne de l'abolition du duel. Il publia contre cette funeste manie plusieurs édits et ordonnances où étaient portées les peines les plus sévères; et jamais il ne souffrit que le rang des coupables, quelque élevé qu'il fût, les mît à l'abri des poursuites et des rigueurs de la justice. S'il ne parvint pas à faire cesser entièrement les combats singuliers, du moins il les rendit moins fréquents; et il fit disparaître tout à fait l'usage où étaient les seconds de se battre entre eux, comme pour multiplier les meurtres au lieu de chercher à les prévenir. Louis XIV dut être fort satisfait de cette scène, où Molière montre un gentilhomme d'une bravoure non suspecte, que la seule crainte de lui désobéir et de lui

LA MONTAGNE.

Je ne sais.

ÉRASTE.
Pour savoir où la belle est allée,
Va-t'en chercher partout : j'attends dans cette allée.

BALLET DU PREMIER ACTE.

PREMIÈRE ENTRÉE.

Des joueurs de mail, en criant gare, l'obligent à se retirer; et, comme il veut revenir lorsqu'ils ont fait,

SECONDE ENTRÉE.

Des curieux viennent, qui tournent autour de lui pour le connaître, et font qu'il se retire encore pour un moment.

déplaire élève au-dessus d'un préjugé, le plus impérieux de tous, puisque, parlant au nom de l'honneur, il fait taire jusqu'à l'amour de la vie. Par là, le poète comique secondait les desseins du monarque, et s'associait, pour ainsi dire, à l'œuvre du législateur. (AUGER.)

ACTE DEUXIÈME.

SCÈNE PREMIÈRE.

ÉRASTE, seul.

Mes fâcheux à la fin se sont-ils écartés?
Je pense qu'il en pleut ici de tous côtés.
Je les fuis, et les trouve; et, pour second martyre,
Je ne saurois trouver celle que je désire.
Le tonnerre et la pluie ont promptement passé,
Et n'ont point de ces lieux le beau monde chassé.
Plût au ciel, dans les dons que ses soins y prodiguent,
Qu'ils en eussent chassé tous les gens qui fatiguent[1]!
Le soleil baisse fort, et je suis étonné
Que mon valet encor ne soit point retourné.

SCÈNE II.

ALCIPPE, ÉRASTE.

ALCIPPE.

Bonjour.

ÉRASTE, à part.

Hé quoi! toujours ma flamme divertie[2]!

---

1. L'édition de 1682 signale ces quatre derniers vers comme étant supprimés à la représentation.
2. *Divertie*, détournée, distraite. Nous avons déjà rencontré plusieurs fois ce mot employé dans ce sens, conforme à l'étymologie latine : *divertere*.

ACTE II, SCÈNE II.

ALCIPPE.

Console-moi, marquis, d'une étrange partie
Qu'au piquet je perdis hier contre un Saint-Bouvain,
A qui je donnerois quinze points et la main.
C'est un coup enragé, qui depuis hier m'accable,
Et qui feroit donner tous les joueurs au diable;
Un coup assurément à se pendre en public.
Il ne m'en faut que deux, l'autre a besoin d'un pic :
Je donne, il en prend six, et demande à refaire;
Moi, me voyant de tout, je n'en voulus rien faire.
Je porte l'as de trèfle (admire mon malheur!),
L'as, le roi, le valet, le huit et dix de cœur,
Et quitte, comme au point alloit la politique,
Dame et roi de carreau, dix et dame de pique.
Sur mes cinq cœurs portés la dame arrive encor,
Qui me fait justement une quinte major;
Mais mon homme, avec l'as, non sans surprise extrême,
Des bas carreaux sur table étale une sixième.
J'en avois écarté la dame avec le roi;
Mais lui fallant un pic, je sortis hors d'effroi,
Et croyois bien du moins faire deux points uniques.
Avec les sept carreaux il avoit quatre piques,
Et, jetant le dernier, m'a mis dans l'embarras
De ne savoir lequel garder de mes deux as.
J'ai jeté l'as de cœur, avec raison, me semble;
Mais il avoit quitté quatre trèfles ensemble,
Et par un six de cœur je me suis vu capot,
Sans pouvoir, de dépit, proférer un seul mot.
Morbleu! fais-moi raison de ce coup effroyable!
A moins que l'avoir vu, peut-il être croyable[1]?

---

1. La prose n'eût pu rendre avec plus de concision et de clarté les cir-

ÉRASTE.
C'est dans le jeu qu'on voit les plus grands coups du sort.
ALCIPPE.
Parbleu! tu jugeras toi-même si j'ai tort,
Et si c'est sans raison que ce coup me transporte :
Car voici nos deux jeux, qu'exprès sur moi je porte.
Tiens, c'est ici mon port, comme je te l'ai dit,
Et voici...
ÉRASTE.
J'ai compris le tout par ton récit,
Et vois de la justice au transport qui t'agite.
Mais pour certaine affaire il faut que je te quitte.
Adieu. Console-toi pourtant de ton malheur.

constances nombreuses et assez compliquées dont ce *coup* est composé. S'il existe pour les lecteurs d'aujourd'hui quelque obscurité dans le récit, elle tient uniquement à l'ignorance où ils sont de certaines règles qui étaient pratiquées au jeu de piquet, et qu'on a changées depuis lors.

Ainsi chaque couleur avait les six, et l'on jouait avec trente-six cartes au lieu de trente-deux. Douze cartes formaient le talon; le premier écartait sept ou huit cartes; le second, cinq ou quatre : sur cette proportion des deux écarts, l'usage paraît avoir varié. Chaque levée que l'on faisait ne comptait pour un que lorsque l'on jouait une des cartes supérieures : l'as, le roi, la dame, le valet et le dix, et encore pour le dix il y a doute.

Essayons d'expliquer la partie d'Alcippe : Saint-Bouvain avait sept carreaux : il compta sept de point; la sixième au valet lui valait seize : il compta donc vingt-trois avant de jouer. Il joua les sept carreaux, qui tous firent des levées; mais les trois premiers seuls, je veux dire l'as, le valet et le dix, comptèrent : le voilà arrivé à vingt-six points. Avec les sept carreaux, il avait quatre piques : c'étaient probablement l'as, le roi, le valet et un petit pique. Les trois premiers seuls comptèrent en jouant : il eut alors vingt-neuf; et comme ni le petit pique ni le six de cœur par où il finit ne comptaient, il resta à vingt-neuf, et par conséquent il ne put faire pic; mais il fit capot, et les quarante points que le capot lui valut, joints à ces vingt-neuf points, lui donnèrent plus que le pic : voilà comment il gagna. (AUGER.)

Il n'est pas moins vrai qu'après une simple audition Éraste devait, quoi qu'il affirme, avoir quelque peine à se rendre compte d'une telle partie; et qu'Alcippe, en portant un jeu sur lui pour faire sa démonstration, ne prenait pas une précaution inutile.

ACTE II, SCÈNE III.

ALCIPPE.

Qui, moi? J'aurai toujours ce coup-là sur le cœur;
Et c'est pour ma raison pis qu'un coup de tonnerre.
Je le veux faire, moi, voir à toute la terre!

(Il s'en va, et, prêt à rentrer, il dit par réflexion :)

Un six de cœur! deux points!

ÉRASTE.

En quel lieu sommes-nous?
De quelque part qu'on tourne, on ne voit que des fous.

SCÈNE III.

ÉRASTE, LA MONTAGNE.

ÉRASTE.

Ah! que tu fais languir ma juste impatience!

LA MONTAGNE.

Monsieur, je n'ai pu faire une autre diligence.

ÉRASTE.

Mais me rapportes-tu quelque nouvelle, enfin?

LA MONTAGNE.

Sans doute; et de l'objet qui fait votre destin
J'ai, par un ordre exprès, quelque chose à vous dire.*

ÉRASTE.

Et quoi! déjà mon cœur après ce mot soupire.
Parle.

LA MONTAGNE.

Souhaitez-vous de savoir ce que c'est?

ÉRASTE.

Oui, dis vite.

* Var. *J'ai par son ordre exprès quelque chose à vous dire* (1682).

LA MONTAGNE.

Monsieur, attendez, s'il vous plaît.
Je me suis, à courir, presque mis hors d'haleine.

ÉRASTE.

Prends-tu quelque plaisir à me tenir en peine?

LA MONTAGNE.

Puisque vous désirez de savoir promptement
L'ordre que j'ai reçu de cet objet charmant,
Je vous dirai... Ma foi, sans vous vanter mon zèle,
J'ai bien fait du chemin pour trouver cette belle;
Et si...

ÉRASTE.

Peste soit fait de tes digressions!*

LA MONTAGNE.

Ah! il faut modérer un peu ses passions;
Et Sénèque...

ÉRASTE.

Sénèque est un sot dans ta bouche,
Puisqu'il ne me dit rien de tout ce qui me touche.
Dis-moi ton ordre, tôt.

LA MONTAGNE.

Pour contenter vos vœux,
Votre Orphise... Une bête est là dans vos cheveux.

ÉRASTE.

Laisse.

LA MONTAGNE.

Cette beauté, de sa part, vous fait dire...

ÉRASTE.

Quoi?

---

* Var. . . . . *Peste soit, fat, de tes digressions.*
C'est une modification de l'éditeur de 1734.

ACTE II, SCÈNE IV.

LA MONTAGNE.

Devinez[1].

ÉRASTE.

Sais-tu que je ne veux pas rire?

LA MONTAGNE.

Son ordre est qu'en ce lieu vous devez vous tenir,
Assuré que dans peu vous l'y verrez venir,
Lorsqu'elle aura quitté quelques provinciales,
Aux personnes de cour fâcheuses animales.

ÉRASTE.

Tenons-nous donc au lieu qu'elle a voulu choisir.
Mais puisque l'ordre ici m'offre quelque loisir,
Laisse-moi méditer.

(La Montagne sort.)

J'ai dessein de lui faire
Quelques vers sur un air où je la vois se plaire.

(Il se promène en rêvant.)

SCÈNE IV.

ORANTE, CLIMÈNE; ÉRASTE, dans un coin du théâtre sans être aperçu.

ORANTE.

Tout le monde sera de mon opinion.

CLIMÈNE.

Croyez-vous l'emporter par obstination?

ORANTE.

Je pense mes raisons meilleures que les vôtres.

CLIMÈNE.

Je voudrois qu'on ouït les unes et les autres.

---

1. La Montagne se plaît à exciter l'impatience de son maître; ce qui peut lui servir d'excuse, c'est que son message n'a rien de pressant, et consiste seulement à dire de demeurer et d'attendre.

ORANTE, apercevant Éraste.

J'avise un homme ici qui n'est pas ignorant;
Il pourra nous juger sur notre différend.
Marquis, de grâce, un mot. Souffrez qu'on vous appelle
Pour être entre nous deux juge d'une querelle,
D'un débat qu'ont ému nos divers sentiments
Sur ce qui peut marquer les plus parfaits amants.

ÉRASTE.

C'est une question à vider difficile,
Et vous devez chercher un juge plus habile.

ORANTE.

Non : vous nous dites là d'inutiles chansons.
Votre esprit fait du bruit, et nous vous connoissons;
Nous savons que chacun vous donne à juste titre...

ÉRASTE.

Hé! de grâce...

ORANTE.

En un mot, vous serez notre arbitre,
Et ce sont deux moments qu'il vous faut nous donner.

CLIMÈNE, à Orante.

Vous retenez ici qui vous doit condamner :
Car enfin, s'il est vrai ce que j'en ose croire,
Monsieur à mes raisons donnera la victoire.

ÉRASTE, à part.

Que ne puis-je à mon traître inspirer le souci
D'inventer quelque chose à me tirer d'ici!

ORANTE, à Climène.

Pour moi, de son esprit j'ai trop bon témoignage
Pour craindre qu'il prononce à mon désavantage.

(A Éraste.)

Enfin, ce grand débat qui s'allume entre nous
Est de savoir s'il faut qu'un amant soit jaloux.

CLIMÈNE.

Ou, pour mieux expliquer ma pensée et la vôtre,
Lequel doit plaire plus d'un jaloux ou d'un autre.

ORANTE.

Pour moi, sans contredit, je suis pour le dernier.

CLIMÈNE.

Et, dans mon sentiment, je tiens pour le premier.

ORANTE.

Je crois que notre cœur doit donner son suffrage
A qui fait éclater du respect davantage.

CLIMÈNE.

Et moi, que si nos vœux doivent paroître au jour,
C'est pour celui qui fait éclater plus d'amour.

ORANTE.

Oui; mais on voit l'ardeur dont une âme est saisie,
Bien mieux dans le respect que dans la jalousie.*

CLIMÈNE.

Et c'est mon sentiment que qui s'attache à nous
Nous aime d'autant plus qu'il se montre jaloux.

ORANTE.

Fi! ne me parlez point, pour être amants, Climène,
De ces gens dont l'amour est fait comme la haine,
Et qui, pour tous respects et toute offre de vœux,
Ne s'appliquent jamais qu'à se rendre fâcheux;
Dont l'âme, que sans cesse un noir transport anime,
Des moindres actions cherche à nous faire un crime,
En soumet l'innocence à son aveuglement,
Et veut sur un coup d'œil un éclaircissement;
Qui, de quelque chagrin nous voyant l'apparence,

---

* VAR. *Bien mieux dans les respects que dans la jalousie* (1673, 1682).

Se plaignent aussitôt qu'il naît de leur présence;
Et, lorsque dans nos yeux brille un peu d'enjouement,
Veulent que leurs rivaux en soient le fondement;
Enfin qui, prenant droit des fureurs de leur zèle,
Ne vous parlent jamais que pour faire querelle,
Osent défendre à tous l'approche de nos cœurs,
Et se font les tyrans de leurs propres vainqueurs.
Moi, je veux des amants que le respect inspire,
Et leur soumission marque mieux notre empire.

CLIMÈNE.

Fi! ne me parlez point, pour être vrais amants,
De ces gens qui pour nous n'ont nuls emportements;
De ces tièdes galants, de qui les cœurs paisibles
Tiennent déjà pour eux les choses infaillibles,
N'ont point peur de nous perdre, et laissent, chaque jour,
Sur trop de confiance endormir leur amour;
Sont avec leurs rivaux en bonne intelligence,
Et laissent un champ libre à leur persévérance.
Un amour si tranquille excite mon courroux :
C'est aimer froidement que n'être point jaloux;
Et je veux qu'un amant, pour me prouver sa flamme,
Sur d'éternels soupçons laisse flotter son âme,
Et, par de prompts transports, donne un signe éclatant
De l'estime qu'il fait de celle qu'il prétend.
On s'applaudit alors de son inquiétude;
Et, s'il nous fait parfois un traitement trop rude,
Le plaisir de le voir, soumis à nos genoux,
S'excuser de l'éclat qu'il a fait contre nous,
Ses pleurs, son désespoir d'avoir pu nous déplaire,
Est un charme à calmer toute notre colère.*

* Var. *Sont un charme à calmer toute notre colère* (1682).

ACTE II, SCÈNE IV.

ORANTE.

Si, pour vous plaire, il faut beaucoup d'emportement,
Je sais qui vous pourroit donner contentement ;
Et je connois des gens dans Paris plus de quatre,
Qui, comme ils le font voir, aiment jusques à battre.

CLIMÈNE.

Si, pour vous plaire, il faut n'être jamais jaloux,
Je sais certaines gens fort commodes pour vous ;
Des hommes en amour d'une humeur si souffrante
Qu'ils vous verroient sans peine entre les bras de trente.

ORANTE.

Enfin, par votre arrêt, vous devez déclarer
Celui de qui l'amour vous semble à préférer.

(Orphise paroît dans le fond du théâtre, et voit Éraste entre Orante et Climène.)

ÉRASTE.

Puisqu'à moins d'un arrêt je ne m'en puis défaire,
Toutes deux à la fois je vous veux satisfaire ;
Et, pour ne point blâmer ce qui plaît à vos yeux,
Le jaloux aime plus, et l'autre aime bien mieux[1].

CLIMÈNE.

L'arrêt est plein d'esprit ; mais...

ÉRASTE.

Suffit. J'en suis quitte.
Après ce que j'ai dit, souffrez que je vous quitte.

---

1. Ce débat sur la jalousie rappelle la première scène de *Don Garcie de Navarre,* entre Done Elvire et Élise, et doit en être rapproché. Les ennemis de Molière lui faisaient une critique de mettre si souvent ce sentiment à la scène. « Il dit qu'il peint d'après nature, dit l'auteur de la *Lettre sur les affaires du théâtre;* il devroit se donner encore plus de gloire et dire qu'il peint d'après son imagination ; mais comme elle ne peut lui représenter des héros, je suis assuré qu'il ne nous en fera jamais voir s'ils ne sont jaloux. Ce sont là les grands sentiments qu'il leur inspire ; et la jalousie est tout ce qui les fait agir depuis le commencement jusqu'à la fin de ses pièces sérieuses aussi bien que de ses comiques. »

SCÈNE V.
ORPHISE, ÉRASTE.

ÉRASTE, apercevant Orphise, et allant au-devant d'elle.

Que vous tardez, madame, et que j'éprouve bien…!

ORPHISE.

Non, non, ne quittez pas un si doux entretien.
A tort vous m'accusez d'être trop tard venue,
(Montrant Orante et Climène qui viennent de sortir.)
Et vous avez de quoi vous passer de ma vue.

ÉRASTE.

Sans sujet contre moi voulez-vous vous aigrir,
Et me reprochez-vous ce qu'on me fait souffrir?
Ah! de grâce, attendez…

ORPHISE.

Laissez-moi, je vous prie,
Et courez vous rejoindre à votre compagnie.

SCÈNE VI.
ÉRASTE, seul.

Ciel! faut-il qu'aujourd'hui fâcheuses et fâcheux
Conspirent à troubler les plus chers de mes vœux!
Mais allons sur ses pas, malgré sa résistance,
Et faisons à ses yeux briller notre innocence.

SCÈNE VII.
DORANTE, ÉRASTE.

DORANTE[1].

Ah! marquis, que l'on voit de fâcheux tous les jours

---

1. Nous avons dit, dans la notice préliminaire, par quelle circonstance ce personnage et cette scène furent introduits dans la comédie des *Fâcheux*.

Venir de nos plaisirs interrompre le cours !
Tu me vois enragé d'une assez belle chasse
Qu'un fat... C'est un récit qu'il faut que je te fasse.
ÉRASTE.
Je cherche ici quelqu'un, et ne puis m'arrêter.
DORANTE, le retenant.
Parbleu ! chemin faisant, je te le veux conter.
Nous étions une troupe assez bien assortie,
Qui pour courir un cerf avions hier fait partie ;
Et nous fûmes coucher sur le pays exprès,
C'est-à-dire, mon cher, en fin fond de forêts.
Comme cet exercice est mon plaisir suprême,
Je voulus, pour bien faire, aller au bois moi-même,
Et nous conclûmes tous d'attacher nos efforts
Sur un cerf qu'un chacun nous disoit cerf dix-cors[1] ;
Mais moi, mon jugement, sans qu'aux marques j'arrête,
Fut qu'il n'étoit que cerf à sa seconde tête.
Nous avions, comme il faut, séparé nos relais,
Et déjeunions en hâte avec quelques œufs frais,
Lorsqu'un franc campagnard, avec longue rapière,
Montant superbement sa jument poulinière,
Qu'il honoroit du nom de sa bonne jument,
S'en est venu nous faire un mauvais compliment,
Nous présentant aussi, pour surcroît de colère,
Un grand benêt de fils aussi sot que son père[2].
Il s'est dit grand chasseur, et nous a priés tous

---

1. Le cerf dix-cors est un cerf de sept ans.
2. Ce vers devint le titre d'une farce que le comédien Brécourt fit jouer, le 17 janvier 1664, sur le théâtre du Palais-Royal, avec peu de succès. On ne sait si la troupe possédait, parmi les canevas qu'elle avait rapportés de province, quelque facétie que ce vers des *Fâcheux* rappelait, que Brécourt mit en œuvre, et dont Molière tira lui-même plus tard son Thomas Diafoirus. On l'a supposé ; mais rien ne le constate d'une manière positive.

Qu'il pût avoir le bien de courir avec nous.
Dieu préserve, en chassant, toute sage personne
D'un porteur de huchet¹, qui mal à propos sonne ;
De ces gens qui, suivis de dix hourets² galeux,
Disent : Ma meute, et font les chasseurs merveilleux !
Sa demande reçue, et ses vertus prisées,
Nous avons été tous frapper à nos brisées³.
A trois longueurs de trait⁴, tayaut ! voilà d'abord
Le cerf donné aux chiens⁵. J'appuie, et sonne fort.
Mon cerf débuche⁶, et passe une assez longue plaine,
Et mes chiens après lui, mais si bien en haleine
Qu'on les auroit couverts tous d'un seul justaucorps.
Il vient à la forêt. Nous lui donnons alors
La vieille meute⁷ ; et moi, je prends en diligence
Mon cheval alezan. Tu l'as vu ?

ÉRASTE.

Non, je pense.

DORANTE.

Comment ! c'est un cheval aussi bon qu'il est beau,
Et que, ces jours passés, j'achetai de Gaveau⁸.
Je te laisse à penser si, sur cette matière,
Il voudroit me tromper, lui qui me considère :

1. *Huchet*, petit cor ou cornet qui sert aux chasseurs pour appeler les chiens.
2. *Hourets*, mauvais chiens de chasse.
3. *Brisées*. Ce sont les branches que les chasseurs rompent aux arbres pour marquer la voie de la bête. *Frapper aux brisées*, c'est faire partir la bête du lieu où elle s'est reposée.
4. Le *trait* est la laisse qui sert à conduire les chiens à la chasse.
5. C'est-à-dire : voilà les chiens lancés sur la voie du cerf. Molière a voulu conserver l'expression technique, malgré l'hiatus.
6. *Débucher*, sortir du bois.
7. La *vieille meute* est le second relais formé des chiens devenus *sages*, moins vigoureux et plus expérimentés.
8. Marchand de chevaux célèbre à la cour. (*Note de l'édition originale.*)

Aussi je m'en contente; et jamais en effet
Il n'a vendu cheval, ni meilleur, ni mieux fait.
Une tête de barbe, avec l'étoile nette,
L'encolure d'un cygne, effilée et bien droite;
Point d'épaules non plus qu'un lièvre; court-jointé,
Et qui fait dans son port voir sa vivacité;
Des pieds, morbleu! des pieds! le rein double : à vrai dire,
J'ai trouvé le moyen, moi seul, de le réduire;
Et sur lui, quoique aux yeux il montrât beau semblant,
Petit-Jean de Gaveau ne montoit qu'en tremblant.
Une croupe en largeur à nulle autre pareille,
Et des gigots, Dieu sait! Bref, c'est une merveille;
Et j'en ai refusé cent pistoles, crois-moi,
Au retour [1] d'un cheval amené pour le roi.
Je monte donc dessus, et ma joie étoit pleine
De voir filer de loin les coupeurs [2] dans la plaine;
Je pousse, et je me trouve en un fort à l'écart,
A la queue de nos chiens, moi seul avec Drécar [3].
Une heure là-dedans notre cerf se fait battre.
J'appuie alors mes chiens, et fais le diable à quatre;
Enfin, jamais chasseur ne se vit plus joyeux.
Je le relance seul; et tout alloit des mieux,
Lorsque d'un jeune cerf s'accompagne le nôtre;
Une part de mes chiens se sépare de l'autre;
Et je les vois, marquis, comme tu peux penser,
Chasser tous avec crainte, et Finaut balancer :
Il se rabat soudain, dont j'eus l'âme ravie;
Il empaume la voie; et moi, je sonne et crie :

1. Pour : *en retour*.
2. Les *coupeurs* sont les chiens qui, se séparant des autres, quittent la voie de la bête qu'ils chassent, et *coupent* pour gagner les devants sur elle.
3. Piqueur renommé. (*Note de l'édition originale.*)

« A Finaut! à Finaut! » J'en revois¹ à plaisir
Sur une taupinière, et resonne à loisir.
Quelques chiens revenoient à moi, quand, pour disgrâce,
Le jeune cerf, marquis, à mon campagnard passe.
Mon étourdi se met à sonner comme il faut,
Et crie à pleine voix : « Tayaut! tayaut! tayaut! »
Mes chiens me quittent tous, et vont à ma pécore :
J'y pousse, et j'en revois dans le chemin encore;
Mais à terre, mon cher, je n'eus pas jeté l'œil
Que je connus le change², et sentis un grand deuil.
J'ai beau lui faire voir toutes les différences
Des pinces de mon cerf, et de ses connoissances,
Il me soutient toujours, en chasseur ignorant,
Que c'est le cerf de meute; et, par ce différend,
Il donne temps aux chiens d'aller loin. J'en enrage;
Et, pestant de bon cœur contre le personnage,
Je pousse mon cheval et par haut et par bas,
Qui plioit des gaulis³ aussi gros que les bras : *
Je ramène les chiens à ma première voie,
Qui vont, en me donnant une excessive joie,
Requérir notre cerf, comme s'ils l'eussent vu.
Ils le relancent; mais ce coup est-il prévu?
A te dire le vrai, cher marquis, il m'assomme;
Notre cerf relancé va passer à notre homme,
Qui, croyant faire un trait de chasseur fort vanté,
D'un pistolet d'arçon qu'il avoit apporté,

* Var. *Qui plioit des gaulis aussi gros que le bras* (1682).

1. *En revoir*, c'est retrouver les traces du passage de la bête.
2. La bête *donne le change*, quand elle fait lever une autre bête à sa place; et les chiens *prennent le change*, quand ils quittent la première bête pour chasser l'autre.
3. Les *gaulis* sont les branches d'un taillis qu'on a laissé croître.

Lui donne justement au milieu de la tête,
Et de fort loin me crie : « Ah! j'ai mis bas la bête! »
A-t-on jamais parlé de pistolets, bon Dieu!
Pour courre un cerf? Pour moi, venant dessus le lieu,
J'ai trouvé l'action tellement hors d'usage
Que j'ai donné des deux à mon cheval, de rage,
Et m'en suis revenu chez moi toujours courant,
Sans vouloir dire un mot à ce sot ignorant[1].

ÉRASTE.

Tu ne pouvois mieux faire, et ta prudence est rare :
C'est ainsi des fâcheux qu'il faut qu'on se sépare.
Adieu.

DORANTE.

Quand tu voudras, nous irons quelque part,
Où nous ne craindrons point de chasseur campagnard.

ÉRASTE, seul.

Fort bien. Je crois qu'enfin je perdrai patience.
Cherchons à m'excuser avecque diligence.

BALLET DU DEUXIÈME ACTE.

PREMIÈRE ENTRÉE.

Des joueurs de boule l'arrêtent pour mesurer un coup dont ils sont en dispute. Il se défait d'eux avec peine, et leur laisse danser un pas, composé de toutes les postures qui sont ordinaires à ce jeu.

---

1. Ce récit égale au moins celui de la partie de piquet, pour l'aisance avec laquelle y sont rendus des détails fort rebelles à la versification. Tous les termes du dictionnaire de la vénerie sont employés avec une justesse qui prouve, de la part de Molière, une merveilleuse aptitude à parler le langage le plus étranger même à ses habitudes. Ajoutons que la narration est vive, animée, et du tour le plus naturel et le plus pittoresque. (AUGER.)

SECONDE ENTRÉE.

De petits frondeurs les viennent interrompre, qui sont chassés ensuite

TROISIÈME ENTRÉE.

Par des savetiers et des savetières, leurs pères, et autres, qui sont aussi chassés à leur tour

QUATRIÈME ENTRÉE.

Par un jardinier qui danse seul, et se retire pour faire place au troisième acte.

ACTE TROISIÈME

SCÈNE PREMIÈRE.
ÉRASTE, LA MONTAGNE.

ÉRASTE.

Il est vrai, d'un côté mes soins ont réussi,
Cet adorable objet enfin s'est adouci ;
Mais d'un autre on m'accable, et les astres sévères
Ont contre mon amour redoublé leurs colères.
Oui, Damis son tuteur, mon plus rude fâcheux,
Tout de nouveau s'oppose au plus doux de mes vœux,
A son aimable nièce a défendu ma vue,
Et veut d'un autre époux la voir demain pourvue.
Orphise toutefois, malgré son désaveu[1],
Daigne accorder ce soir une grâce à mon feu ;
Et j'ai fait consentir l'esprit de cette belle
A souffrir qu'en secret je la visse chez elle.
L'amour aime surtout les secrètes faveurs :
Dans l'obstacle qu'on force il trouve des douceurs ;
Et le moindre entretien de la beauté qu'on aime,
Lorsqu'il est défendu, devient grâce suprême.
Je vais au rendez-vous ; c'en est l'heure à peu près,
Puis je veux m'y trouver plutôt avant qu'après.

LA MONTAGNE.

Suivrai-je vos pas?

---

1. Le désaveu de Damis.

ÉRASTE.

Non. Je craindrois que peut-être
A quelques yeux suspects tu me fisses connoître.

LA MONTAGNE.

Mais...

ÉRASTE.

Je ne le veux pas.

LA MONTAGNE.

Je dois suivre vos lois ;
Mais au moins, si de loin...

ÉRASTE.

Te tairas-tu, vingt fois?
Et ne veux-tu jamais quitter cette méthode,
De te rendre à toute heure un valet incommode?

SCÈNE II.

CARITIDÈS, ÉRASTE[1].

CARITIDÈS.

Monsieur, le temps répugne à l'honneur de vous voir[2] :

1. Voici ce qui est répété partout, d'après le *Bolœana*. Craignant de manquer de temps, Molière avait prié son ami Chapelle de composer la scène du pédant Caritidès. Lorsque la pièce fut jouée, les envieux de Molière, profitant du bruit qui avait transpiré, voulurent attribuer à Chapelle la plus large part dans le succès. Chapelle ne se défendait que faiblement, et comme par discrétion. Boileau fut alors chargé par Molière de dire à Chapelle que, s'il ne repoussait pas plus énergiquement les honneurs indus qu'on lui décernait, le véritable auteur montrerait la scène que Chapelle avait faite, et dont on n'avait pu se servir. Cette menace fut très efficace, et Chapelle mit dès lors beaucoup plus de franchise dans ses désaveux. Il est difficile maintenant de contredire ou de certifier cette anecdote. Ce qu'on voit le plus clairement dans l'histoire des relations des deux écrivains, c'est que les nombreux ennemis de Molière cherchèrent souvent à les diviser par des commérages de cette espèce, et qu'ils ne semblent pas y avoir réussi.

2. On entend aux premiers mots de ce personnage un nouveau style :

Le matin est plus propre à rendre un tel devoir ;
Mais de vous rencontrer il n'est pas bien facile,
Car vous dormez toujours, ou vous êtes en ville :
Au moins messieurs vos gens me l'assurent ainsi;
Et j'ai, pour vous trouver, pris l'heure que voici.
Encore est-ce un grand heur dont le destin m'honore,
Car, deux moments plus tard, je vous manquois encore.

ÉRASTE.

Monsieur, souhaitez-vous quelque chose de moi?

CARITIDÈS.

Je m'acquitte, monsieur, de ce que je vous doi;
Et vous viens... Excusez l'audace qui m'inspire,
Si...

ÉRASTE.

 Sans tant de façons, qu'avez-vous à me dire?

CARITIDÈS.

Comme le rang, l'esprit, la générosité,
Que chacun vante en vous...

ÉRASTE.

    Oui, je suis fort vanté.
Passons, monsieur.

CARITIDÈS.

    Monsieur, c'est une peine extrême
Lorsqu'il faut à quelqu'un se produire soi-même;
Et toujours près des grands on doit être introduit
Par des gens qui de nous fassent un peu de bruit,
Dont la bouche écoutée avecque poids débite
Ce qui peut faire voir notre petit mérite.
Enfin, j'aurois voulu que des gens bien instruits*

---

* VAR. *Pour moi, j'aurois voulu que des gens bien instruits* (1682).

« Le temps répugne à l'honneur de vous voir... Messieurs vos gens, etc., » trahissent aussitôt le solliciteur à la fois humble et pédant.

Vous eussent pu, monsieur, dire ce que je suis.
ÉRASTE.
Je vois assez, monsieur, ce que vous pouvez être,
Et votre seul abord le peut faire connoître.
CARITIDÈS.
Oui, je suis un savant charmé de vos vertus,
Non pas de ces savants dont le nom n'est qu'en *us*,
Il n'est rien si commun qu'un nom à la latine :
Ceux qu'on habille en grec ont bien meilleure mine,
Et, pour en avoir un qui se termine en *ès*,
Je me fais appeler monsieur Caritidès[1].
ÉRASTE.
Monsieur Caritidès soit. Qu'avez-vous à dire?
CARITIDÈS.
C'est un placet, monsieur, que je voudrois vous lire,
Et que, dans la posture où vous met votre emploi,
J'ose vous conjurer de présenter au roi.
ÉRASTE.
Hé! monsieur, vous pouvez le présenter vous-même.
CARITIDÈS.
Il est vrai que le roi fait cette grâce extrême;
Mais, par ce même excès de ses rares bontés,
Tant de méchants placets, monsieur, sont présentés,
Qu'ils étouffent les bons ; et l'espoir où je fonde[2]
Est qu'on donne le mien quand le prince est sans monde.
ÉRASTE.
Hé bien! vous le pouvez, et prendre votre temps.
CARITIDÈS.
Ah! monsieur, les huissiers sont de terribles gens!

1. *Caritidès* est un nom tiré du grec, qui signifie : *enfant* ou *fils des Grâces*. Il faudrait toutefois *Charitidès*.
2. *Fonder*, dans le sens absolu; l'espoir sur lequel je fais fonds.

Ils traitent les savants de faquins à nasardes,
Et je n'en puis venir qu'à la salle des gardes.
Les mauvais traitements qu'il me faut endurer[1]
Pour jamais de la cour me feroient retirer,
Si je n'avois conçu l'espérance certaine
Qu'auprès de notre roi vous serez mon Mécène.
Oui, votre crédit m'est un moyen assuré...

ÉRASTE.

Hé bien! donnez-moi donc, je le présenterai.

CARITIDÈS.

Le voici. Mais au moins oyez-en la lecture.

ÉRASTE.

Non.

CARITIDÈS.

C'est pour être instruit : monsieur, je vous conjure.

« AU ROI.

« Sire,

« Votre très humble, très obéissant, très fidèle, et très
« savant sujet et serviteur, Caritidès, François de nation,
« Grec de profession, ayant considéré les grands et no-
« tables abus qui se commettent aux inscriptions des en-
« seignes des maisons, boutiques, cabarets, jeux de boule,
« et autres lieux de votre bonne ville de Paris; en ce que
« certains ignorants compositeurs desdites inscriptions
« renversent par une barbare, pernicieuse et détestable
« orthographe, toute sorte de sens et raison,* sans aucun
« égard d'étymologie, analogie, énergie, ni allégorie quel-

* Var. *Toute sorte de sens et de raison* (1682).

1. Ce vers et les trois suivants étaient omis à la représentation, d'après les éditeurs de 1682.

« conque, au grand scandale de la république des lettres
« et de la nation françoise, qui se décrie et déshonore,
« par lesdits abus et fautes grossières, envers les étran-
« gers, et notamment envers les Allemands, curieux lec-
« teurs et inspectateurs desdites inscriptions[1]...* »

ÉRASTE.

Ce placet est fort long, et pourroit bien fâcher.

CARITIDÈS.

Ah! monsieur, pas un mot ne s'en peut retrancher.

ÉRASTE.

Achevez promptement.**

CARITIDÈS continue.

« Supplie humblement Votre Majesté de créer, pour
« le bien de son État et la gloire de son empire, une
« charge de contrôleur, intendant, correcteur, réviseur et
« restaurateur général desdites inscriptions ; et d'icelle ho-
« norer le suppliant, tant en considération de son rare et
« éminent savoir, que des grands et signalés services
« qu'il a rendus à l'État et à Votre Majesté, en faisant
« l'anagramme de Votre dite Majesté en françois, latin,
« grec, hébreu, syriaque, chaldéen, arabe... »

* Van. *Et spectateurs desdites inscriptions* (1682).

** Cet hémistiche d'un vers inachevé est omis dans l'édition de 1682.

1. Aimé Martin prétend que ce trait fait allusion à la réputation qu'avaient les Allemands d'être grands buveurs, et par conséquent de rechercher curieusement les cabarets, jeux de boule et autres lieux semblables de la bonne ville de Paris. Il semble plus naturel d'y voir un témoignage du zèle archéologique, du goût notoire pour l'épigraphie, qui distinguait dès lors les doctes fils de la Germanie.

On sait qu'Albert Dürer a écrit un petit traité à l'usage des peintres d'enseignes.

ÉRASTE, l'interrompant.

Fort bien. Donnez-le vite, et faites la retraite :
Il sera vu du roi ; c'est une affaire faite.

CARITIDÈS.

Hélas! monsieur, c'est tout que montrer mon placet[1].
Si le roi le peut voir, je suis sûr de mon fait ;
Car, comme sa justice en toute chose est grande,
Il ne pourra jamais refuser ma demande.
Au reste, pour porter au ciel votre renom,
Donnez-moi par écrit votre nom et surnom :
J'en veux faire un poëme en forme d'acrostiche
Dans les deux bouts du vers et dans chaque hémistiche.

ÉRASTE.

Oui, vous l'aurez demain, monsieur Caritidès.

(Seul.)

Ma foi, de tels savants sont des ânes bien faits.
J'aurois, dans d'autres temps, bien ri de sa sottise.

SCÈNE III.

ORMIN, ÉRASTE.

ORMIN.

Bien qu'une grande affaire en ces lieux me conduise,
J'ai voulu qu'il sortît avant que vous parler.

ÉRASTE.

Fort bien. Mais dépêchons, car je veux m'en aller.

ORMIN.

Je me doute à peu près que l'homme qui vous quitte
Vous a fort ennuyé, monsieur, par sa visite.
C'est un vieux importun qui n'a pas l'esprit sain,

---

1. Ce vers et les trois suivants étaient omis aux représentations. (Édition de 1682.)

Et pour qui j'ai toujours quelque défaite en main.
Au Mail[1], à Luxembourg[2], et dans les Tuileries,
Il fatigue le monde avec ses rêveries ;
Et des gens comme vous doivent fuir l'entretien
Du tous ces savants-là, qui ne sont bons à rien.*
Pour moi, je ne crains pas que je vous importune,
Puisque je viens, monsieur, faire votre fortune.

ÉRASTE, bas, à part.

Voici quelque souffleur[3], de ces gens qui n'ont rien,
Et vous viennent toujours promettre tant de bien.**

(Haut.)

Vous avez fait, monsieur, cette bénite pierre
Qui peut seule enrichir tous les rois de la terre ?

ORMIN.

La plaisante pensée, hélas ! où vous voilà !

---

* VAR. *De tous ces savantas qui ne sont bons à rien* (1682).
L'édition *princeps* porte seulement, en estropiant le vers :
De tous ces savants qui ne sont bons à rien.

L'édition de 1673 rétablit le vers ainsi que nous l'avons donné dans le texte. La variante de 1682 est, du reste, fort acceptable : le mot *savantas*, dépréciatif de *savant*, était fréquemment employé.

** VAR. *Et nous viennent toujours promettre tant de bien* (1682).

1. Promenade plantée d'arbres, près de l'Arsenal.
2. On appelait Luxembourg, sans article, le palais et le jardin que nous nommons le Luxembourg : c'était le rendez-vous de la belle compagnie. Dans un roman de Charles Sorel, imprimé en 1648, *Polyandre*, histoire comique, livre Ier, on lit que : « les hommes n'osoient passer dans la grande allée, si leurs têtes ne sortoient de la main du friseur, et s'ils n'avoient un habit neuf du même jour. C'étoit, poursuit l'auteur, comme une lice pacifique où ceux qui étoient vêtus le plus galamment devoient emporter le prix. Plusieurs dames étant assises à l'un des bouts de l'allée, sur les degrés de la terrasse qui font un demi-cercle, et quelques hommes étant plus haut appuyés sur les balustres, cela ne ressembloit pas mal à un amphithéâtre et donnoit à ce lieu une beauté accomplie. »
3. On appelait ainsi les alchimistes, qui passaient leur vie à souffler leurs fourneaux pour trouver la pierre philosophale, c'est-à-dire le secret de la transmutation des métaux.

Dieu me garde, monsieur, d'être de ces fous-là !
Je ne me repais point de visions frivoles,
Et je vous porte ici les solides paroles
D'un avis que par vous je veux donner au roi,
Et que tout cacheté je conserve sur moi :
Non de ces sots projets, de ces chimères vaines,
Dont les surintendants ont les oreilles pleines[1] ;
Non de ces gueux d'avis, dont les prétentions
Ne parlent que de vingt ou trente millions ;
Mais un qui, tous les ans, à si peu qu'on le monte,
En peut donner au roi quatre cents de bon compte,
Avec facilité, sans risque ni soupçon,
Et sans fouler le peuple en aucune façon[2] ;
Enfin, c'est un avis d'un gain inconcevable,
Et que du premier mot on trouvera faisable.
Oui, pourvu que par vous je puisse être poussé...

ÉRASTE.

Soit ! nous en parlerons. Je suis un peu pressé.

ORMIN.

Si vous me promettiez de garder le silence,
Je vous découvrirois cet avis d'importance.

ÉRASTE.

Non, non, je ne veux point savoir votre secret.

ORMIN.

Monsieur, pour le trahir, je vous crois trop discret,
Et veux, avec franchise, en deux mots vous l'apprendre.

---

1. C'est une petite allusion au maître de Vaux, au surintendant Fouquet, pour qui Molière avait fait sa comédie.

2. Après avoir parlé avec tant de mépris de l'extravagance de celui à qui il succède, ce nouvel importun va se montrer beaucoup plus extravagant encore. Mais ce mépris est un signe caractéristique de l'espèce de folie qu'il représente, celle des gens soi-disant positifs et pratiques ; cette folie s'est considérablement développée de nos jours.

Il faut voir si quelqu'un ne peut point nous entendre.

(Après avoir regardé si personne ne l'écoute, il s'approche de l'oreille d'Éraste.)

Cet avis merveilleux, dont je suis l'inventeur,
Est que...

ÉRASTE.

D'un peu plus loin, et pour cause, monsieur[1].

ORMIN.

Vous voyez le grand gain, sans qu'il faille le dire,
Que de ses ports de mer le roi tous les ans tire ;
Or, l'avis dont encor nul ne s'est avisé,
Est qu'il faut de la France, et c'est un coup aisé,
En fameux ports de mer mettre toutes les côtes.
Ce seroit pour monter à des sommes très hautes[2] ;
Et si...

1. On se rappelle le vers de Scarron dans son épître des *Fâcheux* :
   Un putréfait qui vous vient approcher.

2. Dans le *Dialogue entre Scipion et Berganza, chiens de l'hôpital de la Résurrection,* par Cervantès, un projet qu'on peut rapprocher de celui d'Ormin est attribué à un malade de l'hôpital qualifié d'*arbitrista* (on nommait ainsi les gens qui, comme nous dirions aujourd'hui, s'occupaient d'économie politique). Voici comment parle ce plaisant personnage : « Au diable les offices et les métiers qui ne donnent ni pain ni plaisir à ceux qui les exercent! Moi, seigneurs, je suis *arbitrista*, et j'ai fourni à Sa Majesté, à diverses époques, de fort bons expédients, tous profitables pour elle et sans préjudice pour le royaume. Je viens maintenant de rédiger une pétition où je la supplie de me signaler une personne à qui je puisse confier un nouvel expédient que j'ai imaginé, tel qu'il doit la tirer complètement de tous ses embarras. Toutefois, ce qui est arrivé aux autres pétitions me fait craindre que celle-ci n'aille également aux oubliettes. Mais afin que Vos Grâces ne me tiennent pas pour un insensé, et bien que mon secret d'État devienne public dès ce moment, je veux le dire; le voici : On n'a qu'à demander aux cortès que tous les sujets de Sa Majesté, depuis l'âge de quatorze ans jusqu'à celui de soixante, soient tenus de jeûner une fois par mois, au pain et à l'eau, le jour qui sera choisi et désigné, et que toute la dépense qui se feroit ce jour-là en ragoûts de fruits, de viande et de poisson, en vin, œufs et légumes, soit réduite en argent pour être versée à Sa Majesté, sans lui en souffler une obole, sous la foi du serment. De cette

ACTE III, SCÈNE III.

ÉRASTE.

L'avis est bon, et plaira fort au roi.
Adieu. Nous nous verrons.

ORMIN.

Au moins, appuyez-moi
Pour en avoir ouvert les premières paroles.

ÉRASTE.

Oui, oui.

ORMIN.

Si vous vouliez me prêter deux pistoles,
Que vous reprendriez sur le droit de l'avis,
Monsieur...

ÉRASTE.

(Il donne de l'argent à Ormin.) (Seul.)

Oui, volontiers. Plût à Dieu qu'à ce prix
De tous les importuns je pusse me voir quitte!
Voyez quel contre-temps prend ici leur visite!
Je pense qu'à la fin je pourrai bien sortir.
Viendra-t-il point quelqu'un encor me divertir[1]?

---

manière, au bout de vingt ans, le roi se trouvera à l'abri de toute escroquerie et au niveau de ses affaires. En effet, si l'on établit le compte, comme je l'ai moi-même établi, il y a bien en Espagne au moins trois millions de personnes de cet âge, outre les malades, les plus vieux et les plus jeunes; et chacune d'elles ne manquera pas de dépenser, en comptant la chose au plus bas, un réal et demi par jour; mais je veux bien que ce ne soit qu'un réal, et cela ne peut être moins, mangât-elle des racines de pissenlit. Or, semble-t-il à Vos Grâces que ce seroit une misère que d'avoir chaque mois trois millions de réaux comme passés au crible? D'ailleurs, cela tourneroit plutôt au profit qu'au préjudice des jeûneurs : car, par ce jeûne, ils se rendroient agréables au ciel et serviroient leur roi; tel même pourroit, en jeûnant, faire une chose utile à sa santé. Voilà mon projet; il ne présente pas les inconvénients des autres contributions; cet impôt se lèveroit aisément dans les paroisses, sans l'entremise de ces commissaires et de ces commis dont le nombre ruine l'État. » (*Les Nouvelles exemplaires* de Miguel de Cervantès Saavedra.)

1. *Divertir*, avec le sens de *détourner, déranger*, comme nous l'avons déjà rencontré dans cette pièce même.

SCÈNE IV.

FILINTE, ÉRASTE.

FILINTE.

Marquis, je viens d'apprendre une étrange nouvelle.

ÉRASTE.

Quoi?

FILINTE.

Qu'un homme tantôt t'a fait une querelle.

ÉRASTE.

A moi?

FILINTE.

Que te sert-il de le dissimuler?
Je sais de bonne part qu'on t'a fait appeler;
Et, comme ton ami, quoi qu'il en réussisse [1],
Je te viens contre tous faire offre de service.

ÉRASTE.

Je te suis obligé; mais crois que tu me fais...

FILINTE.

Tu ne l'avoueras pas, mais tu sors sans valets.
Demeure dans la ville ou gagne la campagne,
Tu n'iras nulle part que je ne t'accompagne.

ÉRASTE, à part.

Ah! j'enrage!

FILINTE.

A quoi bon de te cacher de moi?

---

1. Quoi qu'il en résulte; sans impliquer l'idée d'un heureux succès.

« Il faut savoir ce qui réussira de cette conspiration. » (CORNEILLE, *Premier discours sur l'Art dramatique.*)

« Soyez donc, madame, extrêmement satisfaite de ce que vous avez fait pour moi, sans vous soucier de ce qui en réussira. » (VOITURE, *lettre* XVI.)

ACTE III, SCÈNE IV.

ÉRASTE.
Je te jure, marquis, qu'on s'est moqué de toi.
FILINTE.
En vain tu t'en défends.
ÉRASTE.
Que le ciel me foudroie,
Si d'aucun démêlé...
FILINTE.
Tu penses qu'on te croie?
ÉRASTE.
Hé, mon Dieu! je te dis, et ne déguise point,
Que...
FILINTE.
Ne me crois pas dupe et crédule à ce point.
ÉRASTE.
Veux-tu m'obliger?
FILINTE.
Non.
ÉRASTE.
Laisse-moi, je te prie.
FILINTE.
Point d'affaire, marquis.
ÉRASTE.
Une galanterie
En certain lieu ce soir...
FILINTE.
Je ne te quitte pas.
En quel lieu que ce soit, je veux suivre tes pas.
ÉRASTE.
Parbleu! puisque tu veux que j'aie une querelle,
Je consens à l'avoir pour contenter ton zèle:
Ce sera contre toi, qui me fais enrager,

Et dont je ne me puis par douceur dégager.
FILINTE.
C'est fort mal d'un ami recevoir le service ;
Mais puisque je vous rends un si mauvais office,
Adieu. Videz sans moi tout ce que vous aurez.
ÉRASTE.
Vous serez mon ami quand vous me quitterez.
(Seul.)
Mais voyez quels malheurs suivent ma destinée !
Ils m'auront fait passer l'heure qu'on m'a donnée[1].

SCÈNE V.
DAMIS, L'ÉPINE, ÉRASTE, LA RIVIÈRE
ET SES COMPAGNONS.

DAMIS, à part.
Quoi ! malgré moi le traître espère l'obtenir !
Ah ! mon juste courroux le saura prévenir.
ÉRASTE, à part.
J'entrevois là quelqu'un sur la porte d'Orphise.
Quoi ! toujours quelque obstacle aux feux qu'elle autorise !
DAMIS, à l'Épine.
Oui, j'ai su que ma nièce, en dépit de mes soins,
Doit voir ce soir chez elle Éraste sans témoins.

---

1. Tous ces importuns ne se suivent pas au hasard. Ils deviennent de plus en plus désagréables et irritants. D'abord Éraste n'a été réduit qu'à écouter avec plus ou moins de résignation de longs discours ; puis il a été mis en demeure de prononcer une sentence, puis de rendre un service et de se charger d'un placet ; il vient d'être obligé d'acheter la tranquillité en donnant deux pistoles au prometteur de millions. Dans cette dernière scène, il est obligé de se mettre en révolte ouverte ; et si le dénoûment n'y mettait ordre, le « pire de tous les fâcheux », l'oncle d'Orphise, compléterait cette série de tribulations par la plus grave et la plus irréparable de toutes.

ACTE III, SCÈNE V.

LA RIVIÈRE, à ses compagnons.

Qu'entends-je à ces gens-là dire de notre maître ?
Approchons doucement, sans nous faire connoître.

DAMIS, à l'Épine.

Mais, avant qu'il ait lieu d'achever son dessein,
Il faut de mille coups percer son traître sein.
Va-t'en faire venir ceux que je viens de dire,
Pour les mettre en embûche[1] aux lieux que je désire,
Afin qu'au nom d'Éraste on soit prêt à venger
Mon honneur, que ses feux ont l'orgueil d'outrager,
A rompre un rendez-vous qui dans ce lieu l'appelle,
Et noyer dans son sang sa flamme criminelle.

LA RIVIÈRE, attaquant Damis avec ses compagnons.

Avant qu'à tes fureurs on puisse l'immoler,
Traître ! tu trouveras en nous à qui parler.

ÉRASTE.

Bien qu'il m'ait voulu perdre, un point d'honneur me presse
De secourir ici l'oncle de ma maîtresse.

(A Damis.)

Je suis à vous, monsieur.

(Il met l'épée à la main contre La Rivière et ses compagnons, qu'il met en fuite.)

DAMIS.

O ciel ! par quel secours,
D'un trépas assuré vois-je sauver mes jours ?
A qui suis-je obligé d'un si rare service ?

ÉRASTE, revenant.

Je n'ai fait, vous servant, qu'un acte de justice.

DAMIS.

Ciel ! puis-je à mon oreille ajouter quelque foi ?

---

1. *Embûche,* pour : *embuscade.*

Est-ce la main d'Éraste?...
ÉRASTE.
Oui, oui, monsieur, c'est moi.
Trop heureux que ma main vous ait tiré de peine,
Trop malheureux d'avoir mérité votre haine!
DAMIS.
Quoi! celui dont j'avois résolu le trépas
Est celui qui pour moi vient d'employer son bras?
Ah! c'en est trop, mon cœur est contraint de se rendre;
Et, quoi que votre amour ce soir ait pu prétendre,
Ce trait si surprenant de générosité
Doit étouffer en moi toute animosité.
Je rougis de ma faute, et blâme mon caprice.
Ma haine trop longtemps vous a fait injustice;
Et, pour la condamner par un éclat fameux,
Je vous joins dès ce soir à l'objet de vos vœux.

SCÈNE VI.
ORPHISE, DAMIS, ÉRASTE.

ORPHISE, venant avec un flambeau d'argent à la main.
Monsieur, quelle aventure a d'un trouble effroyable...?
DAMIS.
Ma nièce, elle n'a rien que de très agréable,
Puisqu'après tant de vœux que j'ai blâmés en vous,
C'est elle qui vous donne Éraste pour époux.
Son bras a repoussé le trépas que j'évite,
Et je veux envers lui que votre main m'acquitte.
ORPHISE.
Si c'est pour lui payer ce que vous lui devez,
J'y consens, devant tout aux jours qu'il a sauvés.

ÉRASTE.

Mon cœur est si surpris d'une telle merveille
Qu'en ce ravissement je doute si je veille.

DAMIS.

Célébrons l'heureux sort dont vous allez jouir,
Et que nos violons viennent nous réjouir !

(Comme les violons veulent jouer, on frappe fort à la porte.)

ÉRASTE.

Qui frappe là si fort ?

SCÈNE VII.

DAMIS, ORPHISE, ÉRASTE, L'ÉPINE.

L'ÉPINE.

Monsieur, ce sont des masques,
Qui portent des crin-crin [1] et des tambours de basques.

(Les masques entrent, qui occupent toute la place.)

ÉRASTE.

Quoi ! toujours des fâcheux ! Holà ! Suisses, ici ;
Qu'on me fasse sortir ces gredins que voici.

---

1. Selon les uns, on appelait *crin-crin*, par onomatopée, des violons aux sons aigus et discordants. Les autres prétendent que le crin-crin était un instrument distinct composé d'un tuyau de canne de Provence, d'un parchemin et d'un crin qu'on passait dans le parchemin, instrument tout rustique qu'on se serait étonné certainement de voir aux fêtes du surintendant Fouquet.

BALLET DU TROISIÈME ACTE.

PREMIÈRE ENTRÉE.

Des Suisses, avec des hallebardes, chassent tous les masques fâcheux, et se retirent ensuite pour laisser danser à leur aise

DERNIÈRE ENTRÉE.

quatre bergers, et une bergère qui, au sentiment de tous ceux qui l'ont vue, ferme le divertissement d'assez bonne grâce.

FIN DES FACHEUX.

L'ÉCOLE DES FEMMES

COMÉDIE EN CINQ ACTES

26 décembre 1662

NOTICE PRÉLIMINAIRE.

Les Fâcheux, nés de circonstances fortuites, avaient distrait Molière de l'œuvre qui aurait dû succéder immédiatement à *l'École des Maris.* Un autre événement, qui marque une heure importante dans la vie du poète, son mariage, vint sans doute apporter encore quelque retard à cette œuvre capitale que Molière intitula *l'École des Femmes,* et qui parut le 26 décembre 1662 sur le théâtre du Palais-Royal.

C'est incontestablement le titre de *l'École des Maris* qui amena et fit adopter le titre de *l'École des Femmes.* S'il y avait été autorisé par l'usage, Molière aurait probablement écrit en tête de ces deux pièces : *l'École des Maris, première partie; — l'École des Maris, seconde partie.* L'une, en effet, est la suite et le pendant de l'autre; et le titre choisi par l'auteur marque ce lien et ce rapport plutôt qu'il n'exprime le sens et le but de la nouvelle comédie.

Dans cette nouvelle comédie, la situation continue telle qu'elle était dans *l'École des Maris :* c'est toujours un homme qui, parvenu à la maturité de l'âge, a sous sa dépendance une jeune fille dont il veut faire sa femme, et qui se forge un système d'éducation et de conduite pour s'assurer de la docilité et de la soumission de cette jeune fille. Sganarelle et Arnolphe se proposent tous deux de résoudre le même problème; seulement l'autorité que ce dernier possède est un peu moins légitime que celle dont le premier était investi; il n'a ni la qualité ni les droits de tuteur. Il s'est fait céder, par une nourrice tombée dans la pauvreté, la jolie enfant qu'il élève pour lui, et dont il couve avec un soin jaloux la beauté naïve.

Il y a déjà dans cette position moins affermie une raison pour qu'Arnolphe emploie des procédés moins tyranniques que Sganarelle. En outre, Arnolphe est un autre homme que celui-ci. Il ne manque pas d'esprit; il a beaucoup vécu; « il a vu le monde, et il en sait les finesses ». C'est même un cynique, habitué à railler les maris malheureux, et prenant plaisir aux bons tours qu'on leur joue. Il n'ignore pas jusqu'où peuvent aller les ruses des femmes, et il n'a que trop appris, il n'a peut-être que trop éprouvé ce dont leur malice est capable. Aussi ne songe-t-il pas à garder sous clef celle qu'il épousera; il ne met point sa confiance dans les verrous et les grilles; moins que personne il se fait illusion sur ces grossiers moyens de contrainte. Il lui faut une garantie meilleure. C'est l'intelligence qu'il tiendra, pour ainsi dire, sous les verrous; c'est l'âme qu'il s'efforcera d'enchaîner et de garrotter. Il est d'avis que l'ignorance est la plus sûre des prisons, et il prend toutes les précautions possibles pour maintenir son Agnès dans une perpétuelle enfance.

Voilà donc le système domestique que Molière met cette fois à l'épreuve, le nouvel ordre de préjugés qu'il combat, le nouvel enseignement qu'il offre aux maris, aux tuteurs et aux pères. Il se révolte contre l'immoral calcul qui trop souvent encourage et rassure ceux qui en viennent tard au mariage, et qui ne comptent que sur l'obéissance; il ne veut pas croire qu'une femme sotte, bornée, fort ignorante des choses du monde, présage à son époux des jours tranquilles, ni que la niaiserie soit un gage de vertu et de fidélité. Il s'attache à prouver que cette politique n'est pas plus efficace que celle de Sganarelle. Dès la première scène, il nous fait connaître sa conclusion dans ces vers de Chrysalde :

> Une femme d'esprit peut trahir son devoir;
> Mais il faut pour le moins qu'elle ose le vouloir :
> Et la stupide au sien peut manquer d'ordinaire,
> Sans en avoir l'envie et sans penser le faire.

Le contraste qui existe entre cette idée sur laquelle est fondée *l'École des Femmes* et celle qui est le point de départ de *l'École des Maris,* entraîne de grandes différences de caractère dans les personnages qui sont chargés de les exprimer et de les mettre en action l'une et l'autre. Nous avons indiqué déjà certains traits qui distinguent profondément Arnolphe [de Sganarelle. Arnolphe est, de plus, un homme très sociable, bon compagnon, obligeant même; et s'il tient Agnès enfermée dans un logis, à l'écart, c'est que sa demeure à lui

<blockquote>A cent sortes de monde est ouverte à toute heure.</blockquote>

Arnolphe, de même que Sganarelle, commence à n'être plus jeune, sans être pourtant un vieillard; il ne faut donc point parler, comme ont fait beaucoup de critiques, de ses rides et de sa décrépitude. Molière a pris soin de marquer son âge : quarante-deux ans[1]. Mais il n'affecte pas, comme Sganarelle, de la bizarrerie dans ses vêtements, il ne néglige pas sa toilette; ce serait une faute d'attribuer à l'un le même costume qu'à l'autre. Arnolphe n'est pas sans prétentions au bel air, et il vient de s'anoblir en répudiant le nom de ses pères et en se faisant appeler monsieur de la Souche. « S'il était vieux, imbécile et maussade, l'aversion d'Agnès pour lui serait toute naturelle, dit Auger, et il n'en résulterait aucune leçon; mais il est dans la force de l'âge; il est homme d'esprit et homme du monde : son infortune ne provient alors que de son faux calcul, et elle en est la juste punition. »

Moralement, il ne vaut guère mieux que le tuteur d'Isabelle. Son égoïsme n'est pas moins odieux : jamais l'intérêt d'Agnès ne le préoccupe un instant; il ne lui vient aucun scrupule d'entraver cette jeune âme dans son développement, de l'arrêter dans sa floraison. Toute la question pour lui est d'avoir une esclave complaisante et résignée. Il sait mieux que Sganarelle ce qu'il fait; il est plus machiavélique : il fait servir à son but la morale, la religion, qu'il travestit ridiculement et qu'il cherche à exploiter à son profit. Il porte aussi à son œuvre une passion plus âpre : une ardeur libertine transpire dans toutes ses paroles; en défi-

---

1. Qui diable vous a fait aussi vous aviser
A quarante-deux ans de vous débaptiser?
(Acte I, scène i.)

nitive, il s'est pris dans ses propres pièges ; et voilà que cet être qu'il a systématiquement annulé le tient sous le joug, l'asservit, le foule aux pieds. Sganarelle n'est pas réellement jaloux : il est pour cela trop content de lui-même ; Arnolphe l'est cruellement : « l'énergie de ses transports, dit Auger, l'a fait surnommer l'Orosmane de la comédie, et l'on sait que Lekain vit assez de tragédie dans ce rôle pour avoir envie de se l'approprier : c'était moins, suivant lui, faire une excursion dans un domaine étranger que rentrer dans un bien qui lui appartenait. »

Agnès, de son côté, diffère beaucoup aussi d'Isabelle. Son nom est passé dans le langage ordinaire pour désigner une fille simple, innocente et ingénue. Arnolphe, ce grand railleur, ce malin compère, ce vieux routier de la galanterie, expert ès ruses féminines, sera trompé et dupé, non par une fille alerte et délurée comme Isabelle, mais par la candeur et l'ignorance même. Agnès, cependant, n'est pas idiote : elle manque d'instruction, mais non pas de dispositions pour en acquérir ; elle laisse échapper quelques vives lueurs d'un esprit naturel que tous les soins d'Arnolphe n'ont pu étouffer ; elle s'aperçoit de son ignorance, en rougit, s'en indigne, et n'en trouve que plus odieux celui qui, au lieu de l'en tirer, s'est plu à l'y entretenir.

Chrysalde n'est point un Ariste. C'est un sceptique et même un mauvais plaisant. Ariste, dans cette fable, eût été déplacé : il n'eût pu faire que de sévères remontrances ; il eût été obligé non seulement de blâmer Arnolphe, mais de s'indigner contre lui, et Molière évite ces tirades qui, sur nos théâtres modernes, jouissent de tant de faveur. Horace est comme Valère un honnête jeune homme, plus jeune encore et plus étourdi ; plus généreux aussi, car, tandis qu'Isabelle fait ses conditions avec Valère avant « de se commettre à sa foi », il fallait, dans l'ignorance où est Agnès, que tout vînt de l'honnêteté d'Horace lui-même.

Tels sont les principaux personnages de la nouvelle pièce, ceux avec qui Molière va livrer une seconde bataille en faveur de ce qu'on pourrait appeler l'esprit libéral dans l'éducation et la famille, contre l'excès de la contrainte et de la dépendance.

Examinons maintenant quels matériaux sont entrés dans cette œuvre ; indiquons les principales sources où l'auteur a puisé. Deux éléments distincts composent la comédie de *l'École des*

Femmes. Il y a l'élément moral et satirique, lequel consiste à nous montrer l'erreur d'un jaloux qui considère la sottise comme la meilleure caution du bonheur domestique : c'est l'idée essentielle et dominante. Il y a l'élément dramatique : c'est l'idée de ces confidences successives qui sont faites, par celui qui a le plus d'intérêt à tout cacher, à celui qui a le plus d'intérêt à tout savoir, par un amant à son rival. Voyons d'où l'une et l'autre de ces idées ont pu venir jusqu'à Molière, qui les a combinées ensemble.

Les maris qui entretiennent avec zèle la simplicité de leurs jeunes femmes, qui abusent de leur ignorance et croient y trouver un motif de sécurité, sont nombreux dans notre vieille littérature, chez nos anciens conteurs. Cette méchante spéculation est plaisamment, quoique grossièrement, raillée dans la quarante et unième des *Nouvelles nouvelles du roi Louis XI,* qui commence ainsi : « Un gentil chevalier de Hainaut, sage, subtil et très grand voyageur, après la mort de sa très bonne femme, pour les biens qu'il avoit trouvés en mariage, ne sut passer son temps sans soi lier comme il avoit été auparavant, et il épousa une très belle et gente damoiselle, non pas des plus subtiles du monde, car, à la vérité dire, elle étoit un peu lourde en la taille (un peu sotte) ; et c'étoit en elle ce qui plus plaisoit à son mari, pour ce qu'il espéroit par ce point mieux la conduire et la tourner en la façon qu'avoir la voudroit. Il mit sa cure et son étude à la façonner ; et de fait elle lui obéissoit et complaisoit comme il le désiroit, si bien qu'il n'eût su mieux demander, etc. » Le conteur nous explique fort bien comment monseigneur s'abusa : madame fut un jour déniaisée ; si l'on veut savoir à quel propos « un sens subit lui descendit en la mémoire », il faut recourir à la Nouvelle, qui ne souffre pas l'analyse. Cette fable, qui fut plus d'une fois répétée, tant en France qu'en Italie, nous la retrouvons, à un siècle et demi de distance, dans les *Nouvelles tragi-comiques* de Scarron, où Molière la prit.

On cite ordinairement, dans l'espace intermédiaire, le *Jaloux estrémadurien,* de Cervantès ; on y trouve en effet une peinture énergique des soins inquiets d'un vieillard qui épouse une jeune femme très naïve, de la surveillance extraordinaire dont il l'entoure, et qui est comme toujours déjouée « par le rusé perturbateur du genre humain ». Mais Cervantès, dans son récit, accumule surtout les obstacles matériels : les murailles, les serrures, les duègnes, les gardiens; l'ingénuité de son héroïne Léonora est un trait tout à fait accessoire. Ce récit est mieux placé, par conséquent, à l'origine de *l'École des Maris* qu'à l'origine de *l'École des Femmes*.

Dans Scarron, au contraire, nous retrouvons la véritable tradition d'où sont sortis Arnolphe et Agnès. La Nouvelle de Scarron est intitulée *la Précaution inutile*[1]. Un gentilhomme de Grenade, nommé Don Pèdre, après une vie très dissipée, fatigué d'aventures qui ne pouvaient pas toutes passer pour de bonnes fortunes, forma le projet de se marier s'il trouvait une femme assez idiote pour ne lui point faire craindre les mauvais tours que les femmes spirituelles savent jouer à leurs maris. « J'ai du bien, dit-il, plus que médiocrement; et quand la femme que j'épouserai n'en aurait pas, je m'en tiendrai pour satisfait, pourvu qu'elle ait été bien élevée et qu'elle ne soit pas laide, « quoique, à vous « dire la vérité, j'en aimasse encore mieux une laide qui fût fort « sotte, qu'une belle qui ne le fût pas ». La personne à qui il s'adressait ainsi lui fit les objections les plus fortes : « Je n'ai jamais vu d'homme raisonnable qui ne s'ennuie cruellement, s'il est seulement un quart d'heure avec une idiote... Comment une sotte seroit-elle honnête femme, si elle ne sait pas ce que c'est que l'honnêteté et n'est pas même capable de l'apprendre? Comment une sotte vous pourra-t-elle aimer, n'étant pas capable de vous connoître? Elle manquera à son devoir sans savoir ce qu'elle fait; au lieu qu'une femme d'esprit, quand même elle se défieroit de sa vertu, saura éviter les occasions où elle sera en danger de la perdre. »

Don Pèdre n'en persista pas moins dans sa résolution, et il découvrit bientôt une femme selon ses désirs. Ayant la maîtresse, il lui fallut les valets : il chercha les plus sots qu'il put trouver; il chercha des servantes aussi sottes que Laure (ainsi se nommait celle qui réunissait à ses yeux toutes les qualités requises pour être un modèle de vertu), et il eut bien de la peine. Convaincu dès lors que rien ne manquerait à son bonheur,

---

1. *OEuvres de Scarron*, Paris, 1786, in-8°, tome III.

il contracta mariage. Les noces finies, « Don Pèdre, par un raffinement de prudence qui étoit la plus grande folie du monde, exécuta le plus capricieux dessein que pouvoit jamais faire un homme qui avoit passé toute sa vie pour un homme d'esprit... Il se mit dans une chaise, fit tenir sa femme debout, et lui dit ces paroles, ou d'autres encore plus impertinentes : « Vous êtes ma
« femme, dont j'espère que j'aurai sujet de louer Dieu tant que
« nous vivrons ensemble. Mettez-vous bien dans l'esprit ce que
« je m'en vais vous dire, et l'observez exactement tant que
« vous vivrez, et de peur d'offenser Dieu, et de peur de me dé-
« plaire. » A toutes ces paroles dorées, l'innocente Laure faisait de grandes révérences, à propos ou non, et regardait son mari entre deux yeux aussi timidement qu'un écolier nouveau fait à un pédant impérieux. « Savez-vous, continua Don Pèdre, la vie
« que doivent mener les personnes mariées ? — Je ne la sais pas », lui répondit Laure, faisant une révérence plus basse que toutes les autres; « mais apprenez-la-moi, et je la retiendrai comme *Ave Maria.* » Et puis une autre révérence. Notre jaloux lui dit que la conduite d'une honnête femme devait être de garder son mari pendant son sommeil, et de veiller, armée de pied en cap, à sa tranquillité. Nous retrouvons ici, avec quelque dissimulation, le jaserant ou le haubergeon des *Cent Nouvelles nouvelles,* dont Molière dédaignera de faire usage.

Don Pèdre fut obligé de s'éloigner pendant quelque temps. Durant son absence, un jeune étranger remarqua Laure, la vit souvent à son balcon, la trouva fort belle, passa et repassa souvent devant ses fenêtres, à la mode d'Espagne. Laure le laissa passer et repasser sans savoir ce que cela voulait dire, et sans même avoir envie de le savoir. Une vieille femme, « dont la principale profession étoit d'être conciliatrice des volontés », se fit introduire par les sottes servantes auprès de leur sotte maîtresse, et aussitôt qu'elle se vit seule avec elle, elle lui parla du beau gentilhomme, et lui dit qu'il avait une forte passion de la servir, si elle le trouvait bon. « En vérité, je lui en suis fort obligée,
« répondit Laure, et j'aurois son service pour agréable; mais la
« maison est pleine de valets; et jusqu'à tant que quelqu'un d'eux
« s'en aille, je n'oserois le recevoir en l'absence de mon mari. Je
« lui en écrirai, si ce gentilhomme le souhaite, et je ne doute

« point que je n'en obtienne tout ce que je lui demanderai... »
La vieille ayant fait entendre à Laure, le mieux qu'il lui fut
possible, de quelle manière ce gentilhomme voulait la servir, lui
dit qu'il était aussi riche que son mari; et si elle en voulait voir
des preuves, qu'elle lui apporterait de sa part des pierreries de
grand prix. « Ah! madame, lui dit Laure, j'ai tout ce que vous
« dites, que je ne sais où le mettre. — Puisque cela est, répondit
« l'ambassadrice de Satan, et que vous ne vous souciez pas qu'il
« vous régale, souffrez au moins qu'il vous visite. — Qu'il le
« fasse, à la bonne heure, dit Laure; personne ne l'en empêche... »
Alors la vieille lui prit les mains et les lui baisa cent fois, lui
disant qu'elle alloit donner la vie à ce pauvre gentilhomme,
qu'elle avoit laissé demi-mort. « Et pourquoi? s'écria Laure tout
« effrayée. — C'est vous qui l'avez tué! » lui dit alors la vieille.
Laure devint pâle comme si on l'eût convaincue d'un meurtre,
et alloit protester de son innocence si la méchante femme, qui
ne jugea pas à propos d'éprouver davantage son ignorance, ne se
fût séparée d'elle, lui jetant les bras au cou et l'assurant que le
malade n'en mourroit pas. »

Le jeune étranger ne manqua pas de rendre visite à Laure,
puisqu'elle le lui avait permis; et, lorsque Don Pèdre revint de
voyage, il trouva, comme le bon sire des *Cent Nouvelles,* que sa
femme ne voulait plus revêtir son armure. Il eut le crève-cœur
d'entendre Laure lui raconter à lui-même, le plus naïvement du
monde, tout ce qui s'était passé en son absence, et lui vanter la
bonne grâce, les manières charmantes, de celui qui lui avait
donné de nouvelles leçons. Le malheureux jaloux « reconnut
alors, mais trop tard, que sans le bon sens la vertu ne peut être
parfaite; qu'une spirituelle peut être honnête femme d'elle-
même, et qu'une femme sotte ne le peut être sans le secours
d'autrui et sans être bien conduite ».

On voit aisément tout le parti que Molière sut tirer de ce
conte. Les changements les plus importants qu'il y introduit,
c'est de placer d'abord l'aventure avant le mariage, ce qui rend
la situation beaucoup plus décente; puis de faire d'Agnès non
une véritable idiote comme Laure, mais seulement une ignorante. Avec l'héroïne de Scarron, l'histoire va plus directement
sans doute à son but; mais la leçon est moins forte, puisque

l'état où se trouve Laure ne dépend que de la nature, et non de son mari. De plus, Molière ajuste ainsi le personnage aux conditions de la scène comique : il fallait qu'Agnès, échappant à la passion égoïste d'Arnolphe, devînt au dénoûment la récompense d'un autre amour, et fût, par conséquent, digne de l'affection d'un galant homme. C'est pour cela qu'il la rend capable d'une heureuse transformation, et qu'il lui ménage un peu de cette illumination soudaine dont la bonne dame des *Cent Nouvelles nouvelles du roi Louis XI* est finalement frappée.

Ce sujet, comme celui de *l'École des Maris,* avait été traité par Dorimon avant de l'être par Molière. Un an environ avant *l'École des Femmes,* Dorimon avait fait représenter par les comédiens de Mademoiselle *l'École des Cocus ou la Précaution inutile,* un acte en vers[1]. Ce qui séduisit surtout Dorimon, ce fut l'armure dont Scarron avait hérité des conteurs du xve siècle; sa pièce, d'ailleurs détestable, repose sur cette idée facétieuse de l'épouse en armes qui, au retour de son mari, déclare avoir appris d'un civil étranger

> Que l'on n'exerçoit point ces lois en son pays.

L'époux, désespéré, dit alors à un autre personnage, et c'est la conclusion de l'ouvrage :

> Ah! vous me disiez bien qu'une sotte feroit
> Son pauvre homme cocu, et l'en avertiroit.

Dorimon, on le voit, n'use aucunement de circonlocutions ni de détours. Sur ces deux sujets de *l'École des Maris* et de *l'École des Femmes,* comme pour la fameuse légende de Don Juan Tenorio, cet écrivain très médiocre a eu l'honneur de devancer Molière. C'était au moins, sans contredit, un homme d'initiative.

Passons maintenant à la partie dramatique de *l'École des Femmes,* à l'idée de « cette confidence perpétuelle en quoi, suivant Molière lui-même[2], consiste la beauté du sujet de sa comédie ». Cette idée lui a été fournie par un conteur italien du

---

1. Le privilège de *l'École des Cocus ou la Précaution inutile* est du 12 avril 1661. L'achevé d'imprimer pour la première fois est du 6 août 1661. M. Despois a fait remarquer que le premier titre avait été probablement ajouté après coup, *l'École des Maris* ayant été jouée dans l'intervalle (le 24 juin).
2. *Critique de l'École des Femmes,* scène vii.

xvie siècle, Straparole, qui lui-même en était redevable à des conteurs plus anciens : Ser Giovanni, dans *Il Pecorone*[1], ou Masuccio, dans ses Nouvelles[2].

Straparole, dans ses *Facétieuses Nuits*, raconte l'histoire de « Nérin, fils de Galois, roi de Portugal, amoureux de Janeton, femme de maistre Raimond Brunel, physicien ». Il débute comme il suit : « Il y a beaucoup de gens, très honorées dames, qui s'estans adonnez par long espace de temps aux estudes des bonnes lettres, pensent sçavoir beaucoup de choses; mais ils ne sçavent rien ou bien peu : car se cuidant telles gens signer par le front, se viennent eux-mêmes à arracher les yeux, comme il advint à un médecin fort sçavant en son art, lequel, pensant se mocquer d'autruy, fut lui-mesme mocqué à son grand déshonneur et reproche, comme vous entendrez par le discours de la fable que je vous raconteray présentement[3]. »

Dans cette fable, on trouve d'abord cette idée du maître un peu cynique, qui pousse son élève aux aventures et qui est la première victime des succès de celui-ci. Puis, lorsque l'étudiant est parvenu à se faire aimer de la belle Janeton, qu'il ne sait pas être la femme de son maître, c'est à celui-ci qu'il vient confier ses joyeuses fredaines. Le mari forme le projet de surprendre les deux amants. Toujours le jeune homme lui échappe et s'empresse de lui rapporter comment il s'est évadé : une première fois, il était caché derrière les courtines; une seconde fois, dans un coffre; une troisième fois, dans une garde-robe. En vain maître Raimond est averti des rendez-vous et des ruses qu'on emploie contre lui; il va jusqu'à mettre le feu à son logis, et il en est pour sa maison brûlée, car la première personne qui accoste maître Raimond le lendemain, c'est le jeune homme, qui le salue avec ces mots : « Bonjour, monsieur le docteur, je veux vous raconter une chose qui vous plaira grandement... » Nérin, ayant évité un dernier piège qui lui était tendu, s'enfuit avec Janeton en Portugal, « et maistre Raimond en mourut de deuil et de fâcherie ». Les indiscrétions de Nérin ont bien certainement pro-

---

1. Giornata I, novella II.
2. Parte IV, novella IV.
3. IVe nuit, fable IV. Traduction de Jean Louveau et Pierre de Larivey. Édition de P. Jannet, 1857.

voqué les indiscrétions d'Horace. Les mauvais conseils et les infortunes méritées de maître Raimond inspirèrent plus tard un conte à un autre célèbre imitateur, La Fontaine, qui en fit *le Maître en droit*.

Nous venons de reconnaître et de vérifier la double origine de *l'École des Femmes*. Quelques détails rappellent encore d'autres auteurs : Rabelais, Brantôme, Régnier, Rojas, Machiavel, etc.; ils attestent cette vaste lecture que possédait Molière, et cette singulière puissance d'assimilation qui venait grossir incessamment le trésor de son génie.

La pièce faite avec ces matériaux est d'une constitution tout à fait extraordinaire. « Un double nom porté par un des personnages, dit Auger, voilà tout le nœud de l'action : ce nom, révélé par hasard à un autre personnage qui l'ignorait, en voilà tout le dénoûment. Quelle est, du reste, cette action? Une suite de récits faits au même personnage, sur le même sujet, par le même interlocuteur. Imaginerait-on que de tels éléments pussent constituer une comédie d'intrigue et de mœurs où l'intérêt va toujours croissant, où tout est animé sans qu'il y ait de mouvement pour ainsi dire, où enfin l'exécution la plus riche et la plus variée sort du fond le plus stérile et le plus uniforme en apparence? C'est une espèce de phénomène que Voltaire a décrit en peu de mots : « *L'École des Femmes* est une pièce d'un genre « nouveau, laquelle, quoique toute en récits, est ménagée avec « tant d'art que tout paraît être en action. »

Ces récits successifs ont toute la vivacité des faits qu'ils retracent, et dont la plupart n'étaient pas de nature à se passer sur la scène. Chaque narration reproduit l'événement qui vient d'arriver; et, d'une narration à l'autre, il y a tout juste l'intervalle de temps nécessaire pour un événement nouveau : ainsi l'attention et la curiosité du spectateur sont constamment tenues en haleine; et ces entretiens, où l'un apporte son imprudente confiance, où l'autre écoute et interroge avec une rage muette et concentrée; ces monologues dans lesquels ce dernier reprend courage et s'excite à la lutte, forment autant de situations dramatiques dont l'effet serait à peine égalé par tout ce que les jeux et les coups de théâtre peuvent avoir de plus saisissant.

C'est ce que Molière fera du reste parfaitement ressortir lorsqu'il entreprendra d'expliquer en quoi consiste la beauté de son sujet. Nous aurons à examiner avec Molière lui-même les critiques qui en furent faites. Les suites de la représentation de *l'École des Femmes* forment tout un épisode de l'histoire littéraire du xviie siècle. Nous en reproduisons plus loin les principaux documents.

Cette comédie obtint un éclatant succès, et souleva une opposition violente. Établissons d'abord le succès.

Jouée le 26 décembre 1662, elle le fut le 29 et le 31 du même mois.

Elle le fut treize fois en janvier 1663, et elle eut, en outre, deux représentations, le 6 et le 20, au Louvre.

On la donna quatre fois en visite : le 29, chez le comte de Soissons; le 30, chez le duc de Richelieu; le 1er février, chez M. de Colbert; le 6, chez la maréchale de L'Hôpital.

Elle eut onze représentations en février, plus, le 28, une en visite chez M. Sanguin, maître d'hôtel chez le roi.

Quatre représentations en mars, avant la clôture, plus une en visite à Luxembourg (c'est ainsi qu'on disait alors), pour Mgr le duc de Beaufort, pour Madame de Savoie.

A la réouverture, Molière laissa s'écouler les mois d'avril et de mai, sans reprendre *l'École des Femmes,* dont une représentation pourtant eut lieu le 3 avril, au Palais-Royal, chez Madame, qui devait accepter courageusement la dédicace de l'ouvrage si incriminé, et une autre, à ce qu'il semble, le 5 avril, chez M. de Brissac. Pour le public on joue d'anciennes pièces. Cette suspension est digne de remarque. Molière attend jusqu'au 1er juin pour faire reparaitre sa pièce avec *la Critique de l'École des Femmes.*

Vient alors la nouvelle série relevée dans la notice préliminaire qu'on trouvera plus loin en tête de la *Critique.*

L'École des Femmes fut représentée quatre-vingt-huit fois du vivant de Molière.

L'École des Femmes, avons-nous dit tout à l'heure, obtint un éclatant succès, mais elle souleva aussi une opposition violente. Ce fut une victoire, mais disputée avec acharnement, et les détracteurs furent presque aussi nombreux que les admirateurs. Si nous en croyons l'auteur de la *Lettre sur les affaires du théâtre,* le succès, à la première représentation, aurait été fort disputé. « Ceux qui en virent la première représentation, dit-il, se souviennent bien qu'elle fut généralement condamnée. » L'auteur de cette *Lettre* exagère sans doute l'hostilité des premiers spectateurs, mais une telle affirmation prouve au moins qu'à côté des applaudissements, dont Molière se prévalait à bon droit, il y eut des manifestations hostiles. La victoire ne fut pas gagnée sans combat. La lutte allait se prolonger, comme on le verra par la suite. Si Molière s'était fait des ennemis nombreux, il avait aussi de puissants appuis, et ceux-ci se déclarèrent en sa faveur avec une généreuse promptitude.

Boileau, qui avait déjà conquis une assez grande autorité dans le monde des lettres, lui envoya, dès le premier jour de l'an 1663, si l'on en croit La Martinière, les stances qui font aujourd'hui tant d'honneur moins à Molière qu'à celui qui allait être le « législateur du Parnasse ».

Avec non moins d'opportunité, le roi Louis XIV choisit ce moment pour inscrire le comédien sur la liste des écrivains pensionnés. On lit en effet sur le registre de La Grange :

« En ce même temps (au moment des vacances de Pâques 1663), M. de Molière a reçu pension du roi en qualité de bel esprit, et a été couché sur l'état pour la somme de 1,000 livres. Sur quoi il fit un remerciement en vers pour Sa Majesté. Imprimé dans ses œuvres. » Ces derniers mots, d'une écriture plus fine et d'une autre encre, ont été ajoutés postérieurement, après que le Remerciement eut pris place dans les recueils de 1664, de 1666 et de 1673.

La date de la mention de La Grange est très significative : la faveur royale, se manifestant à ce moment (mars-avril 1663), avait pour l'auteur persécuté un prix considérable. C'était un nouveau témoignage de la protection souveraine qui s'étendait sur lui. Molière n'était plus un simple comédien ; il était homme de lettres officiellement reconnu, loué et pensionné. Le remerciement en vers que Molière adressa au roi est d'un tour très vif et très heureux qui, une fois de plus, prouve combien le poète comique avait l'esprit à l'aise lorsqu'il parlait au monarque. Jusqu'ici les éditeurs avaient rejeté *le Remerciement* après *l'Impromptu de Versailles.* M. Despois l'a inséré dans son édition à la suite de *l'École des Femmes*, et il nous paraît qu'il est là, en effet, mieux à sa place.

Le parti de l'opposition n'eut d'abord pour interprète que Donneau de Vizé, le futur fondateur du *Mercure galant*. Il mit au jour, au mois de février 1663, sous le titre de *Nouvelles nouvelles*, un recueil qui préludait à la publication périodique qu'il devait inaugurer en 1672. Dans le troisième volume des *Nouvelles nouvelles*, il consacrait à Molière un article assez étendu; il y apporte beaucoup de précautions et de ménagements; il a l'intention de dire « tant soit peu plus à la gloire de Molière qu'à son désavantage ». Cette critique nous paraît aujourd'hui bien étonnante par le ton dégagé que prend le jeune écrivain vis-à-vis de l'auteur de *l'École des Maris* et de *l'École des Femmes*. Il paraît toutefois avoir voulu faire réellement preuve d'impartialité, et ce n'était pas à coup sûr une critique aussi mêlée de louanges qui devait satisfaire les ennemis du poète comédien.

On trouvera à la suite de *l'École des Femmes* d'abord les stances de Boileau, puis l'extrait des *Nouvelles nouvelles*, enfin la liste des pensions pour l'année 1663, et le *Remerciement au roi*.

Suivant une ancienne coutume à laquelle nous restons fidèles, nous donnons les noms des acteurs qui créèrent les principaux rôles, en regard des noms des personnages, dans la liste qui est en tête de la comédie.

Voici quelle était la distribution en 1685 :

ARNOLPHE . . . . M. Rosimont.
AGNÈS . . . . Mlle Debrie, qui prit sa retraite à Pâques de cette année-là.
HORACE . . . . M. La Grange.
ALAIN . . . . M. Brécourt.
GEORGETTE . . . . Mlle La Grange (Marotte-Ragueneau).
CHRYSALDE . . . . M. Guérin.
ENRIQUE . . . . M. Beauval.
ORONTE . . . . M. Hubert.

L'École des Femmes a été l'une des pièces jouées pour célébrer le deux centième anniversaire de la fondation de la Comédie française, au mois d'octobre 1880. Elle fut représentée, le mercredi 27, par les artistes suivants :

ARNOLPHE.	M. Got.
AGNÈS.	Mlle Reichemberg.
HORACE.	M. Delaunay.
ALAIN.	M. Truffier.
GEORGETTE.	Mlle Jeanne Samary.
CHRYSALDE.	M. Thiron.
ENRIQUE.	M. Tronchet.
ORONTE.	M. Martel.

La pièce fut imprimée dans les premiers mois de l'année 1663. Voici le titre de l'édition *princeps* : « *L'Escole des Femmes,* comédie par J.-B. P. Molière, à Paris, chez Charles de Sercy, au Palais, au sixième pilier de la Grand'salle, vis-à-vis la Montée de la cour des Aydes, à la Bonne Foy couronnée. 1663. Avec privilège du roy. » Ce privilège est cédé par Molière à Guillaume de Luyne, marchand libraire, qui en fait part aux sieurs Charles de Sercy, Joly, Billaine, Loyson, Guignard, Barbin et Quinet, ses confrères. Le volume a été achevé d'imprimer pour la première fois le 17 mars 1663. Une gravure, signée F. C. (François Chauveau), représente Arnolphe assis faisant la leçon à Agnès, qui est debout devant lui.

Nous reproduisons le texte de cette première édition. Nous donnons les variantes des éditions de 1673 et de 1682.

L. M.

A MADAME[1]

~~~

Madame,

Je suis le plus embarrassé homme du monde lorsqu'il me faut dédier un livre, et je me trouve si peu fait au style d'épître dédicatoire que je ne sais par où sortir de celle-ci. Un autre auteur qui seroit en ma place trouveroit d'abord cent belles choses à dire de Votre Altesse Royale sur le titre de *l'École des Femmes** et l'offre qu'il vous en feroit. Mais, pour moi, Madame, je vous avoue mon foible[2]. Je ne sais point cet art de trouver des rapports entre des choses si peu proportionnées; et, quelques belles lumières que mes confrères les auteurs me donnent tous les jours sur de pareils sujets, je ne vois point ce que Votre Altesse Royale pourroit avoir à démêler avec la

---

* Var. *Sur ce titre de* l'École des Femmes (1673, 1682).

1. Madame, première femme de Monsieur, frère de Louis XIV, était cette Henriette d'Angleterre dont tout le monde chérissait la bonté, l'esprit et les grâces. Elle mourut à l'âge de vingt-six ans, le 30 juin 1670; son oraison funèbre, prononcée par Bossuet, est un des chefs-d'œuvre de ce grand orateur. L'histoire confirme toutes les louanges que Molière lui donne dans cette épître dédicatoire. (Auger.)
2. Je vous avoue mon insuffisance. Le mot *foible* aurait aujourd'hui un autre sens.

comédie que je lui présente. On n'est pas en peine, sans doute, comment il faut faire pour vous louer.* La matière, Madame, ne saute que trop aux yeux; et, de quelque côté qu'on vous regarde, on rencontre gloire sur gloire et qualités sur qualités. Vous en avez, Madame, du côté du rang et de la naissance, qui vous font respecter de toute la terre. Vous en avez du côté des grâces, et de l'esprit et du corps, qui vous font admirer de toutes les personnes qui vous voient. Vous en avez du côté de l'âme, qui, si l'on ose parler ainsi, vous font aimer de tous ceux qui ont l'honneur d'approcher de vous; je veux dire cette douceur pleine de charmes dont vous daignez tempérer la fierté des grands titres que vous portez; cette bonté tout obligeante, cette affabilité généreuse que vous faites paroître pour tout le monde. Et ce sont particulièrement ces dernières pour qui je suis, et dont je sens fort bien que je ne me pourrai taire quelque jour. Mais encore une fois, Madame, je ne sais point le biais de faire entrer ici des vérités si éclatantes; et ce sont choses, à mon avis, et d'une trop vaste étendue, et d'un mérite trop relevé, pour les vouloir renfermer dans une épître et les mêler avec des bagatelles. Tout bien considéré, Madame, je ne vois rien à faire ici pour moi que de vous dédier simplement ma comédie, et de vous assurer, avec tout le respect qu'il m'est possible, que je suis,

De Votre Altesse Royale,

Madame,

Le très humble, très obéissant et très obligé serviteur,

J.-B. Molière.

* Var. *Comme il faut faire pour vous louer* (1682).

PRÉFACE.

Bien des gens ont frondé d'abord cette comédie; mais les rieurs ont été pour elle, et tout le mal qu'on en a pu dire n'a pu faire qu'elle n'ait eu un succès dont je me contente.

Je sais qu'on attend de moi, dans cette impression, quelque préface qui réponde aux censeurs et rende raison de mon ouvrage; et, sans doute que je suis assez redevable à toutes les personnes qui lui ont donné leur approbation pour me croire obligé de défendre leur jugement contre celui des autres; mais il se trouve qu'une grande partie des choses que j'aurois à dire sur ce sujet est déjà dans une dissertation que j'ai faite en dialogue, et dont je ne sais encore ce que je ferai.

L'idée de ce dialogue, ou, si l'on veut, de cette petite comédie[1], me vint après les deux ou trois premières représentations de ma pièce.

---

1. Cette petite comédie est, comme on sait, *la Critique de l'École des Femmes*, jouée le 1er juin 1663, c'est-à-dire un peu plus de cinq mois après *l'École des Femmes*.

PRÉFACE.

Je la dis, cette idée, dans une maison où je me trouvai un soir; et d'abord une personne de qualité, dont l'esprit est assez connu dans le monde[1], et qui me fait l'honneur de m'aimer, trouva le projet assez à son gré non-seulement pour me solliciter d'y mettre la main, mais encore pour l'y mettre lui-même; et je fus étonné que deux jours après il me montra toute l'affaire exécutée d'une manière à la vérité beaucoup plus galante et plus spirituelle que je ne puis faire, mais où je trouvai des choses trop avantageuses pour moi; et j'eus peur que, si je produisois cet ouvrage sur notre théâtre, on ne m'accusât d'abord d'avoir mendié les louanges qu'on m'y donnoit. Cependant cela m'empêcha, par quelque considération, d'achever ce que j'avois commencé. Mais tant de gens me pressent tous les jours de le faire que je ne sais ce qui en sera; et cette incertitude est cause que je ne mets point dans cette préface ce qu'on verra dans la Critique, en cas que je me résolve à la faire paroître. S'il faut que cela soit, je le dis encore, ce sera seulement pour venger le public du chagrin délicat de certaines gens[2]: car, pour moi, je m'en tiens assez vengé par la réussite de ma comédie; et je souhaite que toutes celles que je pourrai faire soient traitées par eux comme celle-ci, pourvu que le reste suive de même.*

---

* VAR. *Pourvu que le reste soit de même* (1673, 1682).

1. Le personnage dont parle ici Molière serait, suivant un passage des *Nouvelles nouvelles*, l'abbé Dubuisson, *grand introducteur des ruelles*, qui était en même temps, dit le *Dictionnaire* de Somaize, « un des protecteurs des jeux du Cirque » (c'est-à-dire du théâtre).

2. Du chagrin causé par excès de délicatesse, de la mauvaise humeur de certaines gens trop difficiles.

L'ÉCOLE DES FEMMES

PERSONNAGES.	ACTEURS.
ARNOLPHE, autrement MONSIEUR DE LA SOUCHE.	MOLIÈRE.
AGNÈS, jeune fille innocente élevée par Arnolphe . .	Mlle DEBRIE.
HORACE, amant d'Agnès	LA GRANGE.
ALAIN, paysan, valet d'Arnolphe	BRÉCOURT [1].
GEORGETTE, paysanne, servante d'Arnolphe. . . .	Mlle MAROTTE [2].
CHRYSALDE, ami d'Arnolphe	L'ÉPY [3].
ENRIQUE, beau-frère de Chrysalde	
ORONTE, père d'Horace et grand ami d'Arnolphe.	
[UN NOTAIRE]	

La scène est dans une place de ville [4].

1. On dit que c'est en voyant Brécourt jouer ce personnage d'Alain que Louis XIV s'écria : « Cet homme-là ferait rire des pierres! »

2. Le rôle de Georgette fut créé par une actrice auxiliaire qu'on appelait Mlle Marotte. C'était la fille de Ragueneau, qui devint plus tard Mlle ou, comme nous dirions aujourd'hui, Mme La Grange. On la payait par soirée, et on lui fournissait son costume. On lit sur un des registres de La Thorillière, à la date du 29 juin 1663 : « Une chemise jaune de l'habit de Georgette, 7 liv. — 1er juillet, pour l'habit nouveau de Georgette, 9 liv. — 6 juillet, pour un reste de l'habit de Georgette, 1 liv. 5 s. »

3. L'Épy se retira de la troupe à la clôture de Pâques 1663.

4. Le lieu de la scène, ainsi désigné, a prêté à la critique; et l'on a oublié qu'il est le même dans la plupart des comédies contemporaines et dans la plupart des comédies que Molière avait déjà faites : *l'Étourdi*, le *Dépit amoureux*, le *Cocu imaginaire*, *l'École des Maris*. C'était, avons-nous dit, pour tous les yeux le théâtre lui-même. Mais on devenait plus délicat et plus difficile. Molière ne fut pas sans se préoccuper de l'invraisemblance, et il a cherché en plus d'un endroit à la pallier.

L'éditeur de 1734 a jugé à propos d'indiquer ce lieu avec plus de précision, et il a marqué que la scène est *à Paris, dans une place d'un faubourg*. C'est ajouter à Molière sans utilité aucune.

Le manuscrit de Laurent Mahelot donne pour la mise en scène les indications suivantes : « [Le] théâtre est deux maisons sur le devant, et le reste est une place de ville. Il faut une chaise, une bourse et des jetons. Au 3e [acte], des jetons, une lettre. »

L'ÉCOLE DES FEMMES

COMÉDIE

ACTE PREMIER.

SCÈNE PREMIÈRE.
CHRYSALDE, ARNOLPHE.

CHRYSALDE.
Vous venez, dites-vous, pour lui donner la main?
ARNOLPHE.
Oui. Je veux terminer la chose dans demain[1].
CHRYSALDE.
Nous sommes ici seuls, et l'on peut, ce me semble,
Sans craindre d'être ouïs, y discourir ensemble.
Voulez-vous qu'en ami je vous ouvre mon cœur?
Votre dessein, pour vous, me fait trembler de peur;
Et, de quelque façon que vous tourniez l'affaire,
Prendre femme est à vous un coup bien téméraire.
ARNOLPHE.
Il est vrai, notre ami. Peut-être que chez vous
Vous trouvez des sujets de craindre pour chez nous;

---

1. Comme on dit : dans une heure, dans deux jours.

Et votre front, je crois, veut que du mariage
Les cornes soient partout l'infaillible apanage.
            CHRYSALDE.
Ce sont coups du hasard dont on n'est point garant ;
Et bien sot, ce me semble, est le soin qu'on en prend.
Mais quand je crains pour vous, c'est cette raillerie
Dont cent pauvres maris ont souffert la furie :
Car enfin vous savez qu'il n'est grands ni petits
Que de votre critique on ait vus garantis ;
Car vos plus grands plaisirs sont, partout où vous êtes,*
De faire cent éclats des intrigues secrètes...
            ARNOLPHE.
Fort bien. Est-il au monde une autre ville aussi
Où l'on ait des maris si patients qu'ici?
Est-ce qu'on n'en voit pas de toutes les espèces,
Qui sont accommodés chez eux de toutes pièces?
L'un amasse du bien, dont sa femme fait part
A ceux qui prennent soin de le faire cornard ;
L'autre, un peu plus heureux, mais non pas moins infâme,
Voit faire tous les jours des présents à sa femme,
Et d'aucun soin jaloux n'a l'esprit combattu,
Parce qu'elle lui dit que c'est pour sa vertu.
L'un fait beaucoup de bruit qui ne lui sert de guères ;
L'autre en toute douceur laisse aller les affaires,
Et, voyant arriver chez lui le damoiseau,
Prend fort honnêtement ses gants et son manteau.
L'une, de son galant, en adroite femelle,
Fait fausse confidence à son époux fidèle,
Qui dort en sûreté sur un pareil appas,
Et le plaint, ce galant, des soins qu'il ne perd pas ;

* Var. *Que vos plus grands plaisirs.* . . . (1673, 1682).

L'autre, pour se purger de sa magnificence¹,
Dit qu'elle gagne au jeu l'argent qu'elle dépense;
Et le mari benêt, sans songer à quel jeu,
Sur les gains qu'elle fait rend des grâces à Dieu.
Enfin, ce sont partout des sujets de satire;
Et, comme spectateur, ne puis-je pas en rire?
Puis-je pas de nos sots²?...

CHRYSALDE.

Oui; mais qui rit d'autrui
Doit craindre qu'en revanche on rie aussi de lui³.
J'entends parler le monde, et des gens se délassent
A venir débiter les choses qui se passent;
Mais, quoi que l'on divulgue aux endroits où je suis,
Jamais on ne m'a vu triompher de ces bruits.
J'y suis assez modeste; et bien qu'aux occurrences
Je puisse condamner certaines tolérances,
Que mon dessein ne soit de souffrir nullement
Ce que d'aucuns maris souffrent paisiblement,*
Pourtant je n'ai jamais affecté de le dire :
Car enfin il faut craindre un revers de satire,
Et l'on ne doit jamais jurer sur de tels cas

* Var. *Ce que quelques maris souffrent paisiblement* (1673, 1682).

1. Pour expliquer sa magnificence, pour la justifier.
2. L'esprit sceptique et caustique d'Arnolphe du premier coup se donne carrière. C'est bien l'homme des vieux contes, grand *historien* des rubriques féminines, et grand railleur des maris trompés.
3. « Ils voient ce qui avient aux aultres et s'en scevent très bien mocquer et en faire leurs farses; mais quand ils sont mariés, je les regarde embridez et abestis mieulx que les aultres. Si doit chacun se garder de se mocquer des aultres, car je ne voy nul exempt des *joyes* dessusdites. Mais chacun endroit soy croit le contraire, et qu'il est préservé et beneuré entre les aultres; et qui mieulx le croit, mieulx est embridé. Je ne scey que c'est, sinon l'aventure du jeu qui le veut. » (*Les Quinze Joyes de mariage*, seconde édition de la *Bibliothèque elzévirienne*, 1857.

De ce qu'on pourra faire, ou bien ne faire pas.
Ainsi, quand à mon front, par un sort qui tout mène,
Il seroit arrivé quelque disgrâce humaine,
Après mon procédé, je suis presque certain
Qu'on se contentera de s'en rire sous main :
Et peut-être qu'encor j'aurai cet avantage,
Que quelques bonnes gens diront que c'est dommage.
Mais de vous, cher compère, il en est autrement;
Je vous le dis encor, vous risquez diablement.
Comme sur les maris accusés de souffrance[1]
De tout temps votre langue a daubé d'importance,
Qu'on vous a vu contre eux un diable déchaîné,
Vous devez marcher droit, pour n'être point berné;
Et, s'il faut que sur vous on ait la moindre prise,
Gare qu'aux carrefours on ne vous tympanise,
Et...

ARNOLPHE.

Mon Dieu! notre ami, ne vous tourmentez point.
Bien huppé qui pourra m'attraper sur ce point.*
Je sais les tours rusés et les subtiles trames
Dont pour nous en planter savent user les femmes,
Et comme on est dupé par leurs dextérités;**
Contre cet accident j'ai pris mes sûretés;
Et celle que j'épouse a toute l'innocence
Qui peut sauver mon front de maligne influence.

* VAR. *Bien dupé qui pourra m'attraper sur ce point* (1673).
  Bien rusé qui pourra m'attraper sur ce point (1682).

** VAR. *Dont pour nous en planter savent user les femmes;*
  Et, comme on est dupé par leurs dextérités (1673).
C'est une différence de ponctuation.

1. De patience, de tolérance excessive : Corneille a dit dans *Mélite* :

   C'en est trop : tes dédains épuisent ma souffrance.

ACTE I, SCÈNE I.

CHRYSALDE.

Et que prétendez-vous qu'une sotte, en un mot...

ARNOLPHE.

Épouser une sotte est pour n'être point sot.
Je crois, en bon chrétien, votre moitié fort sage;
Mais une femme habile est un mauvais présage,
Et je sais ce qu'il coûte à de certaines gens
Pour avoir pris les leurs avec trop de talents.
Moi, j'irois me charger d'une spirituelle
Qui ne parleroit rien que cercle et que ruelle;
Qui de prose et de vers feroit de doux écrits,
Et que visiteroient marquis et beaux esprits,
Tandis que, sous le nom du mari de madame,
Je serois comme un saint que pas un ne réclame!
Non, non, je ne veux point d'un esprit qui soit haut;
Et femme qui compose en sait plus qu'il ne faut.
Je prétends que la mienne, en clartés peu sublime,
Même ne sache pas ce que c'est qu'une rime;
Et, s'il faut qu'avec elle on joue au corbillon,
Et qu'on vienne à lui dire à son tour : Qu'y met-on?
Je veux qu'elle réponde : Une tarte à la crème[1];
En un mot, qu'elle soit d'une ignorance extrême :
Et c'est assez pour elle, à vous en bien parler,
De savoir prier Dieu, m'aimer, coudre et filer.

---

1. Ce mot est un de ceux dont on voulut se servir pour dénigrer et discréditer l'ouvrage. Nous verrons plus tard comment Molière para le coup. Tout ce qu'on pouvait reprocher à ce mot, c'était d'appartenir au langage familier; du reste il n'a rien de bas, et il est parfaitement en situation. Pour prouver comment Agnès ne saura même pas ce que c'est qu'une rime, Arnolphe ne pouvait trouver un exemple plus naturel. La réponse d'Agnès se comprend d'autant mieux que le corbillon est, comme on sait, une sorte de corbeille dans laquelle les pâtissiers portent la pâtisserie à leur pratique, ou qui sert dans les ménages à garder la pâtisserie.

CHRYSALDE.
Une femme stupide est donc votre marotte?
ARNOLPHE.
Tant, que j'aimerois mieux une laide bien sotte,
Qu'une femme fort belle avec beaucoup d'esprit.
CHRYSALDE.
L'esprit et la beauté...
ARNOLPHE.
L'honnêteté suffit.
CHRYSALDE.
Mais comment voulez-vous, après tout, qu'une bête
Puisse jamais savoir ce que c'est qu'être honnête?
Outre qu'il est assez ennuyeux, que je croi,
D'avoir toute sa vie une bête avec soi,
Pensez-vous le bien prendre, et que sur votre idée
La sûreté d'un front puisse être bien fondée?
Une femme d'esprit peut trahir son devoir;
Mais il faut, pour le moins, qu'elle ose le vouloir :
Et la stupide au sien peut manquer d'ordinaire,
Sans en avoir l'envie et sans penser le faire[1].
ARNOLPHE.
A ce bel argument, à ce discours profond,
Ce que Pantagruel à Panurge répond :
Pressez-moi de me joindre à femme autre que sotte,
Prêchez, patrocinez[2] jusqu'à la Pentecôte;

---

1. On trouvera dans les fragments de Scarron que nous avons cités la plupart des arguments que Chrysalde fait valoir contre Arnolphe.

2. C'est dans le chapitre v du IIIe livre : *Comment Pantagruel déteste les debteurs et emprunteurs,* que se trouve le passage dont Arnolphe fait usage : « J'entendz, respondit Pantagruel, et me semblez bon topicqueur et affecté à vostre cause. Mais preschez et patrocinez d'ici à la Pentecouste, enfin vous serez esbahi comment rien ne m'aurez persuadé, et par vostre beau parler jà ne me ferez entrer en debtes. »

ACTE I, SCÈNE I.

Vous serez ébahi, quand vous serez au bout,
Que vous ne m'aurez rien persuadé du tout.

CHRYSALDE.

Je ne vous dis plus mot.

ARNOLPHE.

                Chacun a sa méthode.
En femme, comme en tout, je veux suivre ma mode :
Je me vois riche assez pour pouvoir, que je croi,
Choisir une moitié qui tienne tout de moi,
Et de qui la soumise et pleine dépendance
N'ait à me reprocher aucun bien ni naissance.
Un air doux et posé, parmi d'autres enfants,
M'inspira de l'amour pour elle dès quatre ans :
Sa mère se trouvant de pauvreté pressée,
De la lui demander il me vint la pensée;*
Et la bonne paysanne[1], apprenant mon désir,
A s'ôter cette charge eut beaucoup de plaisir.
Dans un petit couvent, loin de toute pratique,
Je la fis élever selon ma politique;
C'est-à-dire ordonnant quels soins on emploieroit
Pour la rendre idiote autant qu'il se pourroit.
Dieu merci, le succès a suivi mon attente;
Et grande, je l'ai vue à tel point innocente
Que j'ai béni le ciel d'avoir trouvé mon fait,
Pour me faire une femme au gré de mon souhait.
Je l'ai donc retirée; et comme ma demeure
A cent sortes de monde est ouverte à toute heure,**
Je l'ai mise à l'écart, comme il faut tout prévoir,
Dans cette autre maison où nul ne me vient voir;

* Var. *De la lui demander il me vint en pensée* (1673, 1682).
** Var. *A cent sortes de gens est ouverte à toute heure* (1682.)

1. *Paysanne*, de deux syllabes.

Et, pour ne point gâter sa bonté naturelle,
Je n'y tiens que des gens tout aussi simples qu'elle.
Vous me direz : Pourquoi cette narration?
C'est pour vous rendre instruit de ma précaution.
Le résultat de tout est qu'en ami fidèle
Ce soir je vous invite à souper avec elle;
Je veux que vous puissiez un peu l'examiner,
Et voir si de mon choix on me doit condamner. *

CHRYSALDE.

J'y consens.

ARNOLPHE.

Vous pourrez, dans cette conférence,
Juger de sa personne et de son innocence.

CHRYSALDE.

Pour cet article-là, ce que vous m'avez dit
Ne peut...

ARNOLPHE.

La vérité passe encor mon récit.
Dans ses simplicités à tous coups je l'admire,
Et parfois elle en dit dont je pâme de rire.
L'autre jour (pourroit-on se le persuader?), **
Elle étoit fort en peine, et me vint demander,
Avec une innocence à nulle autre pareille,
Si les enfants qu'on fait se faisoient par l'oreille₁.

CHRYSALDE.

Je me réjouis fort, seigneur Arnolphe...

ARNOLPHE.

Bon!
Me voulez-vous toujours appeler de ce nom?

* Var. . . . . . . on doit me condamner (1682).
** Var. *L'autre jour (pourroit-on vous le persuader?)* (1673).

1. Voyez la *Critique de l'École des Femmes*, scène vii.

ACTE I, SCÈNE I.

CHRYSALDE.

Ah! malgré que j'en aie, il me vient à la bouche,
Et jamais je ne songe à monsieur de la Souche.
Qui diable vous a fait aussi vous aviser,
A quarante et deux ans,* de vous débaptiser,
Et d'un vieux tronc pourri de votre métairie
Vous faire dans le monde un nom de seigneurie?

ARNOLPHE.

Outre que la maison par ce nom se connoît,
La Souche plus qu'Arnolphe à mes oreilles plaît [1].

CHRYSALDE.

Quel abus de quitter le vrai nom de ses pères,
Pour en vouloir prendre un bâti sur des chimères!
De la plupart des gens c'est la démangeaison;
Et, sans vous embrasser dans la comparaison,
Je sais un paysan qu'on appeloit Gros-Pierre,
Qui, n'ayant pour tout bien qu'un seul quartier de terre,

* VAR. *A quarante-deux ans*. . . . . (1673, 1682).

1. Ce n'est pas tout à fait sans cause que ce nom d'Arnolphe sonne mal aux oreilles du futur époux d'Agnès. Saint Arnulphe, Arnolphe, Arnold ou Arnoul, était, pour les railleurs du moyen âge, le patron des maris trompés. Nous avons cité, à la page 313 du tome troisième, quatre vers du poète Coquillart, où il est question du *jour Sainct-Arnoul*, c'est-à-dire de la fête desdits maris, et de ceux d'entre eux qui figurent à la danse avec le plus d'honneur. On lit dans le *Roman de la Rose* :

> Suis-je mis en la confrérie
> Saint Arnoul, le seigneur des coux,
> Dont nul ne peut-être rescous?

Nous ignorons s'il se trouve dans la légende de saint Arnulphe quelque trait qui justifie ce patronage. Au xviie siècle, le souvenir de cette tradition facétieuse n'était pas entièrement effacé; et l'on entendait encore très bien ce que c'était qu'entrer dans la confrérie de Saint-Arnolphe. Aujourd'hui que cette allusion est saisie par peu de monde, la répugnance de M. de la Souche pour le nom qu'il a quitté ne se comprend plus de la même manière, et ne paraît plus aussi plaisante qu'elle devait l'être pour les spectateurs du temps de Molière.

Y fit tout alentour faire un fossé bourbeux,
Et de monsieur de l'Isle en prit le nom pompeux[1].

ARNOLPHE.

Vous pourriez vous passer d'exemples de la sorte.
Mais enfin de la Souche est le nom que je porte :
J'y vois de la raison, j'y trouve des appas;
Et m'appeler de l'autre est ne m'obliger pas.

CHRYSALDE.

Cependant la plupart ont peine à s'y soumettre,
Et je vois même encor des adresses de lettre[2]...

ARNOLPHE.

Je le souffre aisément de qui n'est pas instruit;
Mais vous...

CHRYSALDE.

Soit : là-dessus nous n'aurons point de bruit;
Et je prendrai le soin d'accoutumer ma bouche
A ne plus vous nommer que monsieur de la Souche.

ARNOLPHE.

Adieu. Je frappe ici pour donner le bonjour,
Et dire seulement que je suis de retour.

---

1. L'abbé d'Aubignac, ennemi de Corneille, prétendit que Molière, dans ce passage, faisait allusion au surnom de Thomas Corneille, qu'on appelait M. de l'Isle pour le distinguer de son frère aîné. Le père Niceron dit que ce n'est pas Thomas Corneille, mais Charles Sorel, l'auteur de *Francion* et du *Berger extravagant*, que Molière eut en vue. Sorel se fit appeler, en effet, tour à tour M. de Souvigny et M. de l'Isle. Il est probable qu'ils n'étaient pas les seuls à porter ce nom d'emprunt. Il ne faut voir dans ces vers de la comédie qu'un trait de satire générale. Molière avait besoin d'insister sur cette duplicité de nom qui est précisément le pivot, pour ainsi dire, sur lequel va tourner la pièce. Il avait besoin de fixer cette circonstance dans la mémoire des spectateurs. C'est pour cela qu'il prête à Chrysalde des réflexions, aussi justes d'ailleurs que piquantes, sur le travers de ceux qui, comme Arnolphe, « quittent le vrai nom de leurs pères ».

2. Ainsi, c'est un nom adopté tout nouvellement et sous lequel Arnolphe n'est encore qu'imparfaitement connu : ces détails expliquent et justifient d'avance la méprise d'Horace.

CHRYSALDE, à part, en s'en allant.

Ma foi, je le tiens fou de toutes les manières.

ARNOLPHE, seul.

Il est un peu blessé sur certaines matières.
Chose étrange, de voir comme avec passion
Un chacun est chaussé de son opinion [1] !

(Il frappe à sa porte.)

Holà !

SCÈNE II.

ARNOLPHE, ALAIN, GEORGETTE, dans la maison.

ALAIN.

Qui heurte ?

ARNOLPHE.

(A part.)

Ouvrez. On aura, que je pense,
Grande joie à me voir après dix jours d'absence [2].

ALAIN.

Qui va là ?

ARNOLPHE.

Moi.

ALAIN.

Georgette !

GEORGETTE.

Hé bien ?

---

1. Boileau commence sa quatrième satire par ces vers :

> D'où vient, cher Le Vayer, que l'homme le moins sage
> Croit toujours seul avoir la raison en partage,
> Et qu'il n'est point de fou qui, par belles raisons,
> Ne loge son voisin aux petites-maisons ?

Boileau réduit en maxime ce que Molière met ici en action.

2. Cet aparté va recevoir immédiatement un plaisant démenti : il prépare l'excellent jeu de scène qui va suivre.

ALAIN.

Ouvre là-bas.

GEORGETTE.

Vas-y, toi.

ALAIN.

Vas-y, toi.

GEORGETTE.

Ma foi, je n'irai pas.

ALAIN.

Je n'irai pas aussi[1].

ARNOLPHE.

Belle cérémonie
Pour me laisser dehors! Holà! ho! je vous prie.

GEORGETTE.

Qui frappe?

ARNOLPHE.

Votre maître.

GEORGETTE.

Alain!

---

1. Le xviie siècle conservait *aussi*, même après la négation exprimée qui aujourd'hui commande *non plus* :

« Le petit homme étoit si troublé d'en avoir tant dit qu'il respondit : Je ne sçay. — Ni moi aussi, dit La Rancune. » (Scarron, *Roman comique*, I, ix.)

« Ces paroles ne peuvent donc servir qu'à vous convaincre vous-même d'imposture, et elles ne servent pas aussi davantage pour justifier Vasquez. » (Pascal, *XIIe Provinciale.*)

« Elle n'est pas aussi une pure production ou fiction de mon esprit. » (Descartes, *Méditation III.*)

> Se relever plus forts, plus ils sont abattus,
> N'est pas aussi l'effet des communes vertus.
> (Corneille, *Polyeucte*, V, vi.)

On voit que ce n'étaient pas seulement les lourdauds comme Alain qui usaient de cette façon de parler; nous la rencontrerons, du reste, plus d'une fois encore dans Molière.

ALAIN.

Quoi?

GEORGETTE.

C'est monsieur.

Ouvre vite.

ALAIN.

Ouvre, toi.

GEORGETTE.

Je souffle notre feu.

ALAIN.

J'empêche, peur du chat, que mon moineau ne sorte.

ARNOLPHE.

Quiconque de vous deux n'ouvrira pas la porte
N'aura point à manger de plus de quatre jours.
Ha!

GEORGETTE.

Par quelle raison y venir, quand j'y cours?

ALAIN.

Pourquoi plutôt que moi? Le plaisant strodagème[1] !*

GEORGETTE.

Ote-toi donc de là.

ALAIN.

Non, ôte-toi toi-même.

GEORGETTE.

Je veux ouvrir la porte.

* VAR. . . . . . . *Le plaisant stratagème* (1673, 1682).

1. Le mot *stratagème* est trop savant pour Alain; il l'applique assez mal, et il l'estropie. (AUGER.)
La variante montre que la forme correcte du mot prévalut. Il ne faut pourtant pas dire, comme un récent éditeur de Molière, que « strodagème est vraisemblablement une faute typographique ».

ALAIN.
Et je veux l'ouvrir, moi.
GEORGETTE.
Tu ne l'ouvriras pas.
ALAIN.
Ni toi non plus.
GEORGETTE.
Ni toi.
ARNOLPHE.
Il faut que j'aie ici l'âme bien patiente !
ALAIN, en entrant.
Au moins c'est moi, monsieur.
GEORGETTE, en entrant.
Je suis votre servante,
C'est moi.
ALAIN.
Sans le respect de monsieur que voilà,
Je te...
ARNOLPHE, recevant un coup d'Alain.
Peste !
ALAIN.
Pardon.
ARNOLPHE.
Voyez ce lourdaud-là !
ALAIN.
C'est elle aussi, monsieur...
ARNOLPHE.
Que tous deux on se taise.
Songez à me répondre, et laissons la fadaise.
Hé bien ! Alain, comment se porte-t-on ici ?
ALAIN.
Monsieur, nous nous...
(Arnolphe ôte le chapeau de dessus la tête d'Alain.)

ACTE I, SCÈNE III.

Monsieur, nous nous por...
(Arnolphe l'ôte encore.)

Dieu merci,
Nous nous...

ARNOLPHE, ôtant le chapeau d'Alain pour la troisième fois,
et le jetant par terre.

Qui vous apprend, impertinente bête,
A parler devant moi le chapeau sur la tête?

ALAIN.

Vous faites bien, j'ai tort[1].

ARNOLPHE, à Alain.

Faites descendre Agnès.

SCÈNE III.

ARNOLPHE, GEORGETTE.

ARNOLPHE.
Lorsque je m'en allai, fut-elle triste après?

GEORGETTE.
Triste? Non.

ARNOLPHE.
Non?

GEORGETTE.
Si fait.

ARNOLPHE.
Pourquoi donc?

GEORGETTE.
Oui, je meure.
Elle vous croyoit voir de retour à toute heure;

---

1. Voyez *la Critique de l'École des Femmes,* scène VII.

Et nous n'oyions jamais passer devant chez nous
Cheval, âne ou mulet, qu'elle ne prît pour vous[1].

SCÈNE IV.

ARNOLPHE, AGNÈS, ALAIN, GEORGETTE.

ARNOLPHE.

La besogne à la main? c'est un bon témoignage.
Hé bien! Agnès, je suis de retour du voyage :
En êtes-vous bien aise?

AGNÈS.

Oui, monsieur, Dieu merci.

ARNOLPHE.

Et moi, de vous revoir je suis bien aise aussi.
Vous vous êtes toujours, comme on voit, bien portée?

AGNÈS.

Hors les puces, qui m'ont la nuit inquiétée.

ARNOLPHE.

Ah! vous aurez dans peu quelqu'un pour les chasser.

---

1. Jean Bouchet écrivait, plus de cent ans auparavant, dans son épître VIe *d'une fiancée à son fiancé absent :*

> Et m'est advis, quand j'ois quelque cheval
> Qui marche fier, qui fait les saults et rue,
> Que c'est le vostre; alors je sors en rue
> Hastivement, cuidant que ce soit vous.

On a beaucoup abusé, depuis Molière, de cette plaisanterie.

Voilà les deux valets dont la simplicité enchantait Arnolphe. Ils commencent par le faire attendre un quart d'heure à sa porte. Alain lui donne un coup qu'il destinait à Georgette. Georgette explique d'une manière assez peu satisfaisante pour son maître la tristesse d'Agnès pendant son absence. En même temps que cette scène fait présager qu'ils donneront à Arnolphe des preuves plus convaincantes encore de leur simplicité, elle excite une certaine curiosité de voir paraître l'innocente beauté dont il a confié la garde à de tels serviteurs.

ACTE I, SCÈNE V.

AGNÈS.

Vous me ferez plaisir[1].

ARNOLPHE.

Je le puis bien penser.
Que faites-vous donc là?

AGNÈS.

Je me fais des cornettes.
Vos chemises de nuit et vos coiffes sont faites.

ARNOLPHE.

Ah! voilà qui va bien. Allez, montez là-haut :
Ne vous ennuyez point, je reviendrai tantôt,
Et je vous parlerai d'affaires importantes.

SCÈNE V.

ARNOLPHE, seul.

Héroïnes du temps, mesdames les savantes,
Pousseuses de tendresse et de beaux sentiments,
Je défie à la fois tous vos vers, vos romans,
Vos lettres, billets doux, toute votre science,
De valoir cette honnête et pudique ignorance[2].
Ce n'est point par le bien qu'il faut être ébloui;
Et pourvu que l'honneur soit...

---

1. Voilà en deux phrases ce personnage mis en scène. Ces traits n'excèdent pas le degré de niaiserie et d'ignorance qui peut se trouver dans la tête d'une jeune fille qu'on a élevée de manière « à la rendre idiote autant qu'il se pourroit ».

2. Rien de plus comique que cet essor du contentement d'Arnolphe. Molière excelle dans l'art de préparer les situations en ménageant des contrastes, des oppositions piquantes, entre ce que dit un personnage et ce qui va lui arriver.

SCÈNE VI.

HORACE, ARNOLPHE.

ARNOLPHE.

Que vois-je? Est-ce?... Oui.
Je me trompe. Nenni. Si fait. Non, c'est lui-même.
Hor...

HORACE.

Seigneur Ar...

ARNOLPHE.

Horace.

HORACE.

Arnolphe.

ARNOLPHE.

Ah! joie extrême!
Et depuis quand ici?

HORACE.

Depuis neuf jours.

ARNOLPHE.

Vraiment?

HORACE.

Je fus d'abord chez vous, mais inutilement.

ARNOLPHE.

J'étois à la campagne.

HORACE.

Oui, depuis deux journées[1].

ARNOLPHE.

Oh! comme les enfants croissent en peu d'années!

---

1. L'édition de 1734 a mis dix journées, d'après le troisième vers de la scène II, et le septième de la scène VI du IIe acte. Mais Horace veut dire que, lorsqu'il est arrivé, il y a neuf jours, Arnolphe était parti depuis la veille ou l'avant-veille pour la campagne.

J'admire de le voir au point où le voilà,
Après que je l'ai vu pas plus grand que cela¹.

HORACE.

Vous voyez.

ARNOLPHE.

Mais, de grâce, Oronte votre père,
Mon bon et cher ami que j'estime et révère,
Que fait-il? que dit-il? Est-il toujours gaillard? *
A tout ce qui le touche il sait que je prends part :
Nous ne nous sommes vus depuis quatre ans ensemble.

HORACE.

Ni, qui plus est, écrit l'un à l'autre, me semble.**
Il est, seigneur Arnolphe, encor plus gai que nous,
Et j'avois de sa part une lettre pour vous;
Mais depuis, par une autre, il m'apprend sa venue,
Et la raison encor ne m'en est pas connue.
Savez-vous qui peut être un de vos citoyens***
Qui retourne en ces lieux avec beaucoup de biens

---

* Var. *Que fait-il à présent? Est-il toujours gaillard?* (1673, 1682.)

** L'édition de 1663 met ce vers au compte du jeune Horace. L'édition de 1673 l'attribue à Arnolphe, et le joint au couplet précédent. Tous les éditeurs ont suivi cette dernière leçon sans même signaler la variante. Il nous paraît que le texte de l'édition *princeps,* que nous reproduisons, est pourtant fort admissible. Ce vers :

Ni, qui plus est, écrit l'un à l'autre, me semble,

peut très bien s'entendre comme un léger reproche de négligence qu'exprime Horace, et la formule dubitative : *me semble,* obligerait presque à donner la préférence à la première leçon.

*** Var. . . . . . . *un de nos citoyens* (1682).

1. Nombre de poètes comiques ont employé, après Molière, ce trait d'un étonnement si naturel et qu'on entend chaque jour. Gresset, par exemple, dans *le Méchant,* fait dire à Géronte revoyant Valère :

Comme le voilà grand! Parbleu! je l'ai vu là,
Je m'en souviens toujours, pas plus haut que cela;
C'étoit hier, je crois... Comme passe notre âge!

Qu'il s'est en quatorze ans acquis dans l'Amérique?
ARNOLPHE.
Non. Vous a-t-on point dit comme on le nomme?*
HORACE.
Enrique.

ARNOLPHE.
Non.
HORACE.
Mon père m'en parle, et qu'il est revenu,
Comme s'il devoit m'être entièrement connu;
Et m'écrit qu'en chemin ensemble ils vont se mettre,
Pour un fait important que ne dit point sa lettre.**

(Horace remet la lettre d'Oronte à Arnolphe.)
ARNOLPHE.
J'aurai certainement grande joie à le voir,
Et pour le régaler je ferai mon pouvoir.

(Après avoir lu la lettre.)

Il faut, pour des amis, des lettres moins civiles,***
Et tous ces compliments sont choses inutiles.
Sans qu'il prît le souci de m'en écrire rien,
Vous pouvez librement disposer de mon bien.
HORACE.
Je suis homme à saisir les gens par leurs paroles,
Et j'ai présentement besoin de cent pistoles.
ARNOLPHE.
Ma foi, c'est m'obliger que d'en user ainsi;
Et je me réjouis de les avoir ici.
Gardez aussi la bourse.

---

* VAR. *Non; mais vous a-t-on dit comme on le nomme?* (1673, 1682).
** VAR. . . . . . *que ne dit pas sa lettre* (1673, 1682).
*** VAR. *Il faut, pour les amis, des lettres moins civiles* (1673, 1682).

HORACE.
Il faut¹...
ARNOLPHE.
Laissons ce style.
Hé bien! comment encor trouvez-vous cette ville?
HORACE.
Nombreuse en citoyens, superbe en bâtiments;
Et j'en crois merveilleux les divertissements².
ARNOLPHE.
Chacun a ses plaisirs, qu'il se fait à sa guise :
Mais pour ceux que du nom de galants on baptise,
Ils ont en ce pays de quoi se contenter,
Car les femmes y sont faites à coqueter :
On trouve d'humeur douce et la brune et la blonde,
Et les maris aussi les plus bénins du monde;
C'est un plaisir de prince, et des tours que je voi
Je me donne souvent la comédie à moi.
Peut-être en avez-vous déjà féru³ quelqu'une.
Vous est-il point encore arrivé de fortune?
Les gens faits comme vous font plus que les écus,
Et vous êtes de taille à faire des cocus.
HORACE.
A ne vous rien cacher de la vérité pure,
J'ai d'amour en ces lieux eu certaine aventure;
Et l'amitié m'oblige à vous en faire part.

1. Le sens probable de la suspension, c'est qu'Horace, s'il n'était pas interrompu, proposerait de donner un reçu de la somme qu'on lui prête.

2. C'est de ces deux vers que quelques éditeurs ont cru pouvoir conclure qu'il est question de Paris. La conjecture est prompte : le signalement peut s'appliquer à toute grande ville aussi bien qu'à Paris. Molière a voulu sans doute laisser ce point dans le vague; et il n'est pas permis d'aller au delà de son intention.

3. *Féru*, de l'ancien verbe *férir*, frapper.

ARNOLPHE, à part.

Bon! voici de nouveau quelque conte gaillard,*
Et ce sera de quoi mettre sur mes tablettes¹.

HORACE.

Mais, de grâce, qu'au moins ces choses soient secrètes.

ARNOLPHE.

Oh!

HORACE.

Vous n'ignorez pas qu'en ces occasions
Un secret éventé rompt nos prétentions.
Je vous avouerai donc avec pleine franchise
Qu'ici d'une beauté mon âme s'est éprise.
Mes petits soins d'abord ont eu tant de succès
Que je me suis chez elle ouvert un doux accès;
Et, sans trop me vanter, ni lui faire une injure,**
Mes affaires y sont en fort bonne posture.

ARNOLPHE, riant.

Et c'est...?

HORACE, lui montrant le logis d'Agnès.

Un jeune objet qui loge en ce logis,
Dont vous voyez d'ici que les murs sont rougis² :

---

* Var. *Bon! voici de nouveau un beau conte gaillard* (1673).
** Var. . . . . . *ne lui faire une injure* (1673).

1. Arnolphe s'abandonne aussitôt à son humeur grivoise. Le voilà en train de dauber sur les maris, d'exciter le jeune Horace aux entreprises galantes, et de provoquer ses confidences. On comprend très bien qu'un homme de ce caractère soit singulièrement préoccupé des moyens d'éviter un malheur qu'il a tant raillé chez autrui. L'on conçoit aussi que le jeune Horace, qui a entendu vanter cette facilité de mœurs et cette jovialité d'esprit, sûr de n'encourir aucun blâme, persuadé au contraire de trouver un utile appui, n'hésite pas à s'ouvrir à Arnolphe de tous ses projets.

2. Veut-on dès le premier acte juger un acteur dans le rôle d'Arnolphe : il suffit de l'observer au moment où Horace prononce ces deux vers. S'il n'est pas tout à coup l'opposé de ce qu'il était; s'il ne devient pas un autre homme, n'attendez rien de lui. (CAILHAVA.)

ACTE I, SCÈNE VI.

Simple, à la vérité, par l'erreur sans seconde
D'un homme qui la cache au commerce du monde;
Mais qui, dans l'ignorance où l'on veut l'asservir,
Fait briller des attraits capables de ravir;
Un air tout engageant, je ne sais quoi de tendre
Dont il n'est point de cœur qui se puisse défendre.
Mais, peut-être, il n'est pas que vous n'ayez bien vu
Ce jeune astre d'amour, de tant d'attraits pourvu :
C'est Agnès qu'on l'appelle.

ARNOLPHE, à part.

Ah! je crève!

HORACE.

Pour l'homme,
C'est, je crois, de la Zousse, ou Souche, qu'on le nomme;*
Je ne me suis pas fort arrêté sur le nom :
Riche, à ce qu'on m'a dit, mais des plus sensés, non¹;
Et l'on m'en a parlé comme d'un ridicule².
Le connoissez-vous point?

ARNOLPHE, à part.

La fâcheuse pilule!

HORACE.

Hé! vous ne dites mot?

---

* Var. *C'est, je crois, de la Zousse, ou Source, qu'on le nomme* (1673, 1682).

1. Ce tour, dit Aimé Martin, a quelque chose d'aisé qui plaît à l'oreille. Mettez : *mais non des plus sensés,* vous ôterez une certaine grâce qu'on ne peut définir. C'est ainsi que J.-B. Rousseau a dit, en parlant de la licence des rimes :

> Un sage auteur, qui veut se faire un nom,
> Peut en user; mais en abuser, non.

2. Le dictionnaire de l'Académie observe que *ridicule,* pris substantivement pour signifier une personne ridicule, a vieilli. L'usage a sans doute aboli cette acception pour prévenir la confusion des deux sens : personne ridicule et chose ridicule. (AUGER.)

ARNOLPHE.

Eh! oui, je le connoi.*

HORACE.

C'est un fou, n'est-ce pas?

ARNOLPHE.

Hé...

HORACE.

Qu'en dites-vous? Quoi?
Hé! c'est-à-dire oui? Jaloux? à faire rire.**
Sot? Je vois qu'il en est ce que l'on m'a pu dire.
Enfin l'aimable Agnès a su m'assujettir.
C'est un joli bijou, pour ne vous point mentir;
Et ce seroit péché qu'une beauté si rare
Fût laissée au pouvoir de cet homme bizarre.
Pour moi, tous mes efforts, tous mes vœux les plus doux
Vont à m'en rendre maître en dépit du jaloux;***
Et l'argent que de vous j'emprunte avec franchise
N'est que pour mettre à bout cette juste entreprise.
Vous savez mieux que moi, quels que soient nos efforts,
Que l'argent est la clef de tous les grands ressorts,
Et que ce doux métal, qui frappe tant de têtes,
En amour, comme en guerre, avance les conquêtes[1].
Vous me semblez chagrin. Seroit-ce qu'en effet
Vous désapprouveriez le dessein que j'ai fait?

ARNOLPHE.

Non; c'est que je songeois...

* Var. . . . . . *Et oui, je le connoi* (1673, 1682).
** Var. *Hé! c'est-à-dire : oui? Jaloux à faire rire?* (1673, 1682).
*** Var. *Vont à m'en rendre maître en dépit des jaloux* (1682).

1. Ce trait a été fort heureusement imité par Regnard dans ses *Folies amoureuses;* Crispin dit, en parlant de l'argent :

C'est le nerf de la guerre ainsi que des amours.

Et sous cette forme la phrase est devenue proverbiale.

HORACE.
                    Cet entretien vous lasse.
Adieu. J'irai chez vous tantôt vous rendre grâce.
ARNOLPHE, se croyant seul.
Ah! faut-il...
HORACE, revenant.
        Derechef, veuillez être discret;
Et n'allez pas, de grâce, éventer mon secret.
ARNOLPHE, se croyant seul.
Que je sens dans mon âme...
HORACE, revenant.
                        Et surtout à mon père,
Qui s'en feroit peut-être un sujet de colère.
ARNOLPHE, croyant qu'Horace revient encore.
Oh!...

SCÈNE VII.
ARNOLPHE, seul.

Oh! que j'ai souffert durant cet entretien!
Jamais trouble d'esprit ne fut égal au mien.
Avec quelle imprudence et quelle hâte extrême
Il m'est venu conter cette affaire à moi-même!
Bien que mon autre nom le tienne dans l'erreur,
Étourdi montra-t-il jamais tant de fureur?
Mais, ayant tant souffert, je devois me contraindre
Jusques à m'éclaircir de ce que je dois craindre,
A pousser jusqu'au bout son caquet indiscret,
Et savoir pleinement leur commerce secret.
Tâchons à le rejoindre; il n'est pas loin, je pense : *

---

* Var. *Tâchons de le rejoindre; il n'est pas loin, je pense* (1673, 1682).

Tirons-en de ce fait l'entière confidence.
Je tremble du malheur qui m'en peut arriver,
Et l'on cherche souvent plus qu'on ne veut trouver[1].

---

1. Cette pensée se retrouve dans *Amphitryon,* acte II, scène III :

> La foiblesse humaine est d'avoir
> Des curiosités d'apprendre
> Ce qu'on ne voudroit pas savoir.

L'action de la pièce se trouve, à la fin de ce premier acte, fortement engagée. Avant la rencontre qu'il vient de faire d'Horace, Arnolphe jouissait de la sécurité la plus profonde. Il était plein de confiance et de joie; le voici rempli de trouble et de terreur. En un moment la situation a changé.

ACTE DEUXIÈME.

SCÈNE PREMIÈRE.

ARNOLPHE, seul.

Il m'est, lorsque j'y pense, avantageux sans doute
D'avoir perdu mes pas, et pu manquer sa route :
Car enfin de mon cœur le trouble impérieux
N'eût pu se renfermer tout entier à ses yeux ;
Il eût fait éclater l'ennui qui me dévore,
Et je ne voudrois pas qu'il sût ce qu'il ignore.
Mais je ne suis pas homme à gober le morceau
Et laisser un champ libre aux vœux du damoiseau.*
J'en veux rompre le cours, et, sans tarder, apprendre
Jusqu'où l'intelligence entre eux a pu s'étendre :
J'y prends pour mon honneur un notable intérêt[1] ;
Je la regarde en femme, aux termes qu'elle en est ;
Elle n'a pu faillir sans me couvrir de honte,
Et tout ce qu'elle a fait enfin est sur mon compte.**
Éloignement fatal ! voyage malheureux !

(Frappant à la porte.)

---

* Var. *Et laisser un champ libre aux yeux d'un damoiseau* (1673, 1682).
** Var. *Et tout ce qu'elle fait enfin est sur mon compte* (1673, 1682).

1. Suivant l'édition de 1682, ce vers et les trois qui suivent étaient omis à la représentation.

SCÈNE II.

ARNOLPHE, ALAIN, GEORGETTE.

ALAIN.

Ah! monsieur, cette fois...

ARNOLPHE.

                Paix. Venez çà tous deux.
Passez là, passez là. Venez là, venez, dis-je.

GEORGETTE.

Ah! vous me faites peur, et tout mon sang se fige.

ARNOLPHE.

C'est donc ainsi qu'absent vous m'avez obéi?
Et tous deux de concert vous m'avez donc trahi?

GEORGETTE, tombant aux genoux d'Arnolphe.

Hé! ne me mangez pas, monsieur, je vous conjure.

ALAIN, à part.

Quelque chien enragé l'a mordu, je m'assure[1].

ARNOLPHE, à part.

Ouf! je ne puis parler, tant je suis prévenu[2];
Je suffoque, et voudrois me pouvoir mettre nu.

(A Alain et à Georgette.)

Vous avez donc souffert, ô canaille maudite,

(A Alain, qui veut s'enfuir.)

Qu'un homme soit venu?... Tu veux prendre la fuite!

(A Georgette.)

Il faut que sur-le-champ... Si tu bouges... Je veux

---

1. L'agitation qui transporte Arnolphe doit être exprimée bien moins par des paroles que par l'attitude, le regard, l'émotion de la voix. Les premiers mots de Georgette et d'Alain donnent une idée de l'horrible figure d'Arnolphe en ce moment.

2. Tant je suis obsédé de ce soupçon, tant j'ai le pressentiment de ce malheur.

ACTE II, SCÈNE II.

(A Alain.)

Que vous me disiez... Euh...! Oui, je veux que tous deux...

(Alain et Georgette se lèvent, et veulent encore s'enfuir.)

Quiconque remuera, par la mort! je l'assomme.
Comme est-ce que chez moi s'est introduit cet homme?
Hé! parlez, dépêchez, vite, promptement, tôt,
Sans rêver. Veut-on dire?*

ALAIN ET GEORGETTE.

Ah! ah!

GEORGETTE, retombant aux genoux d'Arnolphe.

Le cœur me faut[1]!

ALAIN, retombant aux genoux d'Arnolphe.

Je meurs.

ARNOLPHE, à part.

Je suis en eau : prenons un peu d'haleine;
faut que je m'évente et que je me promène.
Aurois-je deviné, quand je l'ai vu petit,
Qu'il croîtroit pour cela[2]? Ciel! que mon cœur pâtit!
Je pense qu'il vaut mieux que de sa propre bouche[3]
Je tire avec douceur l'affaire qui me touche.
Tâchons à modérer notre ressentiment.

---

* VAR. *Sans réserver, veut-on dire?* . . . . (1682).
C'est une faute d'impression, puisque le vers aurait une syllabe de trop.

1. Le cœur me manque. Le verbe *faillir* s'employait au présent de l'indicatif. « Le cœur me faut » était une phrase toute faite qu'on rencontre fréquemment dans nos vieux auteurs. Elle commençait à avoir un caractère d'archaïsme ou de rusticité à l'époque de Molière.

. On a fait souvent remarquer combien cette exclamation est naturelle et plaisante.

3. Arnolphe ne nomme point Horace, auquel se rapportent ces mots : « Il croîtroit pour cela. » Il ne nomme pas Agnès, à qui il pense en disant : « Il vaut mieux que de sa propre bouche, etc. » Ces brusques transitions prouvent le désordre de son esprit.

Patience, mon cœur, doucement, doucement.
(A Alain et à Georgette.)
Levez-vous, et, rentrant, faites qu'Agnès descende.
(A part.)
Arrêtez. Sa surprise en deviendroit moins grande :
Du chagrin qui me trouble ils iroient l'avertir,
Et moi-même je veux l'aller faire sortir.
(A Alain et à Georgette.)
Que l'on m'attende ici.

SCÈNE III.

ALAIN, GEORGETTE.

GEORGETTE.

Mon Dieu! qu'il est terrible!
Ses regards m'ont fait peur, mais une peur horrible;
Et jamais je ne vis un plus hideux chrétien.

ALAIN.

Ce monsieur l'a fâché; je te le disois bien.

GEORGETTE.

Mais que diantre est-ce là, qu'avec tant de rudesse
Il nous fait au logis garder notre maîtresse?
D'où vient qu'à tout le monde il veut tant la cacher,
Et qu'il ne sauroit voir personne en approcher?

ALAIN.

C'est que cette action le met en jalousie.

GEORGETTE.

Mais d'où vient qu'il est pris de cette fantaisie?

ALAIN.

Cela vient... Cela vient de ce qu'il est jaloux.

GEORGETTE.

Oui; mais pourquoi l'est-il? et pourquoi ce courroux?

ALAIN.

C'est que la jalousie... entends-tu bien, Georgette,
Est une chose... là... qui fait qu'on s'inquiète...
Et qui chasse les gens d'autour d'une maison [1].
Je m'en vais te bailler une comparaison [2],
Afin de concevoir la chose davantage.
Dis-moi, n'est-il pas vrai, quand tu tiens ton potage,
Que si quelque affamé venoit pour en manger,
Tu serois en colère, et voudrois le charger ?

GEORGETTE.

Oui, je comprends cela.

ALAIN.

                   C'est justement tout comme.
La femme est en effet le potage de l'homme ;
Et quand un homme voit d'autres hommes parfois
Qui veulent dans sa soupe aller tremper leurs doigts [3],
Il en montre aussitôt une colère extrême.

GEORGETTE.

Oui ; mais pourquoi chacun n'en fait-il pas de même,
Et que nous en voyons qui paroissent joyeux

---

1. Alain n'est pas bien fort sur les définitions morales ; cependant la jalousie ne lui est pas inconnue, et, n'en sachant pas expliquer le principe, il se jette au moins sur les effets qu'il en a vus ; le plus sensible de tous, c'est qu'un jaloux écarte tout le monde autant qu'il peut ; d'où Alain conclut, après avoir bien cherché, que la jalousie est une chose qui chasse les gens d'une maison. (LA HARPE.)

2. *Bailler* est un mot de notre ancienne langue signifiant *donner*. Il est encore usité aujourd'hui dans la plupart des patois provinciaux.

3. Cette comparaison, que nous verrons critiquée vivement, se retrouve dans Rabelais et dans les facéties : « Ce beau Jupin, dit Panurge, ja ne saulcera son pain en ma souppe, » dans le sens de : ne sera point mon rival. « Mue de pitié, je lui ai laissé manger la soupe dans mon écuelle, » lisons-nous encore dans *le Caquet des femmes du faubourg Montmartre* (1622). C'est une plaisanterie grossière, sans doute, mais l'atticisme n'est pas dans le caractère d'Alain.

Lorsque leurs femmes sont avec les biaux monsieux ?*
ALAIN.
C'est que chacun n'a pas cette amitié goulue
Qui n'en veut que pour soi.
GEORGETTE.
      Si je n'ai la berlue,
Je le vois qui revient.
ALAIN.
     Tes yeux sont bons, c'est lui.
GEORGETTE.
Vois comme il est chagrin.
ALAIN.
     C'est qu'il a de l'ennui.

SCÈNE IV.

ARNOLPHE, ALAIN, GEORGETTE.

ARNOLPHE, à part.

Un certain Grec disoit à l'empereur Auguste,
Comme une instruction utile autant que juste,
Que lorsqu'une aventure en colère nous met,
Nous devons, avant tout, dire notre alphabet,
Afin que dans ce temps la bile se tempère,
Et qu'on ne fasse rien que l'on ne doive faire[1].
J'ai suivi sa leçon sur le sujet d'Agnès;
Et je la fais venir dans ce lieu tout exprès,

---

* Var. *Lorsque leurs femmes sont avec les beaux monsieurs?* (1673, 1682.)

1. C'est à Plutarque que Molière a emprunté l'anecdote; la voici telle qu'Amyot l'a traduite : « Athenodorus le philosophe estant fort vieil, luy demanda congé (à Auguste) de se pouvoir retirer en sa maison pour sa vieillesse. Il luy donna; mais en luy disant adieu, Athenodorus luy dit : Quand tu te sentiras courroucé, sire, ne dy ny ne fais rien que premièrement tu

Sous prétexte d'y faire un tour de promenade,
Afin que les soupçons de mon esprit malade
Puissent sur le discours la mettre adroitement,
Et, lui sondant le cœur, s'éclaircir doucement,

SCÈNE V.
ARNOLPHE, AGNÈS, ALAIN, GEORGETTE.

ARNOLPHE.

Venez, Agnès.
(A Alain et à Georgette.)
Rentrez.

SCÈNE VI.
ARNOLPHE, AGNÈS.

ARNOLPHE.
La promenade est belle.

AGNÈS.

Fort belle.

ARNOLPHE.

Le beau jour !

AGNÈS.

Fort beau.

ARNOLPHE.

Quelle nouvelle ?

AGNÈS.

Le petit chat est mort.

n'ayes récité les vingt et quatre lettres de l'alphabet en toy mesme. Cæsar ayant ouy cest advertissement, le prit par la main, et luy dit : J'ay encore affaire de ta présence : et le retint encore tout un an, en lui disant :

« Sans péril est le loyer de silence. »
(Apophthegmes des Romains.)

ARNOLPHE.
C'est dommage; mais quoi !
Nous sommes tous mortels, et chacun est pour soi.
Lorsque j'étois aux champs, n'a-t-il point fait de pluie?
AGNÈS.
Non.
ARNOLPHE.
Vous ennuyoit-il ?
AGNÈS.
Jamais je ne m'ennuie.
ARNOLPHE.
Qu'avez-vous fait encor ces neuf ou dix jours-ci?
AGNÈS.
Six chemises, je pense, et six coiffes aussi.
ARNOLPHE, ayant un peu rêvé.
Le monde, chère Agnès, est une étrange chose.
Voyez la médisance, et comme chacun cause!
Quelques voisins m'ont dit qu'un jeune homme inconnu
Étoit, en mon absence, à la maison venu ;
Que vous aviez souffert sa vue et ses harangues.
Mais je n'ai point pris foi sur ces méchantes langues,
Et j'ai voulu gager que c'étoit faussement...
AGNÈS.
Mon Dieu! ne gagez pas, vous perdriez vraiment.
ARNOLPHE.
Quoi! c'est la vérité qu'un homme...?
AGNÈS.
Chose sûre.
Il n'a presque bougé de chez nous, je vous jure[1].

---

1. Entre Arnolphe et Agnès le contraste est parfait : c'est une figure de l'Albane opposée à un grotesque de Callot. (AIMÉ MARTIN.)

ARNOLPHE, bas, à part.

Cet aveu qu'elle fait avec sincérité
Me marque pour le moins son ingénuité.
(Haut.)
Mais il me semble, Agnès, si ma mémoire est bonne,
Que j'avois défendu que vous vissiez personne.

AGNÈS.

Oui; mais, quand je l'ai vu, vous ignorez pourquoi;*
Et vous en auriez fait, sans doute, autant que moi.

ARNOLPHE.

Peut-être; mais enfin contez-moi cette histoire.

AGNÈS.

Elle est fort étonnante, et difficile à croire.
J'étois sur le balcon à travailler au frais,
Lorsque je vis passer sous les arbres d'auprès
Un jeune homme bien fait, qui, rencontrant ma vue,
D'une humble révérence aussitôt me salue.
Moi, pour ne point manquer à la civilité,
Je fis la révérence aussi de mon côté.
Soudain il me refait une autre révérence;
Moi, j'en refais de même une autre en diligence;
Et lui d'une troisième aussitôt repartant,
D'une troisième aussi j'y repars à l'instant.
Il passe, vient, repasse, et, toujours de plus belle,
Me fait à chaque fois révérence nouvelle.
Et moi, qui tous ces tours fixement regardois,
Nouvelle révérence aussi je lui rendois :
Tant que, si sur ce point la nuit ne fût venue,
Toujours comme cela je me serois tenue,

---

* Var. *Oui, mais quand je l'ai vu, vous ignoriez pourquoi* (1673, 1682).

Ne voulant point céder et recevoir l'ennui*
Qu'il me pût estimer moins civile que lui¹.
ARNOLPHE.

Fort bien.
AGNÈS.

Le lendemain, étant sur notre porte,
Une vieille m'aborde, en parlant de la sorte :
« Mon enfant, le bon Dieu puisse-t-il vous bénir²,
Et dans tous vos attraits longtemps vous maintenir!

* Var. *Ne voulant pas céder ni recevoir l'ennui* (1673, 1682).

1. Il est impossible de narrer avec une ingénuité plus amusante cet interminable assaut de révérences, que la nuit seule a pu interrompre. (Auger.)

Dans la nouvelle de Scarron, *la Précaution inutile*, il y a un trait qui a, selon toute vraisemblance, suggéré celui-ci : « En achevant ces paroles, les deux cavaliers firent chacun une révérence à l'espagnole, qui ne leur coûta pas peu de peine à conduire à bonne fin. Surtout, Don Pèdre fit la sienne avec une telle contention de tout son corps qu'il pensa se donner un tour de reins. La dame du balcon leur en fit une qui n'étoit pas mauvaise, sur laquelle Don Pèdre et son compagnon renchérirent de deux autres :

Et voyant le soleil du balcon éclipsé,
S'en allèrent l'un sain et l'autre bien blessé. »

2. Ce personnage, qui ne figure que dans le récit d'Agnès et qui ne paraît pas sur le théâtre, représente une des plus longues traditions littéraires qui existent. Avant d'arriver à Scarron et à Molière, il avait rempli, presque seul, le célèbre drame *la Célestina*, de Rojas, et avait fourni à Machiavel l'Apollonie de *l'Entremetteuse maladroite*. Il avait eu une longue existence poétique pendant tout le moyen âge. On trouverait ce type particulièrement développé au xiiiᵉ siècle, dans *le Roman d'Éraclius*, par Gautier d'Arras :

Une vieille qui molt savoit
De mainte rien dont mainte gent
Ont eu mestier bien souvent...

On pourrait le chercher bien au delà. Nous croyons que c'est dans la comédie de *l'École des Femmes* qu'il intervient pour l'une des dernières fois au théâtre, du moins sans masque et avec toute l'effronterie de son rôle.

Un peu avant Molière et Scarron, Régnier avait consacré à ce même personnage, embéguiné d'hypocrisie, la fameuse satire treizième où Molière a pris quelques traits, le début d'abord :

Ma fille, Dieu vous garde et vous veuille bénir!...

Il ne vous a pas faite une belle personne
Afin de mal user des choses qu'il vous donne;
Et vous devez savoir que vous avez blessé
Un cœur qui de s'en plaindre est aujourd'hui forcé. »
ARNOLPHE, à part.
Ah! suppôt de Satan! exécrable damnée!
AGNÈS.
« Moi, j'ai blessé quelqu'un? fis-je tout étonnée.
— Oui, dit-elle, blessé, mais blessé tout de bon :
Et c'est l'homme qu'hier vous vîtes du balcon.
— Hélas! qui pourroit, dis-je, en avoir été cause?
Sur lui, sans y penser, fis-je choir quelque chose?
— Non, dit-elle; vos yeux ont fait ce coup fatal,
Et c'est de leurs regards qu'est venu tout son mal.
— Hé! mon Dieu! ma surprise est, fis-je, sans seconde;
Mes yeux ont-ils du mal, pour en donner au monde?
— Oui, fit-elle, vos yeux, pour causer le trépas,
Ma fille, ont un venin que vous ne savez pas[1].
En un mot, il languit, le pauvre misérable;
Et s'il faut, poursuivit la vieille charitable,
Que votre cruauté lui refuse un secours,
C'est un homme à porter en terre dans deux jours.
— Mon Dieu! j'en aurois, dis-je, une douleur bien grande.
Mais pour le secourir qu'est-ce qu'il me demande?
— Mon enfant, me dit-elle, il ne veut obtenir
Que le bien de vous voir et vous entretenir;
Vos yeux peuvent eux seuls empêcher sa ruine,

---

1. Macette, dans la satire de Régnier, dit aussi :

> Car étant ainsi jeune, en vos beautés parfaites,
> Vous ne pouvez savoir tous les coups que vous faites,
> Et les traits de vos yeux, haut et bas élancés,
> Belle, ne voyent pas tous ceux que vous blessez.

Et du mal qu'ils ont fait être la médecine.
— Hélas! volontiers, dis-je; et, puisqu'il est ainsi,
Il peut, tant qu'il voudra, me venir voir ici. »

ARNOLPHE, à part.

Ah! sorcière maudite, empoisonneuse d'âmes,
Puisse l'enfer payer tes charitables trames[1]!

AGNÈS.

Voilà comme il me vit, et reçut guérison.
Vous-même, à votre avis, n'ai-je pas eu raison?
Et pouvois-je, après tout, avoir la conscience
De le laisser mourir faute d'une assistance?
Moi, qui compatis tant aux gens qu'on fait souffrir,
Et ne puis, sans pleurer, voir un poulet mourir!

ARNOLPHE, bas, à part.

Tout cela n'est parti que d'une âme innocente;
Et j'en dois accuser mon absence imprudente,
Qui sans guide a laissé cette bonté de mœurs
Exposée aux aguets des rusés séducteurs.
Je crains que le pendard, dans ses vœux téméraires,
Un peu plus fort que jeu n'ait poussé les affaires.

AGNÈS.

Qu'avez-vous? Vous grondez, ce me semble, un petit[2].
Est-ce que c'est mal fait ce que je vous ai dit?

ARNOLPHE.

Non. Mais de cette vue apprenez-moi les suites,

---

1. On sait comment Régnier finit sa satire :

> Ha! vieille, dis-je lors, qu'en mon cœur je maudis!
> Est-ce là le chemin pour gaigner paradis?...

2. *Un petit* se disait pour *un peu;* il y avait dans cette expression une certaine grâce familière qui peut la faire regretter.

Agnès ne se doute aucunement de l'affreuse contrainte que s'impose Arnolphe. C'est là ce qui fait le comique d'une des situations les plus naturelles et les plus fortes qui soient au théâtre.

ACTE II, SCÈNE VI.

Et comme le jeune homme a passé ses visites.
AGNÈS.
Hélas! si vous saviez comme il étoit ravi,
Comme il perdit son mal sitôt que je le vi,
Le présent qu'il m'a fait d'une belle cassette,
Et l'argent qu'en ont eu notre Alain et Georgette,
Vous l'aimeriez sans doute, et diriez comme nous...
ARNOLPHE.
Oui; mais que faisoit-il étant seul avec vous?
AGNÈS.
Il juroit qu'il m'aimoit d'une amour sans seconde*
Et me disoit des mots les plus gentils du monde,
Des choses que jamais rien ne peut égaler,
Et dont, toutes les fois que je l'entends parler,
La douceur me chatouille, et là-dedans remue
Certain je ne sais quoi dont je suis tout émue[1].
ARNOLPHE, bas, à part.
O fâcheux examen d'un mystère fatal,
Où l'examinateur souffre seul tout le mal!
(Haut.)
Outre tous ces discours, toutes ces gentillesses,
Ne vous faisoit-il point aussi quelques caresses?
AGNÈS.
Oh tant! il me prenoit et les mains et les bras,
Et de me les baiser il n'étoit jamais las.
ARNOLPHE.
Ne vous a-t-il point pris, Agnès, quelque autre chose?

---

* VAR. *Il disoit qu'il m'aimoit d'une amour sans seconde* (1673, 1682).

1. Ces vers sont la peinture la plus naïve et la plus énergique de l'effet que produit sur un cœur innocent le langage enchanteur de la galanterie et de la passion. (GEOFFROY.)

(La voyant interdite.)

Ouf!

AGNÈS.

Hé! il m'a...

ARNOLPHE.

Quoi?

AGNÈS.

Pris...

ARNOLPHE.

Euh!

AGNÈS.

Le...[1]

ARNOLPHE.

Plaît-il?

AGNÈS.

Je n'ose,
Et vous vous fâcherez peut-être contre moi.

ARNOLPHE.

Non.

AGNÈS.

Si fait.

ARNOLPHE.

Mon Dieu! non.

AGNÈS.

Jurez donc votre foi.

ARNOLPHE.

Ma foi, soit.

AGNÈS.

Il m'a pris... Vous serez en colère.

1. Voir *la Critique de l'École des Femmes*, scène III.
Relativement à ce *le*, qui fit tant de bruit, les ennemis de Molière ne se bornaient pas au reproche d'indécence, ils y joignaient celui de plagiat; ils disaient que Molière avait pris dans une vieille chanson ce *le*, qui faisait courir tout Paris à la pièce. (AUGER.)

ARNOLPHE.

Non.

AGNÈS.

Si.

ARNOLPHE.

Non, non, non, non. Diantre! que de mystère!
Qu'est-ce qu'il vous a pris?

AGNÈS.

Il...

ARNOLPHE, à part.

Je souffre en damné.

AGNÈS.

Il m'a pris le ruban que vous m'aviez donné.
A vous dire le vrai, je n'ai pu m'en défendre.

ARNOLPHE, reprenant haleine.

Passe pour le ruban. Mais je voulois apprendre
S'il ne vous a rien fait que vous baiser les bras.

AGNÈS.

Comment! est-ce qu'on fait d'autres choses?

ARNOLPHE.

Non pas.
Mais, pour guérir du mal qu'il dit qui le possède,
N'a-t-il point exigé de vous d'autre remède?*

AGNÈS.

Non. Vous pouvez juger, s'il en eût demandé,
Que pour le secourir j'aurois tout accordé[1].

---

* VAR. *N'a-t-il pas exigé sur vous d'autre remède?* (1673.)
N'a-t-il pas exigé de vous d'autre remède? (1682.)

1. Ce dernier trait est le plus fort de vérité et de morale : car, quoique Agnès dise la chose la plus étrange dans la bouche d'une jeune fille, on sent qu'il est impossible qu'elle réponde autrement. Tout ce rôle d'Agnès est soutenu d'un bout à l'autre avec la même perfection. (LA HARPE.)

ARNOLPHE, bas, à part.

Grâce aux bontés du ciel, j'en suis quitte à bon compte :
Si j'y retombe plus, je veux bien qu'on m'affronte[1].

(Haut.)

Chut. De votre innocence, Agnès, c'est un effet ;
Je ne vous en dis mot. Ce qui s'est fait est fait.
Je sais qu'en vous flattant le galant ne désire
Que de vous abuser, et puis après s'en rire.

AGNÈS.

Oh! point. Il me l'a dit plus de vingt fois à moi.

ARNOLPHE.

Ah! vous ne savez pas ce que c'est que sa foi.
Mais enfin apprenez qu'accepter des cassettes,
Et de ces beaux blondins écouter les sornettes ;
Que se laisser par eux, à force de langueur,
Baiser ainsi les mains et chatouiller le cœur,
Est un péché mortel des plus gros qu'il se fasse.

AGNÈS.

Un péché, dites-vous? Et la raison, de grâce?

ARNOLPHE.

La raison? La raison est l'arrêt prononcé
Que par ces actions le ciel est courroucé.

AGNÈS.

Courroucé! Mais pourquoi faut-il qu'il s'en courrouce?
C'est une chose, hélas! si plaisante[2] et si douce!

1. *Affronter* quelqu'un s'employait dans le sens de : se jouer effrontément de quelqu'un.
2. *Plaisant,* dans le sens d'agréable, qui plaît :

Prenant congé de ton plaisant regard.
(PIERRE GRINGORE, *Menus Propos.*)

« Le plaisant dialogue du législateur de Platon avecques ses concitoyens fera honneur à ce passage. » (MONTAIGNE, II, VII.)

« Une perception soudaine et vive qui se fait d'abord en nous à la présence des objets plaisants et fâcheux. » (BOSSUET, *Connoissance de Dieu.*)

J'admire quelle joie on goûte à tout cela;
Et je ne savois point encor ces choses-là.
ARNOLPHE.
Oui, c'est un grand plaisir que toutes ces tendresses,
Ces propos si gentils, et ces douces caresses;
Mais il faut le goûter en toute honnêteté,
Et qu'en se mariant le crime en soit ôté.
AGNÈS.
N'est-ce plus un péché lorsque l'on se marie?
ARNOLPHE.
Non.
AGNÈS.
Mariez-moi donc promptement, je vous prie.
ARNOLPHE.
Si vous le souhaitez, je le souhaite aussi;
Et pour vous marier on me revoit ici.
AGNÈS.
Est-il possible?
ARNOLPHE.
Oui.
AGNÈS.
Que vous me ferez aise!
ARNOLPHE.
Oui, je ne doute point que l'hymen ne vous plaise.
AGNÈS.
Vous nous voulez, nous deux...
ARNOLPHE.
Rien de plus assuré.
AGNÈS.
Que, si cela se fait, je vous caresserai!
ARNOLPHE.
Hé! la chose sera de ma part réciproque.

AGNÈS.

Je ne reconnois point, pour moi, quand on se moque.
Parlez-vous tout de bon?

ARNOLPHE.

Oui, vous le pourrez voir.

AGNÈS.

Nous serons mariés?

ARNOLPHE.

Oui.

AGNÈS.

Mais quand?

ARNOLPHE.

Dès ce soir.

AGNÈS, riant.

Dès ce soir?

ARNOLPHE.

Dès ce soir. Cela vous fait donc rire?

AGNÈS.

Oui.

ARNOLPHE.

Vous voir bien contente est ce que je désire.

AGNÈS.

Hélas! que je vous ai grande obligation,
Et qu'avec lui j'aurai de satisfaction!

ARNOLPHE.

Avec qui?

AGNÈS.

Avec... là...

ARNOLPHE.

Là...? Là n'est pas mon compte[1].
A choisir un mari vous êtes un peu prompte.

---

1. La peur qu'un premier quiproquo a causée à Arnolphe a été de courte durée; mais la joie qu'un second quiproquo a pu lui donner ne dure guère non plus. On admire avec quel art cette double méprise est conduite.

C'est un autre, en un mot, que je vous tiens tout prêt.
Et quant au monsieur... là, je prétends, s'il vous plaît,
Dût le mettre au tombeau le mal dont il vous berce,
Qu'avec lui désormais vous rompiez tout commerce;
Que, venant au logis, pour votre compliment,
Vous lui fermiez au nez la porte honnêtement;
Et lui jetant, s'il heurte, un grès par la fenêtre[1],
L'obligiez tout de bon à ne plus y paroître.
M'entendez-vous, Agnès? Moi, caché dans un coin,
De votre procédé je serai le témoin.

AGNÈS.

Las! il est si bien fait! C'est...

ARNOLPHE.

Ah! que de langage!

AGNÈS.

Je n'aurai pas le cœur...

ARNOLPHE.

Point de bruit davantage.

Montez là-haut.

AGNÈS.

Mais quoi! voulez-vous...

ARNOLPHE.

C'est assez.

Je suis maître, je parle : allez, obéissez[2].

---

1. L'ordre donné par Arnolphe à Agnès de jeter à Horace un grès par la fenêtre est bizarre, mais il va produire des effets bien comiques. (AUGER.)

2. Voici un acte bien plein, et, à vrai dire, il n'a qu'une seule scène. Cette scène est une des plus longues qui soient au théâtre, et elle semble courte à la représentation de même qu'à la lecture.

Les mots qui terminent cet acte sont la reproduction textuelle de la fin de la scène VI du cinquième acte de *Sertorius*, tragédie de P. Corneille, représentée le 25 février 1662 sur le théâtre du Marais. M. F. Hillemacher, qui a fait le premier cette remarque, croit qu'il y avait là une intention de parodie s'adressant plus peut-être à l'acteur du théâtre du Marais qu'au poète tragique.

ACTE TROISIÈME.

SCÈNE PREMIÈRE.
ARNOLPHE, AGNÈS, ALAIN, GEORGETTE.

ARNOLPHE.

Oui, tout a bien été, ma joie est sans pareille :
Vous avez là suivi mes ordres à merveille,
Confondu de tout point le blondin séducteur ;
Et voilà de quoi sert un sage directeur.
Votre innocence, Agnès, avoit été surprise :
Voyez, sans y penser, où vous vous étiez mise.
Vous enfiliez tout droit, sans mon instruction[1],
Le grand chemin d'enfer et de perdition.
De tous ces damoiseaux on sait trop les coutumes :
Ils ont de beaux canons, force rubans et plumes,
Grands cheveux, belles dents, et des propos fort doux ;
Mais, comme je vous dis, la griffe est là-dessous ;
Et ce sont vrais satans, dont la gueule altérée
De l'honneur féminin cherche à faire curée ;
Mais, encore une fois, grâce au soin apporté,
Vous en êtes sortie avec honnêteté.
L'air dont je vous ai vu[2] lui jeter cette pierre,

---

1. Huit vers à partir de celui-ci étaient, d'après l'édition de 1682, omis à la représentation.
2. L'orthographe actuelle exigerait *vue*. Il en était autrement dans l'ancien usage.

Qui de tous ses desseins a mis l'espoir par terre,
Me confirme encor mieux à ne point différer
Les noces où je dis qu'il vous faut préparer.
Mais, avant toute chose, il est bon de vous faire
Quelque petit discours qui vous soit salutaire.
(A Georgette et à Alain.)
Un siège au frais ici. Vous, si jamais en rien...

GEORGETTE.

De toutes vos leçons nous nous souviendrons bien.
Cet autre monsieur là nous en faisoit accroire ;
Mais...

ALAIN.

    S'il entre jamais, je veux jamais ne boire.
Aussi bien est-ce un sot : il nous a l'autre fois
Donné deux écus d'or qui n'étoient pas de poids [1].

ARNOLPHE.

Ayez donc pour souper tout ce que je désire ;
Et pour notre contrat, comme je viens de dire,
Faites venir ici, l'un ou l'autre, au retour,
Le notaire qui loge au coin de ce carfour [2].

---

1. Les rogneurs d'espèces étaient fort nombreux dans ce temps-là. L'écu d'or, autrement nommé écu au soleil, qui avait cours depuis le règne de Charles IX, pesait 63 grains, un peu plus de la moitié de notre pièce actuelle de 20 francs. Il comptait en 1662 pour 5 livres 4 sous, le marc d'or valant alors 26 francs. En monnaie d'aujourd'hui il compterait pour 10 francs 50 centimes. (AUGER, 1819.)

2. Vaugelas nous apprend que de son temps on écrivait *carrefour* ou *carfour*. Corneille a dit dans *Mélite* :

  . . De ce carfour j'ai vu venir Philandre.

et dans *la Suivante* :

    Théante approche-t-il ?
CLÉON.
      Il est en ce carfour.

SCÈNE II.

ARNOLPHE, AGNES.

ARNOLPHE, assis.

Agnès, pour m'écouter, laissez là votre ouvrage ;
Levez un peu la tête, et tournez le visage :
(Mettant le doigt sur son front.)
Là, regardez-moi là, durant cet entretien ;
Et, jusqu'au moindre mot, imprimez-le-vous bien.
Je vous épouse, Agnès ; et, cent fois la journée,
Vous devez bénir l'heur[1] de votre destinée ;
Contempler la bassesse où vous avez été,
Et dans le même temps admirer ma bonté,
Qui, de ce vil état de pauvre villageoise,
Vous fait monter au rang d'honorable bourgeoise,
Et jouir de la couche et des embrassements
D'un homme qui fuyoit tous ces engagements,
Et dont à vingt partis, fort capables de plaire[2],
Le cœur a refusé l'honneur qu'il veut vous faire.
Vous devez toujours, dis-je, avoir devant les yeux
Le peu que vous étiez sans ce nœud glorieux,
Afin que cet objet d'autant mieux vous instruise
A mériter l'état où je vous aurai mise,
A toujours vous connoître, et faire qu'à jamais
Je puisse me louer de l'acte que je fais[3].
Le mariage, Agnès, n'est pas un badinage :

---

1. « *Heur*, dit La Bruyère, se plaçoit où *bonheur* ne sauroit entrer : il a fait *heureux*, qui est si françois, et il a cessé de l'être. »
2. Huit vers, à partir de celui-ci, sont notés dans l'édition de 1682 comme habituellement supprimés à la scène.
3. Arnolphe oublie que la reconnaissance veut naître d'elle-même, et que la réclamer est le plus sûr moyen de ne pas l'obtenir. (AUGER.)

L'ÉCOLE DES FEMMES.

ACTE III — SCÈNE II

Garnier frères Éditeurs

A d'austères devoirs le rang de femme engage ;
Et vous n'y montez pas, à ce que je prétends,
Pour être libertine¹ et prendre du bon temps.
Votre sexe n'est là que pour la dépendance :
Du côté de la barbe est la toùte-puissance².
Bien qu'on soit deux moitiés de la société,
Ces deux moitiés pourtant n'ont point d'égalité :
L'une est moitié suprême, et l'autre subalterne ;
L'une en tout est soumise à l'autre qui gouverne ;
Et ce que le soldat, dans son devoir instruit,
Montre d'obéissance au chef qui le conduit,
Le valet à son maître, un enfant à son père,
A son supérieur le moindre petit frère³,
N'approche point encor de la docilité,
Et de l'obéissance, et de l'humilité,
Et du profond respect où la femme doit être
Pour son mari, son chef, son seigneur et son maître.
Lorsqu'il jette sur elle un regard sérieux,
Son devoir aussitôt est de baisser les yeux,
Et de n'oser jamais le regarder en face,
Que quand d'un doux regard il lui veut faire grâce.
C'est ce qu'entendent mal les femmes d'aujourd'hui ;
Mais ne vous gâtez pas sur l'exemple d'autrui.
Gardez-vous d'imiter ces coquettes vilaines
Dont par toute la ville on chante les fredaines,
Et de vous laisser prendre aux assauts du Malin,
C'est-à-dire d'ouïr aucun jeune blondin.
Songez qu'en vous faisant moitié de ma personne,
C'est mon honneur, Agnès, que je vous abandonne,

1. *Libertine* signifiait indépendante, vivant à sa guise.
2. Vers devenu proverbe, et cité souvent en plaisanterie.
3. Novice, frère lai ou convers.

Que cet honneur est tendre, et se blesse de peu,
Que sur un tel sujet il ne faut point de jeu ;
Et qu'il est aux enfers des chaudières bouillantes
Où l'on plonge à jamais les femmes mal vivantes.
Ce que je vous dis là ne sont pas des chansons ;
Et vous devez du cœur dévorer ces leçons.
Si votre âme les suit, et fuit d'être coquette,
Elle sera toujours, comme un lis, blanche et nette ;
Mais s'il faut qu'à l'honneur elle fasse un faux bond,
Elle deviendra lors noire comme un charbon ;
Vous paroîtrez à tous un objet effroyable,
Et vous irez un jour, vrai partage du diable,
Bouillir dans les enfers à toute éternité :
Dont veuille vous garder la céleste bonté[1] !
Faites la révérence. Ainsi qu'une novice
Par cœur dans le couvent doit savoir son office,
Entrant au mariage il en faut faire autant ;
Et voici dans ma poche un écrit important,

(Il se lève.)

Qui vous enseignera l'office de la femme.
J'en ignore l'auteur ; mais c'est quelque bonne âme,

---

1. Arnolphe cherche à effrayer et à terrifier la jeune fille pour la maintenir dans ce qu'il appelle le devoir. Il emploie, dans un but purement égoïste, un langage imité des formules les plus enfantines de l'instruction religieuse. Les ennemis de Molière ont vu là une dangereuse parodie, et ils ont dès lors préludé à ces accusations d'impiété que le *Festin de Pierre* et surtout le *Tartuffe* leur donnèrent lieu de faire éclater par la suite avec tant d'emportement. « Cette fureur de vouloir intéresser la religion dans des choses qui ne la touchent point, voilà, dit Auger, ce qui doit bien plutôt scandaliser les honnêtes gens. »

Molière a indiqué en quelques mots, dans *la Critique de l'École des Femmes*, comment cet abus, ou, si l'on veut, cette profanation dont Arnolphe se rend coupable entrait forcément dans le caractère et dans le système de ce personnage.

Et je veux que ce soit votre unique entretien.
Tenez. Voyons un peu si vous le lirez bien.

AGNÈS lit.

LES MAXIMES DU MARIAGE,
ou

LES DEVOIRS DE LA FEMME MARIÉE,
AVEC SON EXERCICE JOURNALIER.

PREMIÈRE MAXIME.

Celle qu'un lien honnête
Fait entrer au lit d'autrui
Doit se mettre dans la tête,
Malgré le train d'aujourd'hui,
Que l'homme qui la prend ne la prend que pour lui.

ARNOLPHE.

Je vous expliquerai ce que cela veut dire;
Mais pour l'heure présente il ne faut rien que lire.

AGNÈS poursuit.

DEUXIÈME MAXIME.

Elle ne se doit parer
Qu'autant que peut désirer
Le mari qui la possède :
C'est lui que touche seul le soin de sa beauté;
Et pour rien doit être compté
Que les autres la trouvent laide.

TROISIÈME MAXIME.

Loin ces études d'œillades,
Ces eaux, ces blancs, ces pommades,
Et mille ingrédients qui font des teints fleuris :

A l'honneur, tous les jours, ce sont drogues mortelles ;
    Et les soins de paroître belles
    Se prennent peu pour les maris.

QUATRIÈME MAXIME.

Sous sa coiffe, en sortant, comme l'honneur l'ordonne,
Il faut que de ses yeux elle étouffe les coups ;
    Car, pour bien plaire à son époux,
    Elle ne doit plaire à personne.

CINQUIÈME MAXIME.

Hors ceux dont au mari la visite se rend,
    La bonne règle défend
    De recevoir aucune âme :
    Ceux qui de galante humeur
    N'ont affaire qu'à madame
    N'accommodent pas monsieur.

SIXIÈME MAXIME.

    Il faut des présents des hommes
    Qu'elle se défende bien :
    Car, dans le siècle où nous sommes,
    On ne donne rien pour rien.

SEPTIÈME MAXIME.

Dans ses meubles, dût-elle en avoir de l'ennui,
Il ne faut écritoire, encre, papier, ni plumes :
    Le mari doit, dans les bonnes coutumes,
    Écrire tout ce qui s'écrit chez lui.

HUITIÈME MAXIME.

    Ces sociétés déréglées,
    Qu'on nomme belles assemblées,
Des femmes tous les jours corrompent les esprits.

En bonne politique on les doit interdire ;
Car c'est là que l'on conspire
Contre les pauvres maris.

NEUVIÈME MAXIME.

Toute femme qui veut à l'honneur se vouer
Doit se défendre de jouer,
Comme d'une chose funeste ;
Car le jeu, fort décevant,
Pousse une femme souvent
A jouer de tout son reste.*

DIXIÈME MAXIME.

Des promenades du temps,
Ou repas qu'on donne aux champs,
Il ne faut point qu'elle essaye.
Selon les prudents cerveaux,
Le mari, dans ces cadeaux[1],
Est toujours celui qui paye.

ONZIÈME MAXIME[2].....

ARNOLPHE.

Vous achèverez seule ; et, pas à pas, tantôt
Je vous expliquerai ces choses comme il faut.
Je me suis souvenu d'une petite affaire :
Je n'ai qu'un mot à dire, et ne tarderai guère.
Rentrez, et conservez ce livre chèrement.
Si le notaire vient, qu'il m'attende un moment.

---

* VAR. *A jouer de son reste* (1673).

1. Il n'est pas inutile de rappeler ici la signification du mot *cadeaux*, qui ressort bien, du reste, des deux premiers vers de cette dixième maxime.
2. Les uns ont rapproché ces *Maximes du Mariage* des *Évangiles des Quenouilles*, petit livre facétieux et satirique du xve siècle, qui en offre

SCÈNE III.

ARNOLPHE, seul.

Je ne puis faire mieux que d'en faire ma femme.
Ainsi que je voudrai je tournerai cette âme;
Comme un morceau de cire entre mes mains elle est,
Et je lui puis donner la forme qui me plaît[1].
Il s'en est peu fallu que, durant mon absence,
On ne m'ait attrapé par son trop d'innocence;
Mais il vaut beaucoup mieux, à dire vérité,
Que la femme qu'on a pèche de ce côté.
De ces sortes d'erreurs le remède est facile.
Toute personne simple aux leçons est docile;
Et, si du bon chemin on l'a fait écarter,
Deux mots incontinents l'y peuvent rejeter[2].
Mais une femme habile est bien une autre bête :
Notre sort ne dépend que de sa seule tête;
De ce qu'elle s'y met rien ne la fait gauchir[3],

précisément la contre-partie, c'est-à-dire les prétendus devoirs des hommes mariés envers leurs femmes. Les autres ont rappelé le contrat de *l'Asinaire* de Plaute (acte IV, scène I), entre Diabole et la courtisane Philénie, où la situation est toute différente, mais où les détails sont presque identiques. Molière s'est peut-être, en effet, inspiré de l'un et de l'autre ouvrage.

L'édition de 1682 constate qu'on ne récitait à la scène que les maximes 1, 5, 6, et 9; qu'on supprimait les 2e, 3e, 4e, 7e, 8e et 10e.

1. A la première marque de soumission et de docilité, Arnolphe se rassure et poursuit son projet avec une nouvelle ardeur. C'est qu'en effet il s'est pris dans ses filets, comme nous l'avons dit, et qu'il est déterminé à avoir raison, contre l'évidence même.

2. Ce vers et les sept précédents sont marqués dans l'édition de 1682 comme étant omis à la représentation.

3. *Gauchir*, aller à gauche, s'écarter de son chemin, de son but. Montaigne fait de ce mot le plus fréquent usage et l'emploie même avec un régime direct : « Les arguments de la philosophie vont à tous coups costoyant et gauchissant la matière. » (Liv. III, chap. IV.)

Et nos enseignements ne font là que blanchir[1];
Son bel esprit lui sert à railler nos maximes,
A se faire souvent des vertus de ses crimes,
Et trouver, pour venir à ses coupables fins,
Des détours à duper l'adresse des plus fins.
Pour se parer du coup en vain on se fatigue :
Une femme d'esprit est un diable en intrigue[2];
Et, dès que son caprice a prononcé tout bas
L'arrêt de notre honneur, il faut passer le pas :
Beaucoup d'honnêtes gens en pourroient bien que dire.
Enfin mon étourdi n'aura pas lieu d'en rire;
Par son trop de caquet il a ce qu'il lui faut.
Voilà de nos François l'ordinaire défaut :
Dans la possession d'une bonne fortune,
Le secret est toujours ce qui les importune;
Et la vanité sotte a pour eux tant d'appas
Qu'ils se pendroient plutôt que de ne causer pas.
Oh! que les femmes sont du diable bien tentées,
Lorsqu'elles vont choisir ces têtes éventées!
Et que... Mais le voici... Cachons-nous toujours bien,
Et découvrons un peu quel chagrin est le sien.

SCÈNE IV.

HORACE, ARNOLPHE.

HORACE.

Je reviens de chez vous, et le destin me montre
Qu'il n'a pas résolu que je vous y rencontre.

---

1. Nous avons déjà rencontré ce mot dans le même sens, *Dépit amoureux*, acte V, scène IX.

2. Ce vers et les sept qui précèdent sont marqués dans l'édition de 1682 comme étant supprimés à la représentation.

Mais j'irai tant de fois qu'enfin quelque moment...
ARNOLPHE.

Hé! mon Dieu, n'entrons point dans ce vain compliment :
Rien ne me fâche tant que ces cérémonies;
Et, si l'on m'en croyoit, elles seroient bannies.
C'est un maudit usage, et la plupart des gens
Y perdent sottement les deux tiers de leur temps.

(Il se couvre.)

Mettons donc¹ sans façon. Hé bien! vos amourettes?
Puis-je, seigneur Horace, apprendre où vous en êtes?
J'étois tantôt distrait par quelque vision;
Mais depuis là-dessus j'ai fait réflexion.
De vos premiers progrès j'admire la vitesse,
Et dans l'événement mon âme s'intéresse².

HORACE.

Ma foi, depuis qu'à vous s'est découvert mon cœur,
Il est à mon amour arrivé du malheur.

ARNOLPHE.

Oh! oh! comment cela?

HORACE.
La fortune cruelle

A ramené des champs le patron de la belle.

---

1. *Mettons donc,* pour *mettons donc notre chapeau,* comme on dit aujourd'hui : Couvrons-nous, couvrez-vous.

2. Arnolphe, qui tremble toujours que son secret ne se découvre et qui se reproche sans doute l'humeur impatiente et brusque qu'il n'a pu s'empêcher de laisser apercevoir à Horace, lors de sa première confidence, cherche ici à détourner les soupçons en attribuant cette humeur à quelque vision qui le préoccupait. D'ailleurs, il attend une confidence nouvelle, qu'il espère bien devoir être aussi pénible à faire pour Horace que douce à recevoir pour lui-même; et dans la crainte que ce double sujet de joie ne lui échappe, il cajole Horace, il lui témoigne de l'intérêt, afin de vaincre la répugnance qu'il pourrait avoir à raconter sa déconvenue. Quelle variété, quelle justesse d'intentions dans tout ce rôle d'Arnolphe, disons mieux, dans tous les rôles de cette excellente comédie! (AUGER.)

ARNOLPHE.

Quel malheur!

HORACE.

Et de plus, à mon très-grand regret,
Il a su de nous deux le commerce secret.

ARNOLPHE.

D'où diantre a-t-il sitôt appris cette aventure?

HORACE.

Je ne sais; mais enfin c'est une chose sûre.
Je pensois aller rendre, à mon heure à peu près,
Ma petite visite à ses jeunes attraits,
Lorsque, changeant pour moi de ton et de visage,
Et servante et valet m'ont bouché le passage,
Et, d'un « Retirez-vous, vous nous importunez »,
M'ont assez rudement fermé la porte au nez.

ARNOLPHE.

La porte au nez!

HORACE.

Au nez.

ARNOLPHE.

La chose est un peu forte.

HORACE.

J'ai voulu leur parler au travers de la porte;
Mais à tous mes propos ce qu'ils ont répondu,
C'est : « Vous n'entrerez point, monsieur l'a défendu. »

ARNOLPHE.

Ils n'ont donc point ouvert?

HORACE.

Non. Et de la fenêtre
Agnès m'a confirmé le retour de ce maître,
En me chassant de là d'un ton plein de fierté,
Accompagné d'un grès que sa main a jeté.

ARNOLPHE.

Comment! d'un grès?

HORACE.

D'un grès de taille non petite,
Dont on a par ses mains régalé ma visite.

ARNOLPHE.

Diantre! ce ne sont pas des prunes que cela!
Et je trouve fâcheux l'état où vous voilà.

HORACE.

Il est vrai, je suis mal par ce retour funeste.

ARNOLPHE.

Certes, j'en suis fâché pour vous, je vous proteste.

HORACE.

Cet homme me rompt tout.

ARNOLPHE.

Oui; mais cela n'est rien,
Et de vous raccrocher vous trouverez moyen.

HORACE.

Il faut bien essayer, par quelque intelligence,
De vaincre du jaloux l'exacte vigilance.

ARNOLPHE.

Cela vous est facile; et la fille, après tout,
Vous aime?

HORACE.

Assurément.

ARNOLPHE.

Vous en viendrez à bout.

HORACE.

Je l'espère.

ARNOLPHE.

Le grès vous a mis en déroute :

Mais cela ne doit pas vous étonner[1].

HORACE.

Sans doute ;
Et j'ai compris d'abord que mon homme étoit là,
Qui, sans se faire voir, conduisoit tout cela.
Mais ce qui m'a surpris, et qui va vous surprendre,
C'est un autre incident que vous allez entendre ;
Un trait hardi qu'a fait cette jeune beauté,
Et qu'on n'attendroit point* de sa simplicité.
Il le faut avouer, l'amour est un grand maître[2] :
Ce qu'on ne fut jamais, il nous enseigne à l'être ;
Et souvent de nos mœurs l'absolu changement
Devient par ses leçons l'ouvrage d'un moment.
De la nature en nous il force les obstacles,
Et ses effets soudains ont de l'air des miracles.

* VAR. *Et qu'on n'attendoit point* . . . . . . (1673).

1. L'insistance d'Arnolphe trahit une satisfaction maligne et profonde qui va brusquement changer en un furieux dépit. Ce sont là les vrais coups de théâtre, les péripéties propres à la comédie de caractère.
2. Corneille a dit dans *la Suite du Menteur* :

L'amour est un grand maître, il instruit tout d'un coup.

Quelques années plus tard, La Fontaine a exprimé dans un de ses contes les mêmes pensées que Molière développe ici pour expliquer la métamorphose qui s'opère dans l'esprit d'Agnès. Voici les vers de La Fontaine :

Le jeune amour, bien qu'il ait la façon
D'un dieu qui n'est encor qu'à sa leçon,
Fut de tout temps grand faiseur de miracles :
En gens coquets il change les Catons ;
Par lui les sots deviennent des oracles ;
Par lui les loups deviennent des moutons.
Il fait si bien que l'on n'est plus le même.
Témoin Hercule et témoin Polyphême,
Mangeur de gens : l'un, sur un roc assis,
Chantoit aux vents ses amoureux soucis,
Et pour charmer sa nymphe joliette,
Tailloit sa barbe et se miroit dans l'eau ;
L'autre changea sa massue en fuseau
Pour le plaisir d'une jeune fillette.

D'un avare à l'instant il fait un libéral,
Un vaillant d'un poltron, un civil d'un brutal :
Il rend agile à tout l'âme la plus pesante,
Et donne de l'esprit à la plus innocente.
Oui, ce dernier miracle éclate dans Agnès,
Car, tranchant avec moi par ces termes exprès :
« Retirez-vous, mon âme aux visites renonce ;
Je sais tous vos discours, et voilà ma réponse, »
Cette pierre ou ce grès dont vous vous étonniez
Avec un mot de lettre est tombée à mes pieds :
Et j'admire de voir cette lettre ajustée
Avec le sens des mots, et la pierre jetée.
D'une telle action n'êtes-vous pas surpris?
L'amour sait-il pas l'art d'aiguiser les esprits?
Et peut-on me nier que ses flammes puissantes
Ne fassent dans un cœur des choses étonnantes?
Que dites-vous du tour et de ce mot d'écrit?
Euh! n'admirez-vous point cette adresse d'esprit?
Trouvez-vous pas plaisant de voir quel personnage
A joué mon jaloux dans tout ce badinage?
Dites.

ARNOLPHE.

Oui, fort plaisant.

HORACE.

Riez-en donc un peu.

(Arnolphe rit d'un ris forcé.)*

Cet homme, gendarmé d'abord contre mon feu,
Qui chez lui se retranche, et de grès fait parade,
Comme si j'y voulois entrer par escalade ;
Qui, pour me repousser, dans son bizarre effroi,

* Var. . . . *rit d'un air forcé* (1682).

Anime du dedans tous ses gens contre moi ;
Et qu'abuse à ses yeux, par sa machine même,
Celle qu'il veut tenir dans l'ignorance extrême !
Pour moi, je vous l'avoue, encor que son retour
En un grand embarras jette ici mon amour,
Je tiens cela plaisant, autant qu'on sauroit dire :
Je ne puis y songer sans de bon cœur en rire ;
Et vous n'en riez pas assez, à mon avis.

ARNOLPHE, avec un ris forcé.

Pardonnez-moi, j'en ris tout autant que je puis [1].

HORACE.

Mais il faut qu'en ami je vous montre la lettre.*
Tout ce que son cœur sent, sa main a su l'y mettre,
Mais en termes touchants et tout pleins de bonté,
De tendresse innocente et d'ingénuité ;
De la manière enfin que la pure nature
Exprime de l'amour la première blessure.

ARNOLPHE, bas, à part.

Voilà, friponne, à quoi l'écriture te sert ;
Et, contre mon dessein, l'art t'en fut découvert.

HORACE lit.

« Je veux vous écrire, et je suis bien en peine par où je m'y prendrai. J'ai des pensées que je désirerois que vous sussiez ; mais je ne sais comment faire pour vous les dire, et je me défie de mes paroles. Comme je commence à connoître qu'on m'a toujours tenue dans l'igno-

* VAR. *Mais il faut qu'en ami je vous montre sa lettre* (1682).

1. Tout ce qu'une folle passion et une situation ridicule peuvent faire souffrir, Arnolphe le souffre en ce moment. Sans le savoir, Horace est son bourreau ; et quand il ne fait que détailler avec une gaieté fort innocente ce qu'il sait ou ce qu'il suppose de l'aventure, on dirait qu'il se plaît à varier et à prolonger le supplice du malheureux Arnolphe, qui, loin d'oser se plaindre, est forcé de rire ou d'en faire semblant (AUGER).

rance, j'ai peur de mettre quelque chose qui ne soit pas bien, et d'en dire plus que je ne devrois. En vérité, je ne sais ce que vous m'avez fait; mais je sens que je suis fâchée à mourir de ce qu'on me fait faire contre vous, que j'aurai toutes les peines du monde à me passer de vous, et que je serois bien aise d'être à vous. Peut-être qu'il y a du mal à dire cela; mais enfin je ne puis m'empêcher de le dire, et je voudrois que cela se pût faire sans qu'il y en eût. On me dit fort que tous les jeunes hommes sont des trompeurs, qu'il ne les faut point écouter, et que tout ce que vous me dites n'est que pour m'abuser; mais je vous assure que je n'ai pu encore me figurer cela de vous, et je suis si touchée de vos paroles que je ne saurois croire qu'elles soient menteuses. Dites-moi franchement ce qui en est : car enfin, comme je suis sans malice, vous auriez le plus grand tort du monde si vous me trompiez; et je pense que j'en mourrois de déplaisir[1]. »

ARNOLPHE, à part.

Hon! chienne!

HORACE.

Qu'avez-vous?

ARNOLPHE.

Moi? rien. C'est que je tousse.

HORACE.

Avez-vous jamais vu d'expression plus douce?

---

1. Cette lettre est admirable : ce n'est autre chose que le premier instinct, que le premier aperçu d'une âme neuve et sensible; et la manière dont Agnès parle de son ignorance fait voir que cette ignorance n'est chez elle qu'un défaut d'éducation, et nullement un défaut d'esprit; et que, si on ne lui a rien appris, on n'a pas pu du moins en faire une sotte. (LA HARPE.)

Horace lui-même exprime aussi parfaitement qu'il est possible de le faire toute la simplicité charmante de cette lettre, qui forme comme un gracieux pendant à celle d'Isabelle dans *l'École des Maris*.

Malgré les soins maudits d'un injuste pouvoir,
Un plus beau naturel peut-il se faire voir?*
Et n'est-ce pas sans doute un crime punissable,
De gâter méchamment ce fonds d'âme admirable;
D'avoir, dans l'ignorance et la stupidité,
Voulu de cet esprit étouffer la clarté?
L'amour a commencé d'en déchirer le voile;
Et si, par la faveur de quelque bonne étoile,
Je puis, comme j'espère, à ce franc animal,
Ce traître, ce bourreau, ce faquin, ce brutal...

ARNOLPHE.

Adieu.

HORACE.

Comment? si vite!

ARNOLPHE.

Il m'est dans la pensée
Venu tout maintenant une affaire pressée.

HORACE.

Mais ne sauriez-vous point, comme on la tient de près,
Qui dans cette maison pourroit avoir accès?
J'en use sans scrupule; et ce n'est pas merveille
Qu'on se puisse, entre amis, servir à la pareille[1].
Je n'ai plus là-dedans que gens pour m'observer;
Et servante et valet, que je viens de trouver,
N'ont jamais, de quelque air que je m'y sois pu prendre[2],

* VAR. . . . . . *se peut-il faire voir?* (1682)

1. A charge de revanche, à condition de rendre la pareille.

2. Il faudrait aujourd'hui : que j'aie pu m'y prendre. Nous trouverons un peu plus loin (acte V, scène VII) :

Du seul fruit amoureux qui m'en est pu rester.

Quand le verbe d'où dépend un infinitif réfléchi, dit M. Despois, est placé entre le pronom et cet infinitif, on lui donnait par une sorte d'attraction l'auxiliaire (*être* pour *avoir*), que prennent, en vertu de ce qu'il y a de passif dans leur sens, les verbes réfléchis.

Adouci leur rudesse à me vouloir entendre.
J'avois pour de tels coups certaine vieille en main,
D'un génie, à vrai dire, au-dessus de l'humain :
Elle m'a dans l'abord servi de bonne sorte;
Mais, depuis quatre jours, la pauvre femme est morte.
Ne me pourriez-vous point ouvrir quelque moyen?

ARNOLPHE.

Non vraiment; et sans moi vous en trouverez bien[1].

HORACE.

Adieu donc. Vous voyez ce que je vous confie.

SCÈNE V.

ARNOLPHE, seul.

Comme il faut devant lui que je me mortifie!
Quelle peine à cacher mon déplaisir cuisant!
Quoi! pour une innocente un esprit si présent!
Elle a feint d'être telle à mes yeux, la traîtresse,
Ou le diable à son âme a soufflé cette adresse.
Enfin, me voilà mort par ce funeste écrit.
Je vois qu'il a, le traître, empaumé son esprit,
Qu'à ma suppression[2] il s'est ancré chez elle;
Et c'est mon désespoir et ma peine mortelle.
Je souffre doublement dans le vol de son cœur;
Et l'amour y pâtit aussi bien que l'honneur.
J'enrage de trouver cette place usurpée,
Et j'enrage de voir ma prudence trompée.
Je sais que, pour punir son amour libertin,
Je n'ai qu'à laisser faire à son mauvais destin,

---

1. Molière a poussé la situation aussi loin qu'elle pouvait l'être. Arnolphe est forcé de boire le calice jusqu'à la lie.

2. On diroit aujourd'hui : à mon exclusion; et ce seroit moins énergique.

Que je serai vengé d'elle par elle-même;
Mais il est bien fâcheux de perdre ce qu'on aime.
Ciel! puisque pour un choix j'ai tant philosophé,
Faut-il de ses appas m'être si fort coiffé!
Elle n'a ni parents, ni support, ni richesse;
Elle trahit mes soins, mes bontés, ma tendresse :
Et cependant je l'aime, après ce lâche tour,
Jusqu'à ne me pouvoir passer de cet amour.
Sot, n'as-tu point de honte? Ah! je crève, j'enrage,
Et je souffletterois mille fois mon visage.
Je veux entrer un peu, mais seulement pour voir
Quelle est sa contenance après un trait si noir.
Ciel! faites que mon front soit exempt de disgrâce;
Ou bien, s'il est écrit qu'il faille que j'y passe,
Donnez-moi tout au moins, pour de tels accidents,
La constance qu'on voit à de certaines gens[1]!

1. Arnolphe est en proie à tous les tourments que font endurer l'amour et l'orgueil offensés. Il exhale, chaque fois qu'il est seul, les sentiments qui l'oppressent. Ce qui se passe en lui est en quelque sorte tout le drame. On ne sauroit s'étonner, par conséquent, des nombreux monologues auxquels il se livre. Ils sont d'ailleurs exigés, pour la plupart, par la constitution même de cette comédie, puisque Arnolphe, ayant pour interlocuteurs des personnages qui ne doivent pas se rencontrer ensemble, est obligé de rester souvent seul sur le théâtre.

On voit, dans ce monologue qui termine le troisième acte, la passion qui l'emporte décidément sur le système. Arnolphe ne songe pas un instant à renoncer à Agnès, quoiqu'elle ne remplisse plus évidemment les conditions qu'il souhaitait; et, plutôt que « de se passer de cet amour », il prévoit même la disgrâce qui tout à l'heure lui inspiroit tant d'effroi; quel chemin il a parcouru depuis le premier acte! C'est à partir de ce moment que la tragédie se mêle à la comédie.

ACTE QUATRIÈME.

SCÈNE PREMIÈRE.
ARNOLPHE, seul.

J'ai peine, je l'avoue, à demeurer en place,
Et de mille soucis mon esprit s'embarrasse,
Pour pouvoir mettre un ordre et dedans et dehors,
Qui du godelureau rompe tous les efforts.
De quel œil la traîtresse a soutenu ma vue !
De tout ce qu'elle a fait elle n'est point émue ;
Et, bien qu'elle me mette à deux doigts du trépas,
On diroit, à la voir, qu'elle n'y touche pas.
Plus, en la regardant, je la voyois tranquille,
Plus je sentois en moi s'échauffer une bile !
Et ces bouillants transports dont s'enflammoit mon cœur
Y sembloient redoubler mon amoureuse ardeur.
J'étois aigri, fâché, désespéré contre elle ;
Et cependant jamais je ne la vis si belle,
Jamais ses yeux aux miens n'ont paru si perçants,
Jamais je n'eus pour eux des désirs si pressants ;
Et je sens là-dedans qu'il faudra que je crève
Si de mon triste sort la disgrâce s'achève[1].

---

1. Ce progrès de la passion d'Arnolphe s'explique parfaitement. Agnès lui apparaît sous un nouveau jour. Il découvre en même temps qu'elle a un cœur capable de tendresse ; qu'elle sait aimer, et que ce n'est pas lui qu'elle

Quoi! j'aurai dirigé son éducation
Avec tant de tendresse et de précaution;
Je l'aurai fait passer chez moi dès son enfance,
Et j'en aurai chéri la plus tendre espérance;
Mon cœur aura bâti sur ses attraits naissants,
Et cru la mitonner pour moi durant treize ans,
Afin qu'un jeune fou dont elle s'amourache
Me la vienne enlever jusque sur la moustache,
Lorsqu'elle est avec moi mariée à demi!
Non, parbleu! non, parbleu! Petit sot, mon ami,*
Vous aurez beau tourner, ou j'y perdrai mes peines,
Ou je rendrai, ma foi, vos espérances vaines,
Et de moi tout à fait vous ne vous rirez point.

SCÈNE II.

LE NOTAIRE, ARNOLPHE.

LE NOTAIRE.

Ah! le voilà! Bonjour. Me voici tout à point
Pour dresser le contrat que vous souhaitez faire.

ARNOLPHE, sans le voir.

Comment faire?

LE NOTAIRE.

Il le faut dans la forme ordinaire.

ARNOLPHE, sans le voir.

A mes précautions je veux songer de près.

LE NOTAIRE.

Je ne passerai rien contre vos intérêts.

* VAR. *Non, parbleu! non, parbleu! petit sot, mon ami;* (1682).
C'est une différence de ponctuation.

aime. Le charme et le prix de la jeune fille augmentent au moment où il se voit sur le point de la perdre. C'est là ce qui le désespère.

ARNOLPHE, sans le voir.

Il se faut garantir de toutes les surprises.

LE NOTAIRE.

Suffit qu'entre mes mains vos affaires soient mises.
Il ne vous faudra point, de peur d'être déçu,
Quittancer le contrat que vous n'ayez reçu.

ARNOLPHE, sans le voir.

J'ai peur, si je vais faire éclater quelque chose,
Que de cet incident par la ville on ne cause.

LE NOTAIRE.

Hé bien, il est aisé d'empêcher cet éclat,
Et l'on peut en secret faire votre contrat.*

ARNOLPHE, sans le voir.

Mais comment faudra-t-il qu'avec elle j'en sorte?

LE NOTAIRE.

Le douaire se règle au bien qu'on vous apporte.

ARNOLPHE, sans le voir.

Je l'aime, et cet amour est mon grand embarras.

LE NOTAIRE.

On peut avantager une femme en ce cas.

ARNOLPHE, sans le voir.

Quel traitement lui faire en pareille aventure?

LE NOTAIRE.

L'ordre est que le futur doit douer la future
Du tiers du dot qu'elle a[1]; mais cet ordre n'est rien,
Et l'on va plus avant lorsque l'on le veut bien.

---

* Var. *Et l'on peut en secret faire notre contrat* (1682).

1. Ainsi, lorsque la femme avait soixante mille livres de dot, elle devait avoir, selon la règle, un douaire de vingt mille livres. Le douaire était, comme l'on sait, ce que le mari assurait à la femme en cas de survie.

Le genre du mot *dot* n'était pas encore fixé. Le jurisconsulte Charondas, qui écrivait dans la première moitié du xviie siècle, met toujours *dot* au

ARNOLPHE, sans le voir.

Si...

LE NOTAIRE, Arnolphe l'apercevant.

Pour le préciput[1], il les regarde ensemble.
Je dis que le futur peut, comme bon lui semble,
Douer la future.

ARNOLPHE, l'ayant aperçu.

Euh?

LE NOTAIRE.

Il peut l'avantager
Lorsqu'il l'aime beaucoup et qu'il veut l'obliger,
Et cela par douaire, ou préfix qu'on appelle,
Qui demeure perdu par le trépas d'icelle;
Ou sans retour, qui va de ladite à ses hoirs[2];
Ou coutumier, selon les différents vouloirs;
Ou par donation dans le contrat formelle,
Qu'on fait ou pure et simple, ou qu'on fait mutuelle[3].
Pourquoi hausser le dos? Est-ce qu'on parle en fat,

---

masculin : « Le douaire peut avoir lieu encore que la femme n'ait apporté aucun dot. » (Édition de 1637, t. I, p. 188.) Perrot d'Ablancourt, Nicot, Vaugelas, Thomas Corneille, suivaient le même usage. Du temps de Molière, le féminin commençait toutefois à prévaloir, et Ménage prononçait vers 1672 qu'il fallait dire *la dot*, et non pas *le dot*.

1. Le *préciput* est un avantage que l'on stipule par le contrat de mariage en faveur du survivant des conjoints, et qui se prend sur la communauté avant le partage des biens qui la composent.

2. *Hoirs*, héritiers, ancien mot demeuré longtemps dans la pratique.

3. Molière exprime dans ces six vers, avec une précision et une clarté parfaites, tout ce que les lois alors en vigueur autorisaient concernant les douaires et les donations entre époux. Le douaire *préfix* était celui qu'on avait réglé d'avance par une convention suivant laquelle il devait revenir au mari en cas de mort de la femme, autrement « demeurer perdu par le trépas d'icelle », ou bien ne pas revenir au mari, ce qu'expriment les mots : « sans retour », et « aller de ladite à ses hoirs », c'est-à-dire passer aux héritiers de la femme. Le douaire *coutumier* était celui qui était déterminé par la coutume à défaut de convention. La donation par contrat était *pure et simple* ou *mutuelle*, c'est-à-dire qu'elle n'était stipulée qu'en faveur

Et que l'on ne sait pas les formes d'un contrat?*
Qui me les apprendra? Personne, je présume.
Sais-je pas qu'étant joints on est par la coutume
Communs en meubles, biens immeubles et conquêts[1],
A moins que par un acte on n'y renonce exprès?
Sais-je pas que le tiers du bien de la future
Entre en communauté pour...

ARNOLPHE.

Oui, c'est chose sûre,
Vous savez tout cela; mais qui vous en dit mot?

LE NOTAIRE.

Vous, qui me prétendez faire passer pour sot,
En me haussant l'épaule et faisant la grimace.

ARNOLPHE.

La peste soit fait l'homme, et sa chienne de face!
Adieu. C'est le moyen de vous faire finir.

LE NOTAIRE.

Pour dresser un contrat m'a-t-on pas fait venir?

ARNOLPHE.

Oui, je vous ai mandé; mais la chose est remise,

* Var. *Et que l'on ne sait pas les formes du contrat?* (1682).

d'un seul des deux époux, soit le mari, soit la femme, ou qu'elle l'était au profit de celui des deux, quel qu'il fût, qui survivrait à l'autre. (Auger.)

Selon la coutume de Paris, les parties avaient la faculté de stipuler tel douaire que bon leur semblait, pourvu qu'il ne pût être augmenté ni diminué pendant le mariage, par quelque occasion que ce fût. D'autres coutumes, comme celle de Tours, défendaient expressément de stipuler un douaire qui excédât le douaire coutumier. Ceux qui tiennent à fixer le lieu de la scène à Paris pourraient trouver dans ce détail de jurisprudence un argument en leur faveur.

1. La plupart des textes portent une virgule entre *biens* et *immeubles*, virgule suggérée aux éditeurs par le besoin du repos de l'hémistiche. Mais cela a toujours constitué une faute d'impression qu'on ne peut pas même accepter pour une variante. Les biens immeubles et conquêts tombant en communauté alors comme aujourd'hui (article 1401-3° du Code Civil), étaient ceux acquis pendant le mariage.

ACTE IV, SCÈNE IV.

Et l'on vous mandera quand l'heure sera prise.
Voyez quel diable d'homme avec son entretien!

LE NOTAIRE, seul.

Je pense qu'il en tient; et je crois penser bien[1].

SCÈNE III.

LE NOTAIRE, ALAIN, GEORGETTE.

LE NOTAIRE, allant au-devant d'Alain et de Georgette.

M'êtes-vous pas venu quérir pour votre maître?

ALAIN.

Oui.

LE NOTAIRE.

J'ignore pour qui[2] vous le pouvez connoître;
Mais allez de ma part lui dire de ce pas
Que c'est un fou fieffé.

GEORGETTE.

Nous n'y manquerons pas.

SCÈNE IV.

ARNOLPHE, ALAIN, GEORGETTE.

ALAIN.

Monsieur...

---

1. Cette scène, à la manière italienne, est une de celles qui eurent le plus de succès; elle trouva grâce même devant les détracteurs; et de Villiers, dans la *Lettre sur les affaires du théâtre,* lui attribue la vogue de *l'École des Femmes* : « Les grimaces d'Arnolphe, dit-il, le visage d'Alain et la judicieuse scène du notaire, ont fait rire bien des gens; et sur le récit que l'on en a fait, tout Paris a voulu voir cette comédie. »

Comme le pire des fâcheux pour Arnolphe doit être en ce moment le notaire qu'il a mandé pour son contrat de mariage, cette scène n'est pas, comme on l'a dit, faite uniquement pour occuper le théâtre : elle concourt à accroître le dépit et l'humiliation d'Arnolphe.

2. L'édition de 1773 met un point et virgule après *qui.*

ARNOLPHE.

Approchez-vous; vous êtes mes fidèles,
Mes bons, mes vrais amis; et j'en sais des nouvelles.

ALAIN.

Le notaire...

ARNOLPHE.

Laissons, c'est pour quelque autre jour.
On veut à mon honneur jouer d'un mauvais tour;
Et quel affront pour vous, mes enfants, pourroit-ce être,
Si l'on avoit ôté l'honneur à votre maître!
Vous n'oseriez après paroître en nul endroit;
Et chacun, vous voyant, vous montreroit du doigt[1].
Donc, puisque autant que moi l'affaire vous regarde,
Il faut de votre part faire une telle garde
Que ce galant ne puisse en aucune façon...

GEORGETTE.

Vous nous avez tantôt montré notre leçon.

ARNOLPHE.

Mais à ses beaux discours gardez bien de vous rendre.

ALAIN.

Oh vraiment!

GEORGETTE.

Nous savons comme il faut s'en défendre.

ARNOLPHE.

S'il venoit doucement : « Alain, mon pauvre cœur,
Par un peu de secours soulage ma langueur! »

ALAIN.

Vous êtes un sot.

ARNOLPHE.

(A Georgette.)

Bon. « Georgette, ma mignonne,

1. Arnolphe cherche à tirer parti de la simplicité de ses serviteurs comme il a voulu exploiter la simplicité d'Agnès.

Tu me parois si douce et si bonne personne... »
GEORGETTE.
Vous êtes un nigaud.
ARNOLPHE.
(A Alain.)
Bon. « Quel mal trouves-tu
Dans un dessein honnête et tout plein de vertu ? »
ALAIN.
Vous êtes un fripon.
ARNOLPHE.
(A Georgette.)
Fort bien. « Ma mort est sûre,
Si tu ne prends pitié des peines que j'endure. »
GEORGETTE.
Vous êtes un benêt, un impudent.
ARNOLPHE.
Fort bien.
(A Alain.)
« Je ne suis pas un homme à vouloir rien pour rien[1] ;
Je sais, quand on me sert, en garder la mémoire :
Cependant, par avance, Alain, voilà pour boire ;
Et voilà pour t'avoir, Georgette, un cotillon.
(Ils tendent tous deux la main, et prennent l'argent.)
Ce n'est de mes bienfaits qu'un simple échantillon.
Toute la courtoisie enfin dont je vous presse,
C'est que je puisse voir votre belle maîtresse. »
GEORGETTE, le poussant.
A d'autres.
ARNOLPHE.
Bon cela.

1. Arnolphe reprend sa leçon, et feint de jouer le rôle d'Horace.

ALAIN, le poussant.

Hors d'ici.

ARNOLPHE.

Bon.

GEORGETTE, le poussant.

Mais tôt.

ARNOLPHE.

Bon. Holà ! c'est assez.

GEORGETTE.

Fais-je pas comme il faut?

ALAIN.

Est-ce de la façon que vous voulez l'entendre?

ARNOLPHE.

Oui, fort bien, hors l'argent, qu'il ne falloit pas prendre[1].

GEORGETTE.

Nous ne nous sommes pas souvenus de ce point.

ALAIN.

Voulez-vous qu'à l'instant nous recommencions?

ARNOLPHE.

Point.

Suffit. Rentrez tous deux.

ALAIN.

Vous n'avez rien qu'à dire.

ARNOLPHE.

Non, vous dis-je ; rentrez, puisque je le désire.
Je vous laisse l'argent. Allez : je vous rejoins.
Ayez bien l'œil à tout, et secondez mes soins.

---

1. Dans une farce italienne intitulée *Pantalon jaloux*, Pantalon ordonne à ses valets de fermer sa porte au Docteur, et même de le battre s'il persiste à vouloir entrer. Pour voir comment ils s'en acquitteront, il leur dit de supposer qu'il est le Docteur. La supposition va si loin que, lorsqu'il fait mine de forcer le passage, ils lui donnent tout de bon des coups de bâton qu'il reçoit avec joie, en s'applaudissant d'avoir des serviteurs si zélés. (AUGER.)

SCÈNE V.

ARNOLPHE, seul.

Je veux, pour espion qui soit d'exacte vue,
Prendre le savetier du coin de notre rue.
Dans la maison toujours je prétends la tenir,
Y faire bonne garde, et surtout en bannir
Vendeuses de rubans, perruquières, coiffeuses,
Faiseuses de mouchoirs, gantières, revendeuses,
Tous ces gens qui sous main travaillent chaque jour
A faire réussir les mystères d'amour[1].
Enfin j'ai vu le monde, et j'en sais les finesses.
Il faudra que mon homme ait de grandes adresses,
Si message ou poulet de sa part peut entrer.

SCÈNE VI.

HORACE, ARNOLPHE.

HORACE.

La place m'est heureuse à vous y rencontrer[2].
Je viens de l'échapper bien belle, je vous jure.
Au sortir d'avec nous, sans prévoir l'aventure,
Seule dans son balcon* j'ai vu paroître Agnès,
Qui des arbres prochains prenoit un peu le frais.

* Var. *Seule dans ce balcon* . . . . . (1673, 1682).

1. L'édition de 1682 nous apprend qu'on ne récitait pas à la scène ces huit premiers vers du monologue d'Arnolphe.
2. Comme Arnolphe veille sans cesse autour de son trésor, et qu'Horace rôde sans cesse pour le lui ravir, leurs rencontres fréquentes s'expliquent sans invraisemblance; mais elles doivent bien causer à Horace quelque surprise légère, qu'il exprime en commençant son nouveau récit.

Après m'avoir fait signe, elle a su faire en sorte,
Descendant au jardin, de m'en ouvrir la porte;
Mais à peine tous deux dans sa chambre étions-nous
Qu'elle a sur les degrés entendu son jaloux;
Et tout ce qu'elle a pu, dans un tel accessoire[1],
C'est de me renfermer dans une grande armoire.
Il est entré d'abord : je ne le voyois pas,
Mais je l'oyois marcher, sans rien dire, à grands pas,
Poussant de temps en temps des soupirs pitoyables,
Et donnant quelquefois de grands coups sur les tables,
Frappant un petit chien qui pour lui s'émouvoit,
Et jetant brusquement les hardes qu'il trouvoit.
Il a même cassé, d'une main mutinée,
Des vases dont la belle ornoit sa cheminée;
Et sans doute il faut bien qu'à ce becque cornu[2]
Du trait qu'elle a joué quelque jour soit venu.
Enfin, après cent tours,* ayant de la manière
Sur ce qui n'en peut mais déchargé sa colère,
Mon jaloux inquiet, sans dire son ennui,
Est sorti de la chambre, et moi, de mon étui.
Nous n'avons point voulu, de peur du personnage,
Risquer à nous tenir ensemble davantage :
C'étoit trop hasarder ; mais je dois, cette nuit,
Dans sa chambre un peu tard m'introduire sans bruit.

* Var. *Enfin, après vingt tours* . . . . . (1682).

1. *Accessoire*, dans le sens d'accident, déroute, crise, danger. C'est ainsi que Montaigne a dit : « Une sienne proposition, pour avoir été un peu trop largement et iniquement interprétée, le mit autrefois et tint longtemps en grand accessoire à l'inquisition de Rome. » Et Marot :

> Que la pique on manie
> Pour les choquer et mettre en accessoire!

2. *Becque cornu*, de l'italien *becco cornuto*, bouc portant cornes.

En toussant par trois fois je me ferai connoître ;
Et je dois au signal voir ouvrir la fenêtre,
Dont, avec une échelle, et secondé d'Agnès,
Mon amour tâchera de me gagner l'accès.
Comme à mon seul ami je veux bien vous l'apprendre.
L'allégresse du cœur s'augmente à la répandre ;
Et, goûtât-on cent fois un bonheur trop parfait,*
On n'en est pas content si quelqu'un ne le sait.
Vous prendrez part, je pense, à l'heur de mes affaires.
Adieu. Je vais songer aux choses nécessaires.

SCÈNE VII.

ARNOLPHE, seul.

Quoi ! l'astre qui s'obstine à me désespérer
Ne me donnera pas le temps de respirer !
Coup sur coup je verrai, par leur intelligence,
De mes soins vigilants confondre la prudence !
Et je serai la dupe, en ma maturité[1],
D'une jeune innocente et d'un jeune éventé !
En sage philosophe on m'a vu, vingt années,
Contempler des maris les tristes destinées,
Et m'instruire avec soin de tous les accidents
Qui font dans le malheur tomber les plus prudents ;
Des disgrâces d'autrui profitant dans mon âme,
J'ai cherché les moyens, voulant prendre une femme,
De pouvoir garantir mon front de tous affronts,
Et le tirer de pair** d'avec les autres fronts ;

* Var. . . . . . . *un bonheur tout parfait* (1673, 1682).
** Var. *Et le tirer du pair.* . . . . . (1682).

1. Vingt vers à partir de celui-ci étaient omis à la représentation. (Édition de 1682.)

Pour ce noble dessein, j'ai cru mettre en pratique
Tout ce que peut trouver l'humaine politique ;
Et, comme si du sort il étoit arrêté
Que nul homme ici-bas n'en seroit exempté,
Après l'expérience et toutes les lumières
Que j'ai pu m'acquérir sur de telles matières,
Après vingt ans et plus de méditation
Pour me conduire en tout avec précaution,
De tant d'autres maris j'aurois quitté la trace
Pour me trouver après dans la même disgrace !
Ah ! bourreau de destin, vous en aurez menti.
De l'objet qu'on poursuit je suis encor nanti ;
Si son cœur m'est volé par ce blondin funeste,
J'empêcherai du moins qu'on s'empare du reste ;
Et cette nuit, qu'on prend pour le galant exploit,
Ne se passera pas si doucement qu'on croit.
Ce m'est quelque plaisir, parmi tant de tristesse,
Que l'on me donne avis du piège qu'on me dresse,
Et que cet étourdi, qui veut m'être fatal,
Fasse son confident de son propre rival.

SCÈNE VIII.

CHRYSALDE, ARNOLPHE.

CHRYSALDE.

Hé bien ! souperons-nous avant la promenade ?

ARNOLPHE.

Non, je jeûne ce soir.

CHRYSALDE.

D'où vient cette boutade ?

ARNOLPHE.

De grâce, excusez-moi, j'ai quelque autre embarras.

ACTE IV, SCÈNE VIII.

CHRYSALDE.
Votre hymen résolu ne se fera-t-il pas?
ARNOLPHE.
C'est trop s'inquiéter des affaires des autres.
CHRYSALDE.
Oh! oh! si brusquement! Quels chagrins sont les vôtres?
Seroit-il point, compère, à votre passion
Arrivé quelque peu de tribulation?
Je le jurerois presque, à voir votre visage.
ARNOLPHE.
Quoi qu'il m'arrive, au moins aurai-je l'avantage
De ne pas ressembler à de certaines gens
Qui souffrent doucement l'approche des galants.
CHRYSALDE.
C'est un étrange fait qu'avec tant de lumières
Vous vous effarouchiez toujours sur ces matières,
Qu'en cela vous mettiez le souverain bonheur,
Et ne conceviez point au monde d'autre honneur.
Être avare, brutal, fourbe, méchant et lâche,
N'est rien, à votre avis, auprès de cette tache;
Et, de quelque façon qu'on puisse avoir vécu,
On est homme d'honneur quand on n'est point cocu.
A le bien prendre au fond, pourquoi voulez-vous croire
Que de ce cas fortuit dépende notre gloire,
Et qu'une âme bien née ait à se reprocher
L'injustice d'un mal qu'on ne peut empêcher?
Pourquoi voulez-vous, dis-je, en prenant une femme,
Qu'on soit digne, à son choix, de louange ou de blâme, *
Et qu'on s'aille former un monstre plein d'effroi
De l'affront que nous fait son manquement de foi?

* VAR. . . . . . . *de louange et de blâme* (1682).

Mettez-vous dans l'esprit qu'on peut du cocuage
Se faire en galant homme une plus douce image;
Que, des coups du hasard aucun n'étant garant,
Cet accident de soi doit être indifférent,
Et qu'enfin tout le mal, quoi que le monde glose,
N'est que dans la façon de recevoir la chose :
Car, pour se bien conduire* en ces difficultés,
Il y faut, comme en tout, fuir les extrémités,
N'imiter pas ces gens un peu trop débonnaires
Qui tirent vanité de ces sortes d'affaires,
De leurs femmes toujours vont citant les galants,
En font partout l'éloge, et prônent leurs talents,
Témoignent avec eux d'étroites sympathies,
Sont de tous leurs cadeaux, de toutes leurs parties,
Et font qu'avec raison les gens sont étonnés
De voir leur hardiesse à montrer là leur nez.
Ce procédé, sans doute, est tout à fait blâmable;
Mais l'autre extrémité n'est pas moins condamnable.
Si je n'approuve pas ces amis des galants,**
Je ne suis pas aussi pour ces gens turbulents
Dont l'imprudent chagrin, qui tempête et qui gronde,
Attire au bruit qu'il fait les yeux de tout le monde,
Et qui, par cet éclat, semble ne pas vouloir
Qu'aucun puisse ignorer ce qu'ils peuvent avoir.
Entre ces deux partis il en est un honnête,
Où, dans l'occasion, l'homme prudent s'arrête;
Et, quand on le sait prendre, on n'a point à rougir
Du pis dont une femme avec nous puisse agir.
Quoi qu'on en puisse dire enfin, le cocuage

* Var. *Et, pour se bien conduire.* . . . . (1682).
** Var. . . . . . *ces amis de galants* (1673).

Sous des traits moins affreux aisément s'envisage ;
Et, comme je vous dis, toute l'habileté
Ne va qu'à le savoir tourner du bon côté [1].

ARNOLPHE.

Après ce beau discours, toute la confrérie
Doit un remercîment à votre seigneurie ;
Et quiconque voudra vous entendre parl
Montrera de la joie à s'y voir enrôler.

CHRYSALDE.

Je ne dis pas cela : car c'est ce que je blâme ;
Mais comme c'est le sort qui nous donne une femme,
Je dis que l'on doit faire ainsi qu'au jeu de dés,

---

1. Il y a eu, en l'honneur de la morale, de grands combats autour de cette tirade : « Quoi ! c'est peu de chose, ce n'est rien de perdre le cœur de sa femme, s'écrie Geoffroi, et de ne pas être le père de ses enfants ? Quel est le galant homme qui puisse se faire d'un pareil malheur une douce image ? quel peut être le bon côté d'un crime qui désorganise la famille, qui détruit les plus douces affections sociales, et empoisonne tout le bonheur domestique ? » Tout cela est parfaitement vrai, à envisager la question sérieusement ; mais Chrysalde plaisante, et si ses plaisanteries nous paraissent aujourd'hui hasardées, on les trouve au contraire fort adoucies quand on les compare aux traditions facétieuses de la vieille gaieté française.

Chrysalde plaisante comme La Fontaine, qui a dit :

> Quand on le sait, c'est peu de chose ;
> Quand on l'ignore, ce n est rien.

Il plaisante comme Rabelais : « Il n'est, respondit frère Jean, cocqu qui veult. Si tu es cocqu, *ergo* ta femme sera belle ; *ergo* seras bien traité d'elle ; *ergo* tu auras des amis beaucoup ; *ergo* tu seras saulvé. Ce sont topicques monachales. Tu n'en vauldras que mieulx, pécheur. Tu ne fus jamais si aise. Tu n'y trouveras rien moins. Ton bien accroistra dadvantaige. S'il est ainsi prédestiné, y vouldroys-tu contrevenir ? » Chrysalde plaisante enfin comme la série innombrable des fabliaux qui n'ont guère d'autre sujet. En donnant à Chrysalde cet esprit railleur, Molière n'a point entendu en faire le représentant de la vérité et de la raison et donner ses doctrines pour les meilleures qu'on puisse professer. Mais un personnage de ce caractère et de cette conversation était le mieux fait pour piquer et irriter Arnolphe en ce moment. Par le contraste des deux interlocuteurs la situation dramatique et comique se développe. C'est tout ce que Molière a voulu.

Où, s'il ne vous vient pas ce que vous demandez,
Il faut jouer d'adresse,* et d'une âme réduite,
Corriger le hasard par la bonne conduite¹.

ARNOLPHE.

C'est-à-dire dormir et manger toujours bien,
Et se persuader que tout cela n'est rien.

CHRYSALDE.

Vous pensez vous moquer; mais, à ne vous rien feindre,
Dans le monde je vois cent choses plus à craindre,
Et dont je me ferois un bien plus grand malheur
Que de cet accident qui vous fait tant de peur.
Pensez-vous qu'à choisir de deux choses prescrites,
Je n'aimasse pas mieux être ce que vous dites
Que de me voir mari de ces femmes de bien
Dont la mauvaise humeur fait un procès sur rien,
Ces dragons de vertu, ces honnêtes diablesses,
Se retranchant toujours sur leurs sages prouesses,
Qui, pour un petit tort qu'elles ne nous font pas,
Prennent droit de traiter les gens de haut en bas,**
Et veulent, sur le pied de nous être fidèles,
Que nous soyons tenus à tout endurer d'elles² ?

* VAR. *Il vous faut jouer d'adresse.* . . . . (1682).
** VAR. . . . . . *les gens du haut en bas* (1673).

1. Ce passage est imité de Térence :

> Ita vita est hominum, quasi quum ludas tesseris :
> Si illud, quod maxume opus est jactu non cadit,
> Illud quod cecidit forte, id arte ut corrigas.

« Il en est de la vie comme d'un jeu où l'on emploie les dés. Si on n'amène pas le coup dont on a besoin, il faut que la science du joueur corrige le sort. » (*Les Adelphes,* acte IV, scène VIII.)

C'est ainsi qu'avec Molière on est continuellement obligé de passer de l'antiquité classique à notre vieille littérature, tant les deux traditions sont étroitement unies dans son œuvre!

2. Boileau, dans la satire x, La Fontaine, dans *Belphégor,* se récrient comme Chrysalde contre « ces dragons de vertu qui se retranchent tou-

Encore un coup, compère, apprenez qu'en effet
Le cocuage n'est que ce que l'on le fait;
Qu'on peut le souhaiter pour de certaines causes,
Et qu'il a ses plaisirs comme les autres choses.

ARNOLPHE.

Si vous êtes d'humeur à vous en contenter,
Quant à moi, ce n'est pas la mienne d'en tâter;
Et plutôt que subir une telle aventure...

CHRYSALDE.

Mon Dieu! ne jurez point, de peur d'être parjure.
Si le sort l'a réglé, vos soins sont superflus,
Et l'on ne prendra pas votre avis là-dessus.

ARNOLPHE.

Moi, je serois cocu?

CHRYSALDE.

Vous voilà bien malade!
Mille gens le sont bien, sans vous faire bravade,
Qui de mine, de cœur, de biens et de maison,
Ne feroient avec vous nulle comparaison.

ARNOLPHE.

Et moi, je n'en voudrois avec eux faire aucune.
Mais cette raillerie, en un mot, m'importune;
Brisons là, s'il vous plaît.

CHRYSALDE.

Vous êtes en courroux!
Nous en saurons la cause. Adieu. Souvenez-vous,

---

jours sur leurs sages prouesses ». Brantôme avait dit avant eux : « A aulcuns j'ai ouï dire que quelquefois pour les maris il n'est si besoin qu'ils ayent leurs femmes si chastes, car elles en sont si glorieuses, je dis celles qui ont ce don très rare, que quasi vous diriez qu'elles veulent dominer, non leurs maris seulement, mais le ciel et les astres : voire qu'il leur semble, par telle orgueilleuse chasteté, que Dieu leur doive du retour. » (*Dames galantes*, discours I.)

Quoi que sur ce sujet votre honneur vous inspire,
Que c'est être à demi ce que l'on vient de dire
Que de vouloir jurer qu'on ne le sera pas.

ARNOLPHE.

Moi, je le jure encore, et je vais de ce pas
Contre cet accident trouver un bon remède[1].

(Il court heurter à sa porte.)

SCÈNE IX.

ARNOLPHE, ALAIN, GEORGETTE.

ARNOLPHE.

Mes amis, c'est ici que j'implore votre aide.*
Je suis édifié de votre affection ;
Mais il faut qu'elle éclate en cette occasion ;
Et, si vous m'y servez selon ma confiance,
Vous êtes assurés de votre récompense.
L'homme que vous savez, n'en faites point de bruit,
Veut, comme je l'ai su, m'attraper cette nuit,
Dans la chambre d'Agnès entrer par escalade ;
Mais il lui faut, nous trois, dresser une embuscade.
Je veux que vous preniez chacun un bon bâton,
Et, quand il sera près du dernier échelon
(Car dans le temps qu'il faut j'ouvrirai la fenêtre),
Que tous deux à l'envi vous me chargiez ce traître,
Mais d'un air dont son dos garde le souvenir,
Et qui lui puisse apprendre à n'y plus revenir ;

* VAR. *Mes amis, c'est ainsi que j'implore votre aide* (1673).

1. Arnolphe se voit déjà soupçonné, prêché ironiquement, moqué, persiflé. La revanche qu'il doit attendre des maris qui ont été longtemps ses victimes commence dans cette scène; et elle rend plus fâcheuse, plus critique, plus cruelle, l'alternative où il est placé, et ajoute à sa détresse.

Sans me nommer pourtant en aucune manière,
Ni faire aucun semblant que je serai derrière.
Aurez-vous bien l'esprit de servir mon courroux ?*

ALAIN.

S'il ne tient qu'à frapper, monsieur, tout est à nous.**
Vous verrez, quand je bats, si j'y vais de main morte.

GEORGETTE.

La mienne, quoique aux yeux elle n'est pas si forte,***
N'en quitte pas sa part à le bien étriller.

ARNOLPHE.

Rentrez donc ; et surtout gardez de babiller.

(Seul.)

Voilà pour le prochain une leçon utile ;
Et si tous les maris qui sont en cette ville
De leurs femmes ainsi recevoient le galant,
Le nombre des cocus ne seroit pas si grand[1].

* VAR. *Auriez-vous bien l'esprit de servir mon courroux?* (1673, 1682.)
** VAR. *S'il ne tient qu'à frapper, mon Dieu! tout est à nous* (1673, 1682).
*** VAR. *La mienne, quoique aux yeux elle semble moins forte* (1673,1682).

1. Ces derniers vers rappellent ce passage de Plaute, dans *le Soldat fanfaron* (*Miles gloriosus*) :

> Si sic aliis mœchis fiat, minus hic mœchorum fiet :
> Metuant magis, minus has res studeant.

« Si l'on en faisait autant à tous les galants, il y en aurait moins ici qu'il y en a : qu'ils craignent davantage, et ils auront moins d'ardeur dans leurs poursuites. »

ACTE CINQUIÈME.

SCÈNE PREMIÈRE.
ARNOLPHE, ALAIN, GEORGETTE.

ARNOLPHE.
Traîtres, qu'avez-vous fait par cette violence?
ALAIN.
Nous vous avons rendu, monsieur, obéissance.
ARNOLPHE.
De cette excuse en vain vous voulez vous armer;
L'ordre étoit de le battre, et non de l'assommer;
Et c'étoit sur le dos, et non pas sur la tête,
Que j'avois commandé qu'on fît choir la tempête.
Ciel! dans quel accident me jette ici le sort!
Et que puis-je résoudre à voir cet homme mort?
Rentrez dans la maison, et gardez de rien dire
De cet ordre innocent que j'ai pu vous prescrire.
(Seul.)
Le jour s'en va paroître, et je vais consulter
Comment dans ce malheur je me dois comporter.
Hélas! que deviendrai-je? et que dira le père,
Lorsque inopinément il saura cette affaire?

SCÈNE II.

HORACE, ARNOLPHE.

HORACE, à part.

Il faut que j'aille un peu reconnoître qui c'est.

ARNOLPHE, se croyant seul.

Eût-on jamais prévu...

(Heurté par Horace, qu'il ne reconnoît pas.)

Qui va là, s'il vous plaît?

HORACE.

C'est vous, seigneur Arnolphe?

ARNOLPHE.

Oui. Mais vous?...

HORACE.

C'est Horace.
Je m'en allois chez vous vous prier d'une grâce.
Vous sortez bien matin!

ARNOLPHE.

Quelle confusion!
Est-ce un enchantement, est-ce une illusion?

HORACE.

J'étois, à dire vrai, dans une grande peine,
Et je bénis du ciel la bonté souveraine
Qui fait qu'à point nommé je vous rencontre ainsi.
Je viens vous avertir que tout a réussi[1],
Et même beaucoup plus que je n'eusse osé dire,
Et par un incident qui devoit tout détruire.
Je ne sais point par où l'on a pu soupçonner
Cette assignation qu'on m'avoit su donner;

---

1. Voici un nouveau coup de théâtre; tout s'est accompli hors de la scène, et pourtant l'effet se produit à la scène sur Arnolphe.

Mais, étant sur le point d'atteindre à la fenêtre,
J'ai, contre mon espoir, vu quelques gens paroître,
Qui, sur moi brusquement levant chacun le bras,
M'ont fait manquer le pied et tomber jusqu'en bas,
Et ma chute, aux dépens de quelque meurtrissure,
De vingt coups de bâton m'a sauvé l'aventure.
Ces gens-là, dont étoit, je pense, mon jaloux,
Ont imputé ma chute à l'effort de leurs coups ;
Et comme la douleur, un assez long espace,
M'a fait sans remuer demeurer sur la place,
Ils ont cru tout de bon qu'ils m'avoient assommé,
Et chacun d'eux s'en est aussitôt alarmé.
J'entendois tout leur bruit dans le profond silence : *
L'un l'autre ils s'accusoient de cette violence ;
Et, sans lumière aucune, en querellant le sort,
Sont venus doucement tâter si j'étois mort.
Je vous laisse à penser si, dans la nuit obscure,
J'ai d'un vrai trépassé su tenir la figure.
Ils se sont retirés avec beaucoup d'effroi ;
Et, comme je songeois à me retirer, moi,
De cette feinte mort la jeune Agnès émue
Avec empressement est devers moi venue :
Car les discours qu'entre eux ces gens avoient tenus
Jusques à son oreille étoient d'abord venus ;
Et, pendant tout ce trouble étant moins observée,
Du logis aisément elle s'étoit sauvée ;
Mais, me trouvant sans mal, elle a fait éclater
Un transport difficile à bien représenter.
Que vous dirai-je ?¹ Enfin cette aimable personne

* VAR. *J'entendois tout le bruit dans le profond silence :* (1673, 1682.)

1. L'édition de 1734 met le point d'interrogation après *enfin*.

A suivi les conseils que son amour lui donne,
N'a plus voulu songer à retourner chez soi,
Et de tout son destin s'est commise à ma foi.
Considérez un peu, par ce trait d'innocence,
Où l'expose d'un fou la haute impertinence ;
Et quels fâcheux périls elle pourroit courir,
Si j'étois maintenant homme à la moins chérir.
Mais d'un trop pur amour mon âme est embrasée ;
J'aimerois mieux mourir que l'avoir abusée :
Je lui vois des appas dignes d'un autre sort,
Et rien ne m'en sauroit séparer que la mort[1].
Je prévois là-dessus l'emportement d'un père ;
Mais nous prendrons le temps d'apaiser sa colère.
A des charmes si doux je me laisse emporter,
Et dans la vie enfin il se faut contenter.
Ce que je veux de vous, sous un secret fidèle,
C'est que je puisse mettre en vos mains cette belle ;
Que dans votre maison, en faveur de mes feux,
Vous lui donniez retraite au moins un jour ou deux.
Outre qu'aux yeux du monde il faut cacher sa fuite,
Et qu'on en pourra faire une exacte poursuite,*
Vous savez qu'une fille aussi de sa façon
Donne avec un jeune homme un étrange soupçon ;
Et comme c'est à vous, sûr de votre prudence,
Que j'ai fait de mes feux entière confidence,
C'est à vous seul aussi, comme ami généreux,

* Var. *Et qu'on en pourroit faire une exacte poursuite* (1682).

1. Ces protestations de l'amoureux Horace rassurent l'esprit des spectateurs sur le sort d'Agnès, qu'il tient en son pouvoir. Elles achèvent en même temps de faire sentir les funestes conséquences que pouvait avoir le système suivi à l'égard de la jeune fille.

Que je puis confier ce dépôt amoureux[1].
####### ARNOLPHE.
Je suis, n'en doutez point, tout à votre service.
####### HORACE.
Vous voulez bien me rendre un si charmant office?
####### ARNOLPHE.
Très-volontiers, vous dis-je; et je me sens ravir
De cette occasion que j'ai de vous servir.
Je rends grâces au ciel de ce qu'il me l'envoie,
Et n'ai jamais rien fait avec si grande joie.
####### HORACE.
Que je suis redevable à toutes vos bontés!
J'avois de votre part craint des difficultés;
Mais vous êtes du monde, et, dans votre sagesse,
Vous savez excuser le feu de la jeunesse.
Un de mes gens la garde au coin de ce détour.
####### ARNOLPHE.
Mais comment ferons-nous? car il fait un peu jour.
Si je la prends ici, l'on me verra peut-être;
Et, s'il faut que chez moi vous veniez à paroître,
Des valets causeront. Pour jouer au plus sûr,
Il faut me l'amener dans un lieu plus obscur.
Mon allée est commode[2], et je l'y vais attendre.
####### HORACE.
Ce sont précautions qu'il est fort bon de prendre.
Pour moi, je ne ferai que vous la mettre en main,
Et chez moi sans éclat je retourne soudain.

---

1. Horace donne assurément les meilleures raisons du monde pour faire la chose la plus contraire à ses intérêts; on ne peut pas se perdre soi-même avec plus de jugement et de prudence. (AUGER.)

2. Cette allée est celle de la propre maison d'Arnolphe, située sur la même place que celle d'Agnès.

ARNOLPHE seul.

Ah fortune, ce trait d'aventure propice
Répare tous les maux que m'a faits ton caprice !

(Il s'enveloppe le nez de son manteau.)

SCÈNE III.]

AGNÈS, ARNOLPHE, HORACE.

HORACE, à Agnès.

Ne soyez point en peine où je vais vous mener :
C'est un logement sûr que je vous fais donner.
Vous loger avec moi, ce seroit tout détruire ;
Entrez dans cette porte, et laissez-vous conduire.

(Arnolphe lui prend la main sans qu'elle le reconnoisse.)

AGNÈS, à Horace.

Pourquoi me quittez-vous ?

HORACE.

Chère Agnès, il le faut.

AGNÈS.

Songez donc, je vous prie, à revenir bientôt.

HORACE.

J'en suis assez pressé par ma flamme amoureuse.

AGNÈS.

Quand je ne vous vois point je ne suis point joyeuse.

HORACE.

Hors de votre présence on me voit triste aussi.

AGNÈS.

Hélas ! s'il étoit vrai, vous resteriez ici.

HORACE.

Quoi ! vous pourriez douter de mon amour extrême !

AGNÈS.

Non, vous ne m'aimez pas autant que je vous aime.

(Arnolphe la tire.)

Ah! l'on me tire trop.

HORACE.

C'est qu'il est dangereux,
Chère Agnès, qu'en ce lieu nous soyons vus tous deux;
Et le parfait ami de qui la main vous presse*
Suit le zèle prudent qui pour nous l'intéresse.

AGNÈS.

Mais suivre un inconnu que...

HORACE.

N'appréhendez rien :
Entre de telles mains vous ne serez que bien.

AGNÈS.

Je me trouverois mieux entre celles d'Horace,
Et j'aurois...**

(A Arnolphe, qui la tire encore.)

Attendez.

HORACE.

Adieu. Le jour me chasse.

AGNÈS.

Quand vous verrai-je donc?

HORACE.

Bientôt, assurément.

AGNÈS.

Que je vais m'ennuyer jusques à ce moment!

HORACE, en s'en allant.

Grâce au ciel, mon bonheur n'est plus en concurrence[1];
Et je puis maintenant dormir en assurance.

* Var. *Et ce parfait ami de qui la main vous presse* (1682).
** Var. L'édition princeps met ces mots : *Et j'aurois*, dans la bouche d'Horace; mais on peut supposer que c'est une faute d'impression.

1. N'est plus en balance, n'est plus incertain.

SCÈNE IV.

ARNOLPHE, AGNÈS.

ARNOLPHE, caché dans son manteau, et déguisant sa voix.

Venez, ce n'est pas là que je vous logerai,
Et votre gîte ailleurs est par moi préparé.
Je prétends en lieu sûr mettre votre personne.

(Se faisant connoître.)

Me connoissez-vous?

AGNÈS, le reconnoissant.

Hay!

ARNOLPHE.

Mon visage, friponne,
Dans cette occasion rend vos sens effrayés,
Et c'est à contre-cœur qu'ici vous me voyez;
Je trouble en ses projets l'amour qui vous possède.

(Agnès regarde si elle ne verra point Horace.)

N'appelez point des yeux le galant à votre aide :
Il est trop éloigné pour vous donner secours.
Ah! ah! si jeune encor, vous jouez de ces tours!
Votre simplicité, qui semble sans pareille,
Demande si l'on fait les enfants par l'oreille;
Et vous savez donner des rendez-vous la nuit,
Et pour suivre un galant vous évader sans bruit!
Tudieu! comme avec lui votre langue cajole[1]!
Il faut qu'on vous ait mise à quelque bonne école!
Qui diantre tout d'un coup vous en a tant appris?
Vous ne craignez donc plus de trouver des esprits
Et ce galant, la nuit, vous a donc enhardie?
Ah! coquine, en venir à cette perfidie!

---

1. *Cajoler*, jaser, jacasser.

Malgré tous mes bienfaits former un tel dessein!
Petit serpent que j'ai réchauffé dans mon sein,
Et qui, dès qu'il se sent, par une humeur ingrate
Cherche à faire du mal à celui qui le flatte!

AGNÈS.

Pourquoi me criez-vous?

ARNOLPHE.

J'ai grand tort en effet!

AGNÈS.

Je n'entends point de mal dans tout ce que j'ai fait.

ARNOLPHE.

Suivre un galant n'est pas une action infâme?

AGNÈS.

C'est un homme qui dit qu'il me veut pour sa femme :
J'ai suivi vos leçons, et vous m'avez prêché
Qu'il se faut marier pour ôter le péché!

ARNOLPHE.

Oui. Mais pour femme, moi, je prétendois vous prendre;
Et je vous l'avois fait, me semble, assez entendre.

AGNÈS.

Oui. Mais à vous parler franchement entre nous,
Il est plus pour cela selon mon goût que vous.
Chez vous le mariage est fâcheux et pénible,
Et vos discours en font une image terrible;
Mais, las! il le fait, lui, si rempli de plaisirs
Que de se marier il donne des désirs.

ARNOLPHE.

Ah! c'est que vous l'aimez, traîtresse!

AGNÈS.

Oui, je l'aime.

ARNOLPHE.

Et vous avez le front de le dire à moi-même!

ACTE V, SCÈNE IV.

AGNÈS.

Et pourquoi, s'il est vrai, ne le dirois-je pas?

ARNOLPHE.

Le deviez-vous aimer, impertinente?

AGNÈS.

Hélas!
Est-ce que j'en puis mais? Lui seul en est la cause :
Et je n'y songeois pas lorsque se fit la chose.

ARNOLPHE.

Mais il falloit chasser cet amoureux désir.

AGNÈS.

Le moyen de chasser ce qui fait du plaisir?

ARNOLPHE.

Et ne saviez-vous pas que c'étoit me déplaire?*

AGNÈS.

Moi? Point du tout. Quel mal cela peut-il vous faire?

ARNOLPHE.

Il est vrai, j'ai sujet d'en être réjoui!
Vous ne m'aimez donc pas, à ce compte?

AGNÈS.

Vous?

ARNOLPHE.

Oui.

AGNÈS.

Hélas! non.

ARNOLPHE.

Comment, non!

AGNÈS.

Voulez-vous que je mente?

ARNOLPHE.

Pourquoi ne m'aimer pas, madame l'impudente?

---

* VAR. *Et ne savez-vous pas que c'étoit me déplaire?* (1673, 1682).

AGNÈS.

Mon Dieu! ce n'est pas moi que vous devez blâmer :
Que ne vous êtes-vous, comme lui, fait aimer?
Je ne vous en ai pas empêché, que je pense.

ARNOLPHE.

Je m'y suis efforcé de toute ma puissance;
Mais les soins que j'ai pris, je les ai perdus tous.

AGNÈS.

Vraiment, il en sait donc là-dessus plus que vous :
Car à se faire aimer il n'a point eu de peine.

ARNOLPHE, à part.

Voyez comme raisonne et répond la vilaine!
Peste! une précieuse en diroit-elle plus?
Ah! je l'ai mal connue; ou, ma foi! là-dessus
Une sotte en sait plus que le plus habile homme.

(A Agnès.)

Puisqu'en raisonnements votre esprit se consomme,
La belle raisonneuse, est-ce qu'un si long temps
Je vous aurai pour lui nourrie à mes dépens?

AGNÈS.

Non. Il vous rendra tout jusques au dernier double[1].

ARNOLPHE, bas, à part.

Elle a de certains mots où mon dépit redouble.

(Haut.)

Me rendra-t-il, coquine, avec tout son pouvoir,
Les obligations que vous pouvez m'avoir?

AGNÈS.

Je ne vous en ai pas de si grandes qu'on pense.

ARNOLPHE.

N'est-ce rien que les soins d'élever votre enfance?

---

1. Pièce de monnaie qui valait deux deniers.

####### AGNÈS.

Vous avez là-dedans bien opéré vraiment,
Et m'avez fait en tout instruire joliment!
Croit-on que je me flatte, et qu'enfin, dans ma tête,
Je ne juge pas bien que je suis une bête?
Moi-même j'en ai honte; et, dans l'âge où je suis,
Je ne veux plus passer pour sotte, si je puis.

####### ARNOLPHE.

Vous fuyez l'ignorance, et voulez, quoi qu'il coûte,
Apprendre du blondin quelque chose?

####### AGNÈS.

Sans doute.
C'est de lui que je sais ce que je puis savoir;*
Et beaucoup plus qu'à vous je pense lui devoir.

####### ARNOLPHE.

Je ne sais qui me tient qu'avec une gourmade
Ma main de ce discours ne venge la bravade.
J'enrage quand je vois sa piquante froideur;
Et quelques coups de poing satisferoient mon cœur.

####### AGNÈS.

Hélas! vous le pouvez, si cela peut vous plaire.**

####### ARNOLPHE, à part.

Ce mot et ce regard désarme ma colère,
Et produit un retour de tendresse de cœur,
Qui de son action m'efface la noirceur.***
Chose étrange d'aimer, et que, pour ces traîtresses,
Les hommes soient sujets à de telles foiblesses!
Tout le monde connoît leur imperfection;
Ce n'est qu'extravagance et qu'indiscrétion;

* VAR. *C'est de lui que je sais ce que je peux savoir;* (1682).
** VAR. . . . . . . *si cela vous peut plaire* (1673, 1682).
*** VAR. *Qui de son action efface la noirceur* (1673, 1682).

Leur esprit est méchant, et leur âme fragile ;
Il n'est rien de plus foible et de plus imbécile,
Rien de plus infidèle ; et, malgré tout cela,
Dans le monde on fait tout pour ces animaux-là.
        (A Agnès.)
Hé bien! faisons la paix. Va, petite traîtresse,
Je te pardonne tout et te rends ma tendresse :
Considère par là l'amour que j'ai pour toi,
Et, me voyant si bon, en revanche aime-moi.
                AGNÈS.
Du meilleur de mon cœur je voudrois vous complaire :
Que me coûteroit-il, si je le pouvois faire?
                ARNOLPHE.
Mon pauvre petit bec, tu le peux si tu veux.*
Écoute seulement ce soupir amoureux,
Vois ce regard mourant, contemple ma personne,
Et quitte ce morveux et l'amour qu'il te donne.
C'est quelque sort qu'il faut qu'il ait jeté sur toi,
Et tu seras cent fois plus heureuse avec moi.
Ta forte passion est d'être brave et leste[1],
Tu le seras toujours, va, je te le proteste ;
Sans cesse, nuit et jour, je te caresserai,
Je te bouchonnerai, baiserai, mangerai ;
Tout comme tu voudras tu pourras te conduire :
Je ne m'explique point, et cela c'est tout dire.
        (Bas, à part.)
Jusqu'où la passion peut-elle faire aller !
        (Haut.)
Enfin, à mon amour rien ne peut s'égaler :

* VAR. *Mon pauvre petit cœur, tu le peux si tu veux* (1673, 1682).

1. Bien vêtue et pimpante.

Quelle preuve veux-tu que je t'en donne, ingrate?
Me veux-tu voir pleurer? veux-tu que je me batte?
Veux-tu que je m'arrache un côté de cheveux?
Veux-tu que je me tue? Oui, dis si tu le veux,
Je suis tout prêt, cruelle, à te prouver ma flamme.

AGNÈS.

Tenez, tous vos discours ne me touchent point l'âme :
Horace avec deux mots en feroit plus que vous.

ARNOLPHE.

Ah! c'est trop me braver, trop pousser mon courroux.
Je suivrai mon dessein, bête trop indocile;
Et vous dénicherez à l'instant de la ville.
Vous rebutez mes vœux, et me mettez à bout,
Mais un cul de couvent[1] me vengera de tout[2].

---

1. Le fond d'un couvent. — Comme on dit *un cul de basse-fosse*.
2. Voilà la scène capitale de *l'École des Femmes*. Il n'y avait eu jusqu'alors rien de comparable dans la comédie. Le sang-froid d'Agnès, ses répliques invincibles, les excès auxquels se laisse emporter Arnolphe, ses colères et ses humiliations, forment un spectacle à la fois émouvant et risible. Arnolphe inspire presque de la pitié, tant il est vrai!

Nul doute que dans ce rôle Molière n'ait mis de ses propres craintes et de ses propres pressentiments. Il venait d'épouser Armande Béjart, qui avait dix-sept ans et qui n'était pas une Agnès. Il lui était difficile de se dissimuler qu'il avait fait une folie. Il avait sujet d'appréhender secrètement de ne pas réussir à s'attacher le cœur d'une jeune fille dont les dispositions à la coquetterie ne pouvaient échapper à son perspicace regard. Par là, par un avertissement douloureux de sa passion, il entrait sans doute dans ce personnage d'Arnolphe; il s'intéressait personnellement jusqu'à un certain point dans ses déceptions, dans ses angoisses, dans ses faiblesses. Mais il faut bien se garder de pousser l'interprétation trop loin dans ce sens, car tout ce que ce point de vue peut offrir de réel disparaîtrait alors.

Nous avons pour règle de ne jamais critiquer ni discuter les opinions des commentateurs qui nous ont précédé. Lorsqu'ils ont bien exprimé une réflexion juste, nous nous en emparons. Lorsqu'ils commettent des erreurs, il suffit de les passer sous silence. On nous permettra, toutefois, de faire une exception à cette règle et de signaler un véritable abus des rapprochements biographiques dans les notes d'Aimé Martin sur *l'École des Femmes*. Selon ce commentateur, Molière se serait peint d'après nature dans le rôle

SCÈNE V.

ARNOLPHE, AGNÈS, ALAIN.

ALAIN.

Je ne sais ce que c'est, monsieur, mais il me semble
Qu'Agnès et le corps mort s'en sont allés ensemble.

ARNOLPHE.

La voici. Dans ma chambre allez me la nicher.
(A part.)
Ce ne sera pas là qu'il la viendra chercher;
Et puis, c'est seulement pour une demi-heure.
Je vais, pour lui donner une sûre demeure,
(A Alain.)
Trouver une voiture. Enfermez-vous des mieux,
Et surtout gardez-vous de la quitter des yeux.

---

d'Arnolphe (étrange idée, et qui suppose vraiment un excès d'abnégation); il aurait mis sur le théâtre, dans la grande scène que l'on vient de lire, une scène de son ménage. Le commentateur, à ce propos, cite par fragments les confidences de Molière à Chapelle dans le jardin d'Auteuil, que raconte le libelle de *la Fameuse Comédienne*, et que nous avons rapportées dans notre premier volume. « Molière, dit-il, semble avoir pris plaisir à revêtir ici ces mêmes plaintes des couleurs de la poésie. » Aimé Martin s'exprime enfin exactement comme si *l'École des Femmes* eût été composée en 1665 ou 1666, vers le même moment que *le Misanthrope*, après les querelles qui éclatèrent entre les époux et qui amenèrent entre eux une séparation : il semble oublier que *l'École des Femmes* fut écrite par Molière pendant l'été qui suivit son mariage. Si Molière l'écrivit avec le sentiment profond de sa propre misère, encore faudrait-il remarquer qu'il puisait sans doute ce sentiment dans la prévision de l'avenir plutôt que dans l'expérience du présent. Grimarest lui-même, si peu favorable qu'il soit à Armande Béjart, ne va pas si vite en besogne : « Celle-ci ne fut pas plutôt Mlle Molière, dit-il seulement, qu'elle crut être au rang d'une duchesse, et elle ne se fut pas donnée en spectacle à la comédie que le courtisan désœuvré lui en conta. » Or Mlle Molière, selon toute vraisemblance, n'était pas encore montée sur le théâtre lorsque *l'École des Femmes* fut représentée. Le libelle de *la Fameuse Comédienne* raconte comment les inquiétudes de Molière ne furent

(Seul.)
Peut-être que son âme, étant dépaysée,
Pourra de cet amour être désabusée.

SCÈNE VI.
ARNOLPHE, HORACE.

HORACE.

Ah! je viens vous trouver, accablé de douleur.
Le ciel, seigneur Arnolphe, a conclu mon malheur;
Et, par un trait fatal d'une injustice extrême,
On me veut arracher de la beauté que j'aime.
Pour arriver ici mon père a pris le frais[1];
J'ai trouvé qu'il mettoit pied à terre ici près :
Et la cause, en un mot, d'une telle venue,
Qui, comme je disois, ne m'étoit pas connue,*
C'est qu'il m'a marié sans m'en écrire rien,

* VAR. *Qui, comme je disois, me sembloit inconnue* (1673).

éveillées qu'après les représentations de *la Princesse d'Élide*. Armande Béjart, de l'aveu même des biographes les plus hostiles, n'avait donc pas encore eu à se défendre contre les reproches de Molière; Molière n'avait pas encore été exposé à se laisser trop facilement vaincre, à s'humilier comme Arnolphe vis-à-vis de sa jeune femme. « Quelle délicatesse exquise, s'écrie Aimé Martin, dans celui qui, en traçant le rôle d'Agnès, semble ne songer qu'à justifier, à embellir celle qui jetait tant d'amertume sur sa vie! On sent qu'en écrivant il se rappelle la Béjart, qu'il excuse ses fautes, qu'il la plaint, qu'il n'accuse que lui, qu'il ne veut faire rire qu'à ses dépens... » Encore une fois, c'est, nous le répétons, devancer les événements. Si l'idée qui a été le point de départ de cette interprétation est vraie au fond, le commentateur s'en est emparé avec trop de vivacité; il en a voulu faire des applications trop précises, et il l'a faussée complètement.

Si nous nous sommes à ce sujet écarté de notre méthode ordinaire, c'est que l'exemple d'Aimé Martin a été contagieux, c'est que beaucoup d'écrivains se sont élancés et s'élancent après lui dans une voie où la fantaisie trouve une facile carrière; qu'ils tendent à jeter de la confusion dans la biographie de Molière, et peu à peu à dégrader sa physionomie.

1. A profité de la fraîcheur de la nuit.

Et qu'il vient en ces lieux célébrer ce lien.
Jugez, en prenant part à mon inquiétude,
S'il pouvoit m'arriver un contre-temps plus rude.
Cet Enrique, dont hier je m'informois à vous,
Cause tout le malheur dont je ressens les coups :
Il vient avec mon père achever ma ruine,
Et c'est sa fille unique à qui l'on me destine.
J'ai, dès leurs premiers mots, pensé m'évanouir :
Et d'abord, sans vouloir plus longtemps les ouïr,
Mon père ayant parlé de vous rendre visite,
L'esprit plein de frayeur, je l'ai devancé vite.
De grâce, gardez-vous de lui rien découvrir
De mon engagement, qui le pourroit aigrir;
Et tâchez, comme en vous il prend grande créance[1],
De le dissuader de cette autre alliance.

ARNOLPHE.

Oui-da.

HORACE.

Conseillez-lui de différer un peu,
Et rendez, en ami, ce service à mon feu.

ARNOLPHE.

Je n'y manquerai pas.

HORACE.

C'est en vous que j'espère.

ARNOLPHE.

Fort bien.

HORACE.

Et je vous tiens mon véritable père.
Dites-lui que mon âge... Ah! je le vois venir!
Écoutez les raisons que je vous puis fournir.

(Ils demeurent en un coin du théâtre.)

1. *Créance*, croyance, dans le sens de *confiance*, que ce mot n'a plus.

SCÈNE VII.

ENRIQUE, ORONTE, CHRYSALDE, HORACE, ARNOLPHE.

ENRIQUE, à Chrysalde.

Aussitôt qu'à mes yeux je vous ai vu paroître,
Quand on ne m'eût rien dit j'aurois su vous connoître.
Je vous vois tous les traits de cette aimable sœur *
Dont l'hymen autrefois m'avoit fait possesseur ;
Et je serois heureux, si la parque cruelle
M'eût laissé ramener cette épouse fidèle,
Pour jouir avec moi des sensibles douceurs
De revoir tous les siens après nos longs malheurs.
Mais, puisque du destin la fatale puissance
Nous prive pour jamais de sa chère présence,
Tâchons de nous résoudre[1], et de nous contenter
Du seul fruit amoureux qui m'en est pu rester. **
Il vous touche de près ; et, sans votre suffrage,
J'aurois tort de vouloir disposer de ce gage.
Le choix du fils d'Oronte est glorieux de soi ;
Mais il faut que ce choix vous plaise comme à moi[2].

* VAR. *J'ai reconnu les traits de cette aimable sœur* (1682).
** VAR. *Du seul fruit amoureux qui m'en ait pu rester.*

Les éditions originales donnent le vers tel que nous l'avons reproduit. C'est la seconde fois dans cette pièce que Molière emploie en même circonstance l'auxiliaire *être* au lieu de l'auxiliaire *avoir* (voyez page 307). De même de Vizé écrit en prose : « Vous êtes devenu le plus vain de tous les hommes, encore que vous ne *vous soyez* jusques ici pu servir de ce qui n'est à la vérité pas vôtre, mais de ce que vous avez ramassé de tous ceux qui ont écrit pour le théâtre. » (*Défense de la Sophonisbe de M. Corneille*.)

1. *Résoudre*, dans le sens de *résigner*.
2. Ces quatre derniers vers étaient, d'après l'édition de 1682, supprimés à la scène.

CHRYSALDE.

C'est de mon jugement avoir mauvaise estime,
Que douter si j'approuve un choix si légitime.

ARNOLPHE, à part, à Horace.

Oui, je vais vous servir de la bonne façon.*

HORACE, à part, à Arnolphe.

Gardez, encore un coup...

ARNOLPHE, à Horace.

N'ayez aucun soupçon.

(Arnolphe quitte Horace pour aller embrasser Oronte.)

ORONTE, à Arnolphe.

Ah ! que cette embrassade est pleine de tendresse !

ARNOLPHE.

Que je sens à vous voir une grande allégresse !

ORONTE.

Je suis ici venu...

ARNOLPHE

Sans m'en faire récit,
Je sais ce qui vous mène.

ORONTE.

On vous l'a déjà dit?

ARNOLPHE.

Oui.

ORONTE.

Tant mieux.

ARNOLPHE.

Votre fils à cet hymen résiste,
Et son cœur prévenu n'y voit rien que de triste :
Il m'a même prié de vous en détourner;
Et moi, tout le conseil que je vous puis donner,

---

* Var. *Oui, je veux vous servir de la bonne façon* (1673, 1682).

C'est de ne pas souffrir que ce nœud se diffère,
Et de faire valoir l'autorité de père.
Il faut avec vigueur ranger les jeunes gens,
Et nous faisons contre eux à leur être indulgents.

HORACE, à part.

Ah! traître!

CHRYSALDE.

        Si son cœur a quelque répugnance,
Je tiens qu'on ne doit pas lui faire violence.*
Mon frère, que je crois, sera de mon avis.

ARNOLPHE.

Quoi! se laissera-t-il gouverner par son fils?
Est-ce que vous voulez qu'un père ait la mollesse
De ne savoir pas faire obéir la jeunesse?
Il seroit beau, vraiment, qu'on le vît aujourd'hui
Prendre loi de qui doit la recevoir de lui!
Non, non : c'est mon intime, et sa gloire est la mienne,
Sa parole est donnée, il faut qu'il la maintienne,
Qu'il fasse voir ici de fermes sentiments,
Et force de son fils tous les attachements.

ORONTE.

C'est parler comme il faut, et, dans cette alliance,
C'est moi qui vous réponds de son obéissance.

CHRYSALDE, à Arnolphe.

Je suis surpris, pour moi, du grand empressement
Que vous nous faites voir** pour cet engagement,
Et ne puis deviner quel motif vous inspire...

ARNOLPHE.

Je sais ce que je fais, et dis ce qu'il faut dire.

---

  * VAR. *Je tiens qu'on ne doit pas lui faire résistance* (1673, 1682).
 ** VAR. *Que vous me faites voir* . . . . . (1673, 1682).

ORONTE.

Oui, oui, seigneur Arnolphe, il est...

CHRYSALDE.

Ce nom l'aigrit ;
C'est monsieur de la Souche, on vous l'a déjà dit.

ARNOLPHE.

Il n'importe.

HORACE, à part.

Qu'entends-je ?

ARNOLPHE, se retournant vers Horace.

Oui, c'est là le mystère ;
Et vous pouvez juger ce que je devois faire[1].

HORACE, à part.

En quel trouble...

SCÈNE VIII.

ENRIQUE, ORONTE, CHRYSALDE, HORACE,
ARNOLPHE, GEORGETTE.

GEORGETTE.

Monsieur, si vous n'êtes auprès,
Nous aurons de la peine à retenir Agnès ;
Elle veut à tous coups s'échapper, et peut-être
Qu'elle se pourroit bien jeter par la fenêtre.

ARNOLPHE.

Faites-la-moi venir ; aussi bien de ce pas
(A Horace.)
Prétends-je l'emmener. Ne vous en fâchez pas ;

---

1. Ici l'intrigue cesse avec l'erreur qui en a été le fondement, celle où Horace a été induit et entretenu par les deux noms d'Arnolphe. Le nom de la Souche, qu'il a ignoré jusqu'ici et qu'on lui révèle, a fait et défait tout le mystère. (AUGER.)

ACTE V, SCÈNE IX.

Un bonheur continu rendroit l'homme superbe;
Et chacun a son tour,* comme dit le proverbe.

HORACE, à part.

Quels maux peuvent, ô ciel, égaler mes ennuis!
Et s'est-on jamais vu dans l'abîme où je suis?

ARNOLPHE, à Oronte.

Pressez vite le jour de la cérémonie;
J'y prends part, et déjà moi-même je m'en prie.

ORONTE.

C'est bien notre dessein.**

SCÈNE IX.

AGNÈS, ORONTE, ENRIQUE, ARNOLPHE, HORACE, CHRYSALDE, ALAIN, GEORGETTE.

ARNOLPHE, à Agnès.

     Venez, belle, venez,
Qu'on ne sauroit tenir, et qui vous mutinez.
Voici votre galant, à qui, pour récompense,
Vous pouvez faire une humble et douce révérence.
 (A Horace.)
Adieu. L'événement trompe un peu vos souhaits;
Mais tous les amoureux ne sont pas satisfaits.

AGNÈS.

Me laissez-vous, Horace, emmener de la sorte?

HORACE.

Je ne sais où j'en suis, tant ma douleur est forte.

ARNOLPHE.

Allons, causeuse, allons.

---

 * Var. *Et chacun à son tour* . . . . (1673, 1682).
 ** Var. *C'est là bien mon dessein* (1673). — *C'est bien là mon dessein* (1682).

AGNÈS.
Je veux rester ici.
ORONTE.
Dites-nous ce que c'est que ce mystère-ci.
Nous nous regardons tous, sans le pouvoir comprendre.
ARNOLPHE.
Avec plus de loisir je pourrai vous l'apprendre.
Jusqu'au revoir.
ORONTE.
Où donc prétendez-vous aller?
Vous ne nous parlez point comme il nous faut parler.
ARNOLPHE.
Je vous ai conseillé, malgré tout son murmure,
D'achever l'hyménée.
ORONTE.
Oui. Mais pour le conclure,
Si l'on vous a dit tout, ne vous a-t-on pas dit
Que vous avez chez vous celle dont il s'agit,
La fille qu'autrefois, de l'aimable Angélique,
Sous des liens secrets, eut le seigneur Enrique?
Sur quoi votre discours étoit-il donc fondé?
CHRYSALDE.
Je m'étonnois aussi de voir son procédé.
ARNOLPHE.
Quoi!
CHRYSALDE.
D'un hymen secret ma sœur eut une fille,
Dont on cacha le sort à toute la famille.
ORONTE.
Et qui, sous de feints noms, pour ne rien découvrir,
Par son époux aux champs fut donnée à nourrir.

ACTE V, SCÈNE IX.

CHRYSALDE.
Et dans ce temps, le sort, lui déclarant la guerre,
L'obligea de sortir de sa natale terre.

ORONTE.
Et d'aller essuyer mille périls divers,
Dans ces lieux séparés de nous par tant de mers.

CHRYSALDE.
Où ses soins ont gagné ce que dans sa patrie
Avoient pu lui ravir l'imposture et l'envie[1].

ORONTE.
Et, de retour en France, il a cherché d'abord
Celle à qui de sa fille il confia le sort.

CHRYSALDE.
Et cette paysanne a dit avec franchise
Qu'en vos mains à quatre ans elle l'avoit remise.

ORONTE.
Et qu'elle l'avoit fait sur votre charité[2],
Par un accablement d'extrême pauvreté.

CHRYSALDE.
Et lui, plein de transport, et l'allégresse en l'âme,*
A fait jusqu'en ces lieux conduire cette femme[3].

ORONTE.
Et vous allez enfin la voir venir ici,
Pour rendre aux yeux de tous ce mystère éclairci[4].

* VAR. . . . . . . et d'allégresse en l'âme (1682).

1. On passait ces quatre vers à la représentation.
2. Sur votre réputation de charité.
3. On passait également ces quatre vers.
4. Ce dénoûment est fortuit et romanesque. Agnès, fruit d'un mariage clandestin, élevée sous un faux nom et retrouvée par son père, rappelle fort es suppositions, ces enlèvements, ces reconnaissances d'enfants qui amènent a plupart des dénoûments de Plaute et de Térence. L'histoire d'Agnès,

CHRYSALDE, à Arnolphe.

Je devine à peu près quel est votre supplice ;
Mais le sort en cela ne vous est que propice.
Si n'être point cocu vous semble un si grand bien,
Ne vous point marier en est le vrai moyen.

ARNOLPHE, s'en allant tout transporté, et ne pouvant parler.

Oh[1] !

SCÈNE X.

ENRIQUE, ORONTE, CHRYSALDE, AGNÈS, HORACE.

ORONTE.

D'où vient qu'il s'enfuit sans rien dire ?

HORACE.

Ah ! mon père,
Vous saurez pleinement ce surprenant mystère.
Le hasard en ces lieux avoit exécuté
Ce que votre sagesse avoit prémédité.
J'étois, par les doux nœuds d'une ardeur mutuelle,*
Engagé de parole avecque cette belle ;
Et c'est elle, en un mot, que vous venez chercher,
Et pour qui mon refus a pensé vous fâcher.

* VAR. *J'étois, par les doux nœuds d'une amour mutuelle* (1673, 1682).

malgré le soin qu'a pris Molière de la partager entre deux personnages qui la racontent en distiques alternatifs, paraît longue au théâtre, quoiqu'on l'y abrège d'ordinaire. (AUGER.) — J'ai toujours vu qu'on n'écoutait même pas le peu qu'on en dit, parce que l'on est d'accord avec l'auteur pour ôter Agnès des mains d'Arnolphe, n'importe comment. (LA HARPE.)

1. Il y a *Oh!* dans les éditions originales ; mais il paraît, d'après un passage du *Portrait du peintre*, que c'était *Ouf!* que Molière disait à la scène, et que ses successeurs dirent tous comme lui.

Suivant une tradition de théâtre, Alain et Georgette s'en vont après avoir parodié chacun le *Ouf!* d'Arnolphe.

ENRIQUE.

Je n'en ai point douté d'abord que je l'ai vue,
Et mon âme depuis n'a cessé d'être émue.
Ah! ma fille, je cède à des transports si doux.

CHRYSALDE.

J'en ferois de bon cœur, mon frère, autant que vous ;
Mais ces lieux et cela ne s'accommodent guères.
Allons dans la maison débrouiller ces mystères,
Payer à notre ami ces soins officieux, *
Et rendre grâce au ciel, qui fait tout pour le mieux.

* Var. . . . . . . *ses soins officieux* (1682).

FIN DE L'ÉCOLE DES FEMMES.

STANCES A M. DE MOLIÈRE

SUR SA COMÉDIE DE *L'ÉCOLE DES FEMMES*

QUE PLUSIEURS GENS FRONDOIENT[1].

~~~~~~

En vain mille jaloux esprits,
Molière, osent avec mépris
Censurer ton plus bel ouvrage ;
Sa charmante naïveté
S'en va pour jamais d'âge en âge
Enjouer[2] la postérité.

Tant que l'univers durera,
Avecque plaisir on lira
Que, quoi qu'une femme complote,
Un mari ne doit dire mot,
Et qu'assez souvent la plus sotte
Est habile pour faire un sot[3].

---

1. La Martinière, dans sa Vie de l'auteur, en tête des œuvres de Molière (1725), s'exprime ainsi : « M. Despréaux, déjà connu par ses premières poésies, lui envoya, le premier jour de l'an 1663, des stances qui furent d'abord imprimées sans nom d'auteur. » L'autorité de La Martinière n'est pas considérable sans doute, mais elle peut être acceptée, lorsqu'il n'y a nulle raison de la contredire.
Ces stances furent publiées, sans le nom de l'auteur en effet, dans *les Délices de la poésie galante des plus célèbres auteurs de ce temps*, en 1663 et 1666. Elles furent reproduites par les éditeurs des œuvres de Molière de 1682, à la suite de leur préface. Boileau les inséra dans ses œuvres, avec des corrections, en 1701.
Le titre que nous leur donnons est celui que Boileau leur donne dans cette édition de 1701.

2. Boileau, en 1701, substitua *divertir* à *enjouer*.

3. Cette stance n'est ni dans l'édition de 1682, ni dans les OEuvres de Boileau (1701) ; elle avait été certainement supprimée par l'auteur.

Ta muse, avec utilité,
Dit plaisamment la vérité;
Chacun profite à ton *École* :
Tout en est beau, tout en est bon;
Et ta plus burlesque parole
Est souvent un docte sermon.

Que tu ris agréablement!
Que tu badines savamment!
Celui qui sut vaincre Numance,
Qui mit Carthage sous sa loi,
Jadis, sous le nom de Térence,
Sut-il mieux badiner que toi[1]?

Laisse gronder tes envieux :
Ils ont beau crier en tous lieux
Que c'est à tort qu'on te révère,
Que tu n'es rien moins que plaisant[2];
Si tu savois un peu moins plaire,
Tu ne leur déplairois pas tant.

---

1. Cette stance et la précédente sont transposées dans l'édition de 1701.
2. Ces deux vers ont été modifiés ainsi par Boileau dans l'édition de 1701 :

> Qu'en vain tu charmes le vulgaire,
> Que tes vers n'ont rien de plaisant.

EXTRAIT DES NOUVELLES NOUVELLES [1]

Lorsque Clorante eut cessé de parler, je lui dis que j'avois pris plaisir à l'entendre, et surtout lorsqu'il avoit parlé de la comédie, et de l'auteur qui ne faisoit réussir ses pièces que par ressorts et par brigues, et qui croyoit qu'elles étoient bonnes lorsqu'il y pouvoit entraîner bien du monde. « Mais, comme je suis depuis peu de retour de la campagne, continuai-je, où j'ai demeuré quelques années, je vous prie de m'apprendre qui est un certain comédien de la troupe de Monsieur, dont les pièces font tant de bruit, et dont l'on parle partout comme d'un homme qui a infiniment d'esprit. » Je disois cela à dessein de savoir son sentiment, et je ne feignois d'avoir été à la campagne que pour avoir le plaisir de l'entendre discourir.

« Tout ce que je vous puis dire, me répondit-il froidement, et avec un sourire dédaigneux, c'est qu'il a réussi, et que vous n'ignorez pas que

Quand on a réussi, l'on est justifié,

quelque mal que l'on ait fait, et quelque mal que l'on continue de faire ; c'est pourquoi j'aurois mauvaise grâce de ne vous pas dire du bien de ses ouvrages, et puisque tout le monde en dit, je ne puis, sans hasarder ma réputation, vous en dire du mal, quand même je dirois la vérité, ni m'opposer au torrent des applaudissements qu'il reçoit tous les jours. Je vous dirai, toutefois, que l'on doit plutôt estimer l'adresse de ceux qui réussissent en ce temps que la grandeur de leur esprit ; et, comme loin de combattre les mauvais goûts du siècle, et de s'opposer à ses appétits

---

1. Trois volumes in-12. Tome III, page 230 et suivantes. L'achevé d'imprimer est du 9 février 1663 ; il est placé en tête du tome Ier.

déréglés pour lui faire reconnoître son erreur, ils s'accommodent à sa foiblesse, il ne faut pas s'étonner si ce même siècle leur donne des louanges que la postérité ne leur donnera sans doute pas. Mais pour retourner aux fameux comédien dont vous m'avez parlé, ses ouvrages n'ayant pas tous le mérite de sa personne, vous me permettrez de ne vous en dire rien autre chose, sinon que c'est un fort galant homme. Je vous en dirois davantage, si je ne craignois qu'il se tint offensé de ce que je vous pourrois dire, si je n'appréhendois de passer pour ridicule aux yeux de ceux qui n'adorent que les bagatelles, qui n'osent démentir la voix publique lorsqu'elle a une fois approuvé une chose, et qui, pour donner des louanges à un homme, opinent du bonnet parce qu'ils voient que c'est le sentiment des autres.

— Vous êtes cause, repartit Ariste à Clorante, aussi bien que beaucoup d'autres, de cet abus que l'on voit tous les jours augmenter de plus en plus dans le monde. Les applaudissements se donnent présentement par complaisance, et peu de personnes approuvent aujourd'hui ce qu'elles louent; chacun craint de passer pour ridicule, en n'approuvant pas ce qu'il entend approuver par un autre, chacun parle contre son sentiment, et aide de la sorte à se tromper soi-même; ce qui fait que les pièces qui paroissent généralement approuvées sont souvent celles que chacun condamne en particulier. Cette grande et timide foule d'admirateurs volontaires et forcés tout ensemble range insensiblement à son parti les plus opiniâtres, qui croiroient passer pour stupides et pour ignorants s'ils n'approuvoient pas ce que les autres approuvent, bien qu'ils ne soient pas de leur sentiment.

— Tout ce que vous dites est véritable, lui répondit Clorante; mais je ne suis pas tout seul cause de ces abus, et pour m'y opposer je me suis souvent efforcé de louer des pièces de théâtre qui, quoiqu'elles fussent bonnes, ont été condamnées par les mêmes raisons que vous venez de dire, ceux qui connoissoient la bonté de ces pièces n'osant les protéger, de crainte de passer pour ridicules, et disant par complaisance qu'elles ne valoient rien. Comme il y a des critiques, continua-t-il, qui entraînent les opinions de quelques gens faciles, qui craignent mal faire et devoir être raillés de ne pas témoigner qu'ils sont de leur sentiment, bien qu'ils n'en soient point, il y en a d'autres qui approuvent tout ce qu'ils voient. Je connois un des plus galants abbés du siècle, et à qui je puis, sans injustice, donner le nom d'obligeant, puisque par une bonté naturelle il loue indifféremment tous les ouvrages qu'il voit, et tous ceux que l'on lui montre en particulier : aussi, dit-on de lui dans le monde que l'on ne sauroit connoître s'il dit la vérité, et qu'il ne fait point de jaloux, puisqu'il met tous les auteurs en même degré, et qu'il loue également leurs productions en public et en particulier, sans crainte de hasarder sa gloire. Cependant il est constant qu'il a le goût fin et délicat, qu'il n'estime pas tout ce qu'il approuve, ou qu'il feint d'approuver.

— Ces critiques perpétuels, et ces trop faciles admirateurs, repartit Clorante, portent les choses dans un excès qui doit être condamné. Les uns disent trop de mal, les autres trop de bien; les uns blâment quelquefois ce qui est bon, et les autres louent ce qui est méchant; et les uns et les autres obscurcissent tellement la vérité qu'il est impossible d'y rien connoître lorsqu'ils se sont une fois mêlés de dire leur sentiment.

— Je crois, dit alors Straton, que c'est à mon tour à parler, et je ne prends la parole que pour entretenir Pallante, dit-il en s'adressant à moi, de l'auteur de *l'École des Maris,* dont Clorante s'est malicieusement défendu de dire ce qu'il savoit.

« Je ne ferai point comme ceux dont on vient de parler, qui louent et qui blâment excessivement; je dirai la vérité, sans que ce fameux auteur s'en doive offenser; et certes il auroit grand tort de le faire, puisqu'il fait profession ouverte de publier en plein théâtre les vérités de tout le monde. Cette raison m'oblige à publier les siennes plus librement que je ne ferois. Je n'irai point toutefois jusques à la satire, et tout ce que je dirai sera tant soit peu plus à sa gloire qu'à son désavantage.

« Je dirai d'abord que, si son esprit ne l'avoit pas rendu un des plus illustres du siècle, je serois ridicule de vous en entretenir aussi longtemps, et aussi sérieusement que je vais faire, et que je mériterois d'être raillé; mais comme il peut passer pour le Térence de notre siècle, qu'il est grand auteur, et grand comédien lorsqu'il joue ses pièces, et que ceux qui ont excellé dans ces deux choses ont toujours eu place en l'histoire, je puis bien vous faire ici un abrégé de l'abrégé de sa vie, et vous entretenir de celui dont l'on s'entretient presque dans toute l'Europe, et qui fait si souvent retourner à l'école tout ce qu'il y a de gens d'esprit à Paris.

« Ce fameux auteur de *l'École des Maris,* ayant eu, dès sa jeunesse, une inclination toute particulière pour le théâtre, se jeta dans la comédie, quoiqu'il se pût bien passer de cette occupation, et qu'il eût assez de bien pour vivre honorablement dans le monde.

« Il fit quelque temps la comédie à la campagne, et quoiqu'il jouât fort mal le sérieux, et que dans le comique il ne fût qu'une copie de Trivelin et de Scaramouche, il ne laissa pas que de devenir en peu de temps, par son adresse et par son esprit, le chef de sa troupe et de l'obliger à porter son nom.

« Cette troupe ayant un chef si spirituel, et si adroit, effaça en peu de temps toutes les troupes de la campagne, et il n'y avoit point de comédiens dans les autres qui ne briguassent des places dans la sienne.

« Il fit des farces qui réussirent un peu plus que des farces, et qui furent un peu plus estimées dans toutes les villes que celles que les autres comédiens jouoient. Ensuite il voulut faire une pièce en cinq actes, et les Italiens ne lui plaisant pas seulement dans leur jeu, mais encore dans leurs comédies, il en fit une qu'il tira de plusieurs des leurs, à laquelle il donna pour titre *l'Étourdi ou les Contre-temps.* Ensuite il fit *le Dépit amoureux,* qui valoit beaucoup moins que la première; mais qui réussit toutefois, à cause d'une scène qui plut à tout le monde, et qui fut vue comme un tableau naturellement représenté de certains dépits qui prennent souvent à ceux qui s'aiment le mieux, et après avoir fait jouer ces deux pièces à la campagne, il voulut les faire voir à Paris, où il emmena sa troupe.

« Comme il avoit de l'esprit, et qu'il savoit ce qu'il falloit faire pour réussir, il n'ouvrit son théâtre qu'après avoir fait plusieurs visites et brigué quantité d'approbateurs. Il fut trouvé incapable de jouer aucune pièce sérieuse; mais l'estime que l'on commençoit à avoir pour lui fut cause que l'on le souffrit.

« Après avoir quelque temps joué de vieilles pièces, et s'être en quelque façon établi à Paris, il joua son *Étourdi* et son *Dépit amoureux,* qui réussirent autant par la préoccupation que l'on commençoit à avoir pour lui que par les applaudissements qu'il reçut de ceux qu'il avoit priés de les venir voir.

« Après le succès de ces deux pièces, son théâtre commença à se trouver continuellement rempli de gens de qualité, non pas tant pour le divertissement qu'ils y prenoient (car l'on n'y jouoit que de vieilles pièces) que parce que, le monde ayant pris habitude d'y aller, ceux qui aimoient la comédie, et qui aimoient à s'y faire voir, y trouvoient amplement de quoi se contenter; ainsi l'on y venoit par coutume, sans dessein d'écouter la comédie et sans savoir ce que l'on y jouoit.

« Pendant cela notre auteur fit réflexion sur ce qui se passoit dans le monde, et surtout parmi les gens de qualité, pour en reconnoître les défauts; mais comme il n'étoit encore ni assez hardi pour entreprendre une satire, ni assez capable pour en venir à bout, il eut recours aux Italiens, ses bons amis, et accommoda *les Précieuses* au théâtre françois, qui avoient été jouées sur le leur, et qui leur avoient été données par un abbé des plus galants. Il les habilla admirablement bien à la françoise, et la réussite qu'elles eurent lui fit connoître que l'on aimoit la satire et la bagatelle. Il connut par là les goûts du siècle; il vit bien qu'il étoit malade, et que les bonnes choses ne lui plaisoient pas.

« Il apprit que les gens de qualité ne vouloient rire qu'à leurs dépens, qu'ils vouloient que l'on fît voir leurs défauts en public, qu'ils étoient les plus dociles du monde, et qu'ils auroient été bons du temps où l'on faisoit pénitence à la porte des temples, puisque, loin de se fâcher de ce que l'on publioit leurs sottises, ils s'en glorifioient. Et, de fait, après que l'on eut joué *les Précieuses,* où ils étoient et bien représentés et bien raillés, ils donnèrent eux-mêmes, avec beaucoup d'empressement à l'auteur dont je vous entretiens, des mémoires de tout ce qui se passoit dans le monde, et des portraits de leurs propres défauts, et de ceux de leurs meilleurs amis, croyant qu'il y avoit de la gloire pour eux que l'on reconnût leurs impertinences dans ses ouvrages, et que l'on dît même qu'il avoit voulu parler d'eux: car vous saurez qu'il y a de certains défauts de qualité dont ils font gloire, et qu'ils seroient bien fâchés que l'on crût qu'ils ne les eussent pas.

« Notre auteur, ayant derechef connu ce qu'ils aimoient, vit bien qu'il falloit qu'il s'accommodât au temps : ce qu'il a si bien fait depuis qu'il en a mérité toutes les louanges que l'on a jamais données aux plus grands auteurs. Jamais homme ne s'est si bien su servir de l'occasion ; jamais homme n'a su si naturellement décrire ni représenter les actions humaines, et jamais homme n'a su si bien faire son profit des conseils d'autrui.

« Il fit, après *les Précieuses, le Cocu imaginaire,* qui est, à mon sentiment et à celui de beaucoup d'autres, la meilleure de toutes ses pièces, et la mieux écrite. Je ne vous en entretiendrai pas davantage, et je me contenterai de vous faire savoir que vous en apprendrez beaucoup plus que je ne vous en pourrois dire si vous voulez prendre la peine de lire la prose que vous trouverez dans l'imprimé au-dessus de chaque scène.

« Notre auteur, ou, pour ne pas répéter ce mot si souvent, le héros de ce petit récit, après avoir fait cette pièce, reçut des gens de qualité plus de mémoires que jamais, dont l'on le pria de se servir dans celles qu'il devoit faire ensuite, et je le vis bien embarrassé un soir, après la comédie, qu'il cherchoit partout des tablettes pour écrire ce que lui disoient plusieurs personnes de condition, dont il étoit environné ; tellement que l'on peut dire qu'il travailloit sous les gens de qualité pour leur apprendre après à vivre à leurs dépens, et qu'il étoit en ce temps, et est encore présentement leur écolier et leur maître tout ensemble.

« Ces messieurs lui donnent souvent à dîner, pour avoir le temps de l'instruire en dînant de tout ce qu'ils veulent lui faire mettre dans ses pièces ; mais comme ceux qui croient avoir du mérite ne manquent jamais de vanité, il rend tous les repas qu'il reçoit, son esprit le faisant aller de pair avec beaucoup de gens qui sont beaucoup au-dessus de lui.

« L'on ne doit point après cela s'étonner pourquoi l'on voit tant de monde à ses pièces ; tous ceux qui lui donnent des mémoires veulent voir s'il s'en sert bien ; tel y va pour un vers, tel pour un demi-vers, tel pour un mot, et tel pour une pensée, dont il l'aura prié de se servir. Ce qui fait croire justement que la quantité d'auditeurs intéressés qui vont voir ses pièces les font réussir, et non pas leur bonté toute seule, comme quelques-uns se persuadent.

« *L'École des Maris* fut celle qui sortit de sa plume, après *le Cocu imaginaire*. C'est encore un de ces tableaux des choses que l'on voit le plus fréquemment arriver dans le monde, ce qui a fait qu'elle n'a pas été moins suivie que les précédentes. Les vers en sont moins bons que ceux du *Cocu imaginaire,* mais le sujet en est tout à fait bien conduit, et si cette pièce avoit eu cinq actes, elle pourroit tenir rang dans la postérité après *le Menteur* et *les Visionnaires*.

« Notre auteur, après avoir fait ces deux pièces, reçut des mémoires en telle confusion que, de ceux qui lui restoient et de ceux qu'il recevoit tous les jours, il en auroit eu de quoi travailler toute sa vie, s'il ne se fût avisé, pour satisfaire les gens de qualité, et pour les railler, ainsi qu'ils le souhaitoient, de faire une pièce où il pût mettre quantité de leurs portraits.

« Il fit donc la comédie des *Fâcheux,* dont le sujet est autant méchant que l'on puisse imaginer, et qui ne doit pas être appelée une pièce de théâtre. Ce n'est qu'un amas de portraits détachés et tirés de ces mémoires, mais qui sont si naturellement représentés, si bien touchés, et si bien finis, qu'il en a mérité beaucoup de gloire; et ce qui fait voir que les gens de qualité sont non seulement bien aises d'être raillés, mais qu'ils souhaitent que l'on connoisse que c'est d'eux que l'on parle, c'est qu'il s'en trouvoit qui faisoient en plein théâtre, lorsque l'on les jouoit, les mêmes actions que les comédiens faisoient pour les contrefaire.

« Le peu de succès qu'a eu son *Don Garcie ou le Prince jaloux* m'a fait oublier de vous en parler à son rang; mais je crois qu'il suffit de vous dire que c'étoit une pièce sérieuse, et qu'il en avoit le premier rôle, pour vous faire connoître que l'on ne s'y devoit pas beaucoup divertir.

« La dernière de ses comédies, et celle dont vous souhaitez le plus que je vous entretienne, parce que c'est celle qui fait le plus de bruit, s'appelle *l'École des Femmes*. Cette pièce a cinq actes; tous ceux qui l'ont vue sont demeurés d'accord qu'elle est mal nommée, et que c'est plutôt *l'École des Maris* que *l'École des Femmes*; mais comme il en a déjà fait une sous ce titre, il n'a pu lui donner le même nom. Elles ont beaucoup de rapport ensemble. et dans la première il garde une femme dont il veut faire son épouse, qui, bien qu'il la croie ignorante, en sait plus qu'il ne croit, ainsi que l'Agnès de la dernière, qui joue aussi bien que lui le même personnage et dans *l'École des Maris* et dans *l'École des Femmes ;* et toute la différence que l'on y trouve, c'est que l'Agnès de *l'École des Femmes* est un peu plus sotte et plus ignorante que l'Isabelle de *l'École des Maris.*

« Le sujet de ces deux pièces n'est point de son invention : il est tiré de divers endroits, à savoir de Boccace, des contes de Douville, de la *Précaution inutile* de Scarron, et ce qu'il y a de plus beau dans la dernière est tiré d'un livre intitulé *les Nuits facétieuses du seigneur Straparole,* dans une histoire duquel un rival vient tous les jours faire confidence à son ami, sans savoir qu'il est son rival, des faveurs qu'il obtient de sa maîtresse, ce qui fait tout le sujet et la beauté de *l'École des Femmes.*

« Cette pièce a produit des effets tout nouveaux ; tout le monde l'a trouvée méchante, et tout le monde y a couru. Les dames l'ont blâmée et l'ont été voir : elle a réussi sans avoir plu, et elle a plu à plusieurs qui ne l'ont pas trouvée bonne ; mais, pour vous en dire mon sentiment, c'est le sujet le plus mal conduit qui fût jamais, et je suis prêt à soutenir qu'il n'y a point de scène où l'on ne puisse faire voir une infinité de fautes.

« Je suis toutefois obligé d'avouer, pour rendre justice à ce que son auteur a de mérite, que cette pièce est un monstre qui a de belles parties, et que jamais l'on ne vit tant de si bonnes et de si méchantes choses ensemble. Il y en a de si naturelles qu'il semble que la nature ait elle-même travaillé à les faire. Il y a des endroits qui sont inimitables, et qui sont si bien exprimés que je manque de termes assez forts et assez significatifs pour vous les bien faire concevoir. Il n'y a personne au monde qui les pût bien exprimer, à moins qu'il n'eût son génie, quand il seroit un siècle à les tourner : ce sont des portraits de la nature qui peuvent passer pour originaux. Il semble qu'elle y parle elle-même. Ces endroits ne se rencontrent pas seulement dans ce que joue Agnès ; mais dans les rôles de tous ceux qui jouent à cette pièce.

« Jamais comédie ne fut si bien représentée, ni avec tant d'art ; chaque acteur sait combien il y doit faire de pas, et toutes ses œillades sont comptées.

« Après le succès de cette pièce, on peut dire que son auteur mérite beaucoup de louanges pour avoir choisi, entre tous les sujets que Straparole lui fournissoit, celui qui venoit le mieux au temps ; pour s'être servi à propos des mémoires que l'on lui donne tous les jours, pour n'en avoir tiré que ce qu'il falloit, et l'avoir si bien mis en vers et si bien cousu à son sujet, et pour avoir si bien joué son rôle, pour avoir si judicieusement distribué tous les autres, et pour avoir enfin pris le soin de faire si bien jouer ses compagnons, que l'on peut dire que tous les acteurs qui jouent dans sa pièce sont des originaux que les plus habiles maîtres de ce bel art pourront difficilement imiter.

— Tout ce que vous venez de dire est véritable, repartit Clorante ; mais si vous voulez savoir pourquoi presque dans toutes ses pièces il raille tant les cocus et dépeint si naturellement les jaloux, c'est qu'il est du nombre de ces derniers. Ce n'est pas que je ne doive dire, pour lui rendre justice, qu'il ne témoigne pas sa jalousie hors du théâtre ; il a trop de prudence, et ne voudroit pas s'exposer à la raillerie publique ; mais il voudroit faire en sorte, par le moyen de ses pièces, que tous les hommes puissent devenir jaloux, et témoigner leur jalousie sans être blâmés, afin de pouvoir faire comme les autres, et de témoigner la sienne sans crainte d'être raillé.

« Nous verrons dans peu, continua le même, une pièce de lui intitulée *la Critique de l'École des Femmes,* où il dit toutes les fautes que l'on reprend dans sa pièce, et les excuse en même temps.

— Elle n'est pas de lui, repartit Straton ; elle est de l'abbé du Buisson, qui est un des plus galants hommes du siècle.

— J'avoue, lui répondit Clorante, que cet illustre abbé en a fait une, et que, l'ayant portée à l'auteur dont nous parlons, il trouva des raisons pour ne la point jouer, encore qu'il avouât qu'elle fût bonne. Cependant comme son esprit consiste principalement à se savoir bien servir de l'occasion, et que cette idée lui a plu, il a fait une pièce sur le même sujet, croyant qu'il étoit seul capable de se donner des louanges.

— Cette critique avantageuse, ou plutôt cette ingénieuse apologie de sa pièce, répliqua Straton, ne la fera pas croire meilleure qu'elle est, et ce n'est pas d'aujourd'hui que tout le monde est persuadé que l'on peut, et même avec quelque sorte de succès, attaquer de beaux ouvrages, et en défendre de méchants, et que l'esprit paroît plus en défendant ce qui est méchant qu'en attaquant ce qui est beau ; c'est pourquoi l'auteur de *l'École des Femmes* pourra, en défendant sa pièce, donner d'amples preuves de son esprit. Je pourrois encore dire qu'il connoît les ennemis qu'il a à combattre, qu'il sait l'ordre de la bataille, qu'il ne les attaquera que par des endroits dont il sera sûr de sortir à son honneur, et qu'il se mettra en état de ne recevoir aucun coup qu'il ne puisse parer. Il sera de plus chef d'un des partis, et juge du combat tout ensemble, et ne manquera pas de favoriser les siens. C'est avoir autant d'adresse que d'esprit que d'agir de la sorte ; c'est aller au devant du coup, mais seulement pour le parer, ou plutôt c'est feindre de se maltraiter soi-même, pour éviter de l'être d'un autre, qui pourroit frapper plus rudement.

— Quoique cet auteur soit assez fameux, lui dis-je alors, pour obliger les personnes d'esprit à parler de lui, c'est assez nous entretenir sur un même sujet. J'avouerai toutefois, avant de le quitter, que vous m'avez fait concevoir beaucoup d'estime pour le peintre ingénieux de tant de beaux tableaux du siècle ; le récit m'a paru fort sincère, car vous l'avez dit d'une manière à me faire croire que tout ce que vous avez dit à sa gloire est véritable, et les ombres que vous avez placées en quelques endroits de votre portrait n'ont fait que relever l'éclat de vos couleurs ; et s'il vient à savoir tout ce que vous avez dit à son avantage, il sera bien délicat s'il ne vous en est obligé, et je connois beaucoup de personnes qui se tiendroient glorieuses que l'on pût dire d'elles ce que vous avez dit à sa gloire. »

LISTE DES PENSIONS POUR L'ANNÉE 1663.

EXTRAIT DES MANUSCRITS DE M. COLBERT,

pages 169 et suivantes [1].

Au commencement de l'année 1663, le roi voulut donner des marques publiques de l'envie qu'il avoit de faire fleurir les lettres pendant son règne. Pour cet effet, il voulut donner des pensions et des gratifications à tous ceux qui excelloient en quelques sciences, dans son royaume et dans les pays étrangers, et s'étant fait instruire, par les ambassadeurs et par tous ceux qui ont commerce avec les savants, du nom des principaux en tout genre et des sciences où ils excelloient, il fit choix lui-même d'un bon nombre auxquels il envoya les sommes qu'il leur avoit destinées, dont voici la liste avec la note :

Au sieur de La Chambre, son médecin ordinaire, excellent homme pour la physique et pour la connoissance des passions et des sens, dont il a fait divers ouvrages fort estimés, une pension de . . . . 2,000 l.

Au sieur Conrart, lequel, sans connoissance d'aucune

---

1. *Pièces intéressantes et peu connues pour servir à l'histoire et à la littérature,* par M. D. L. P. (M. de La Place), 1785, t. Ier, p. 198 et suiv. Les *Mélanges publiés par la Société des Bibliophiles françois* (année 1826) donnent aussi des listes de pensions, mais à partir de 1664 seulement.

autre langue que sa maternelle, est admirable pour juger de toutes les productions de l'esprit, une pension de 1,500
Au sieur Le Clerc, excellent poëte françois 600
Au sieur Pierre Corneille, premier poëte dramatique du monde. 2,000
Au sieur Desmarets, le plus fertile auteur et doué de la plus belle imagination qui ait jamais été 1,200
Au sieur Ménage, excellent pour la critique des pièces. 2,000
Au sieur abbé de Pure, qui écrit l'histoire en latin pur et élégant. 1,000
Au sieur Boyer, excellent poëte françois. 800
Au sieur Corneille le jeune, bon poëte françois et dramatique. 1,000
Au sieur Molière[1], excellent poëte comique 1,000
Au sieur Benserade, poëte françois fort agréable. . 1,500
Au père Lecointe, de l'Oratoire, habile pour l'histoire. 1,500
Au sieur Godefroy, historiographe du roi 3,600
Au sieur Huet, de Caen, grand personnage qui a traduit *Origène*. 1,500
Au sieur Charpentier, poëte et orateur françois . . 1,200
Au sieur abbé Cotin, *idem*. 1,200
Au sieur Sorbière, savant ès lettres humaines . . . 1,000
Au sieur Douvrier[2], *idem*. 3,000
Au sieur Ogier, consommé dans la théologie et les belles-lettres. 1,500

1. Molière se trouve porté, pour la même somme de mille livres, sur la liste des gratifications pour les années 1664 à 1671 (voyez les *Lettres, instructions et mémoires de Colbert*, publiés par Pierre Clément; Paris, Imprimerie impériale, 1868, tome V, pages 467, 469, 470, 472, 474, 476, 479 et 481).
Sur les listes de 1664, 1665, 1666 et 1667, il n'y a point de considérant propre à Molière. La liste de 1668 porte : « Au sieur Molière, en considération de son application aux belles-lettres. » — Celle de 1669 : « Au sieur Molière, en considération de son application aux belles-lettres et des pièces de théâtre qu'il donne au public. » — Celle de 1670 : « En considération des ouvrages de théâtre qu'il donne au public. » Même formule en 1671.
Molière n'est plus inscrit sur la liste de 1672. Il n'en faut pas conclure toutefois qu'il en ait été rayé par disgrâce. Il est probable que cette liste ne fut établie qu'un peu tardivement et après la mort du poëte, qui eut lieu, comme on sait, le 17 février 1673.
2. Douvrier, de l'Académie des inscriptions, avait été chargé par Colbert de préparer les devises destinées à immortaliser les principales actions du règne de Louis XIV.

LISTE DES PENSIONS.

Au sieur Vattier, professant parfaitement la langue arabe	600
A l'abbé Le Vayer, savant ès belles lettres	1,000
Au sieur Le Laboureur, habile pour l'histoire	1,200
Au sieur de Sainte-Marthe, *idem*	1,200
Au sieur Du Perrier, poète latin	800
Au sieur Fléchier, poète françois et latin	800
Aux sieurs de Valois frères, qui écrivent l'histoire en latin	2,400
Au sieur Maury, poète latin	600
Au sieur Racine, poète françois	800
Au sieur abbé de Bourzeis, consommé dans la théologie positive scolastique, dans l'histoire, les lettres humaines et les langues orientales	3,000
Au sieur Chapelain, le plus grand poète françois qui ait jamais été, et du plus solide jugement	3,000
Au sieur abbé Cassagne, poète, orateur et savant en théologie	1,560
Au sieur Perrault, habile en poésie et en belles-lettres	1,500
Au sieur Mézeray, historiographe[1]	4,000

1. Les étrangers sont *Heinsius, Vossius, Huygens,* Hollandois qui a inventé les horloges à pendule, *Boeklerus,* etc., dont les pensions sont de 1,200 et de 1,500 livres.

REMERCIEMENT AU ROI

1663

REMERCIEMENT AU ROI[1]

Votre paresse enfin me scandalise,
Ma Muse; obéissez-moi :
Il faut ce matin, sans remise,
Aller au lever du roi.
Vous savez bien pourquoi ;
Et ce vous est une honte
De n'avoir pas été plus prompte
A le remercier de ses fameux bienfaits :
Mais il vaut mieux tard que jamais ;
Faites donc votre compte
D'aller au Louvre accomplir mes souhaits[2].

Gardez-vous bien d'être en Muse bâtie ;
Un air de Muse est choquant dans ces lieux ;
On y veut des objets à réjouir les yeux ;
Vous en devez être avertie :
Et vous ferez votre cour beaucoup mieux

---

1. Dans l'édition de 1682, le titre de ce morceau est : « *Remercîment au roi*, fait par J.-B. P. de Molière, en l'année 1663, après avoir été honoré d'une pension par Sa Majesté. » Voyez la Notice préliminaire de *l'École des Femmes*, page 235.

2. Les divisions indiquées par un blanc existent dans la seconde édition de 1664, où ils sont marqués par des fleurons. Dans les autres éditions, y compris la première, il n'y a que des alinéas. (E. Despois.)

Lorsqu'en marquis vous serez travestie.
Vous savez ce qu'il faut pour paroître marquis;
N'oubliez rien de l'air ni des habits;
Arborez un chapeau chargé de trente plumes
  Sur une perruque de prix;
 Que le rabat soit des plus grands volumes,
  Et le pourpoint des plus petits.
  Mais surtout je vous recommande
Le manteau, d'un ruban sur le dos retroussé;
  La galanterie en est grande,
Et parmi les marquis de la plus haute bande
  C'est pour être placé.
  Avec vos brillantes hardes,
  Et votre ajustement,
Faites tout le trajet de la salle des gardes;
  Et, vous peignant galamment,
Portez de tous côtés vos regards brusquement;
  Et ceux que vous pourrez connoître,
  Ne manquez pas, d'un haut ton,
  De les saluer par leur nom,
  De quelque rang qu'ils puissent être :
  Cette familiarité
Donne, à quiconque en use, un air de qualité.

  Grattez du peigne à la porte[1]
  De la chambre du roi;
  Ou si, comme je prévoi,

---

1. Le baron de la Crasse, héros d'une comédie de R. Poisson, qui porte ce titre, raconte qu'étant allé au Louvre il avait frappé à la porte du roi pour se faire ouvrir. L'huissier lui dit

  Apprenez, monsieur de Pézénas,
 Qu'on gratte à cette porte, et qu'on n'y heurte pas.

AU ROI.

La presse s'y trouve forte,
Montrez de loin votre chapeau,
Ou montez sur quelque chose
Pour faire voir votre museau;
Et criez sans aucune pause,
D'un ton rien moins que naturel :
« Monsieur l'huissier, pour le marquis un tel. »
Jetez-vous dans la foule, et tranchez du notable;
Coudoyez un chacun, point du tout de quartier;
Pressez, poussez, faites le diable
Pour vous mettre le premier;
Et quand même l'huissier,
A vos désirs inexorable,
Vous trouveroit en face un marquis repoussable[1],
Ne démordez point pour cela,
Tenez toujours ferme là;
A déboucher la porte il iroit trop du vôtre;
Faites qu'aucun n'y puisse pénétrer,
Et qu'on soit obligé de vous laisser entrer
Pour faire entrer quelque autre.

Quand vous serez entré, ne vous relâchez pas[2];
Pour assiéger la chaise[3] il faut d'autres combats;
Tâchez d'en être des plus proches
En y gagnant le terrain pas à pas;
Et si des assiégeants le prévenant amas[4]

---

1. C'est, dit-on, le seul cas où l'adjectif *repoussable* ait été employé.
2. Molière, dans tout le cours de la pièce, s'adressant à sa Muse, le masculin *entré* est une inadvertance; à moins toutefois que l'auteur, voyant déjà cette Muse en marquis, ne croie devoir lui parler en conséquence. (AUGER.)
3. La chaise où le roi est assis.
4. *Prévenant* a ici le sens de : venu le premier.

REMERCIEMENT

En bouche toutes les approches,
Prenez le parti doucement
D'attendre le prince au passage ;
Il connoîtra votre visage,
Malgré votre déguisement ;
Et lors, sans tarder davantage,
Faites-lui votre compliment.

Vous pourriez aisément l'étendre,
Et parler des transports qu'en vous font éclater
Les surprenants bienfaits que, sans les mériter,
Sa libérale main sur vous daigne répandre,
Et des nouveaux efforts où s'en va vous porter
L'excès de cet honneur où vous n'osiez prétendre ;
Lui dire comme vos désirs
Sont, après ses bontés qui n'ont point de pareilles,
D'employer à sa gloire, ainsi qu'à ses plaisirs,
Tout votre art et toutes vos veilles ;
Et là-dessus lui promettre merveilles.
Sur ce chapitre on n'est jamais à sec.
Les Muses sont de grandes prometteuses ;
Et, comme vos sœurs les causeuses,
Vous ne manquerez pas, sans doute, par le bec.
Mais les grands princes n'aiment guères
Que les compliments qui sont courts ;
Et le nôtre surtout a bien d'autres affaires
Que d'écouter tous vos discours.
La louange et l'encens n'est pas ce qui le touche :
Dès que vous ouvrirez la bouche
Pour lui parler de grâce et de bienfait,
Il comprendra d'abord ce que vous voudrez dire ;
Et, se mettant doucement à sourire

D'un air qui sur les cœurs fait un charmant effet[1],
Il passera comme un trait ;
Et cela vous doit suffire :
Voilà votre compliment fait.

1. « Dès ses plus jeunes ans, le roi étoit sérieux, grave et fort aimable. Sa grandeur, jointe à ses grandes qualités, imprimoit le respect dans l'âme de ceux qui l'approchoient. Il parloit peu, et bien. Ses paroles avoient une grande force pour inspirer dans les cœurs et l'amour et la crainte, selon qu'elles étoient douces ou sévères[a]. — Il avoit un air de politesse et de galanterie qu'il a su toujours conserver, et qu'il a su si bien allier avec la décence et la majesté qu'on peut dire qu'il étoit fait pour elles, et qu'au milieu des autres hommes sa taille, son port, ses grâces, sa beauté, le son de sa voix, et la grande mine qui succéda à la beauté, l'adresse, la grâce naturelle de toute sa personne, le firent distinguer jusqu'à la mort[b]. — Le roi pensoit juste, s'exprimoit noblement ; ses réponses les moins préparées renfermoient en peu de mots tout ce qu'il y avoit de mieux à dire selon les temps, les choses, et les personnes. S'il falloit badiner, s'il faisoit des plaisanteries, s'il daignoit faire un conte, c'étoit avec des grâces infinies, un tour noble et fin que l'on n'a vu qu'à lui[c]. — Une chose qu'il faisoit en maître, c'étoit de refuser ce qu'il avoit résolu de ne pas accorder ; ses manières étoient si insinuantes et si affables qu'il gagnoit les cœurs de ceux qu'il refusoit[d]. — M. de Pomponne nous disoit, avec admiration et une espèce de ravissement, qu'il étoit impossible d'imaginer la grandeur, la pénétration, et les lumières de son esprit, et avec quelle justesse il disoit les choses, avec quelle douceur charmante dans ses yeux et quel agrément dans toute sa personne, quand il se défaisoit de la majesté, et de cette mine haute et fière dont il se revêtoit dans le public... Il n'y a personne au monde qui fasse mieux les choses que le roi, ni qui possède si excellemment l'art de donner de bonne grâce[e]. » C'est une chose piquante que de rapprocher ces divers portraits de Louis XIV de celui que trace ici Molière. Tous ces portraits représentent le roi à la même époque. Ainsi, la louange de Molière n'était point exagérée, et la reconnaissance ne lui inspirait pas un autre langage que celui de ses contemporains. (AIMÉ MARTIN.)

a. *Mémoires de madame de Motteville*, tome IV, page 519.
b. *Mémoires du duc de Saint-Simon*, tome Ier, page 14.
c. *Souvenirs de madame de Caylus*, page 130.
d. *Fragments de lettres originales d'Élisabeth de Bavière*, tome Ier, page 79.
e. *Mémoires de l'abbé Arnauld*, troisième partie, pages 104 et 121.

FIN DU REMERCIEMENT AU ROI.

LA CRITIQUE

DE

L'ÉCOLE DES FEMMES

COMÉDIE EN UN ACTE

1ᵉʳ juin 1663

NOTICE PRÉLIMINAIRE.

La cour et la ville se partagèrent en deux camps; chacun prit parti pour ou contre l'audacieuse comédie. Le gazetier Loret, en rendant compte de la représentation qui eut lieu devant le roi et les reines le samedi 6 janvier 1663, traduit bien la situation, tout en s'étudiant à conserver une prudente neutralité. Voici comment il s'exprime :

> Le roi fêtoya l'autre jour
> La plus fine fleur de la cour,
> Savoir sa mère et son épouse,
> Et d'autres jusqu'à plus de douze
> Dont ce monarque avoit fait choix...
> Pour divertir seigneurs et dames,
> On joua *l'École des Femmes,*
> Qui fit rire Leurs Majestés
> Jusqu'à s'en tenir les côtés;
> Pièce aucunement instructive
> Et tout à fait récréative;
> Pièce dont Molière est auteur
> Et même principal acteur;
> Pièce qu'en plusieurs lieux on fronde,
> Mais où pourtant va tant de monde
> Que jamais sujet important
> Pour le voir n'en attira tant.
> Quant à moi, ce que j'en puis dire,
> C'est que, pour extrêmement rire,
> Faut voir avec attention
> Cette représentation
> Qui peut, dans son genre comique,
> Charmer le plus mélancolique,

> Surtout par les simplicités
> Ou plaisantes naïvetés
> D'Agnès, d'Alain et de Georgette,
> Maîtresse, valet et soubrette.
> Voilà, dès le commencement,
> Quel fut mon propre sentiment,
> Sans être pourtant adversaire
> De ceux qui sont d'avis contraire :
> Soit gens d'esprit, soit innocents,
> Chacun abonde dans son sens.

La pièce devint l'entretien des salons : elle fut déchirée, disséquée avec acharnement par la critique. Nous retrouvons dans les contemporains les mille objections qu'on élevait contre elle. On s'en prenait d'abord à quelques détails qu'on trouvait de mauvais goût; ainsi *tarte à la crème* était une occasion d'interminables risées et répondait à tout, quand on n'avait pas de meilleur argument. « *Tarte à la crème*, bon Dieu! avec du sens commun peut-on soutenir une pièce où l'on a mis *tarte à la crème?* Cette expression, dit Grimarest, se répétoit par écho parmi tous les petits esprits de la cour et de la ville, qui, incapables de sentir le bon d'un ouvrage, saisissent un trait foible pour attaquer un auteur beaucoup au-dessus de leur portée. » Après *tarte à la crème,* on s'en prenait aux *enfants par l'oreille,* puis au *potage* d'Alain, que les délicats « ne pouvoient digérer », tandis que d'autres prétendaient, au contraire, que « la comparaison étoit trop forte et marquoit plutôt l'esprit de l'auteur que la simplicité du paysan[1] ». Dans le même ordre de critiques, on n'épargnait ni « les puces dont Agnès est inquiétée[2] », ni « le petit chat dont la mort faisoit de *l'École des Femmes* une pièce tragique[3] ». On eût dit vraiment que ces ardents détracteurs prenaient pour autant de sottises et d'impertinences échappées à l'auteur les traits de naïveté ou de niaiserie qu'il avait prêtés à ses personnages, et qui composaient justement leur caractère.

On se récriait surtout, au nom de la morale, contre ce *le* de la scène VI du deuxième acte. « Rien, disait le prince de Conti, n'est plus immodeste et scandaleux que cette scène[4]. » D'autres

1. *Zélinde.*
2. *Le Portrait du Peintre,* par Boursault.
3. *Ibid.*
4. *Traité de la Comédie et des Spectacles.*

ajoutaient que, « sans ce *le,* cet impertinent *le,* que Molière avoit pris dans une vieille chanson, l'on n'auroit jamais parlé de cette comédie[1] ».

La religion, qu'on déclarait blessée par le discours d'Arnolphe et les *Maximes du mariage,* avait ses défenseurs irrités ; ils faisaient entendre que ces dix maximes étaient la parodie des dix commandements du Décalogue, et ajoutaient que le comédien préconiserait bientôt sur la scène « les sept péchés mortels, avec leur exercice journalier[2] ». « Il ne doit point trouver mauvais, disait un peu plus tard Rochemont par un retour à ces accusations persistantes[3], qu'on défende publiquement les intérêts de Dieu, et qu'un chrétien témoigne de la douleur en voyant la farce aux prises avec l'évangile, un comédien qui se joue des mystères et qui tourne en ridicule ce qu'il y a de plus saint et de plus sacré dans la religion. »

Enfin les gens du métier, les auteurs rivaux, soulevaient des objections littéraires contre l'invraisemblance du lieu où se passe l'action, contre la multiplicité des récits, contre ce grès qui joue un rôle dans la pièce. « Un grès dans une comédie, ma foi ! cela est bon. Comment diable comprendre qu'une jeune fille jette un grès ? car ce qu'on appelle un grès est un pavé, qu'une femme peut à peine soulever. Arnolphe étoit bien des amis du commissaire, de faire pleuvoir impunément des grès par la fenêtre en plein jour[4]. » Il n'y avait pas jusqu'aux gens ménagers et économes qui n'observassent qu'Arnolphe prêtait trop facilement ses pistoles à Horace ; et « qu'ayant fait élever Agnès à ses dépens, il auroit dû savoir si on lui comptoit les mois d'un maître d'écriture[5] ». Enfin, on ne laissait rien passer de ce qui pouvait fournir prétexte à la chicane.

Molière, « à force d'ouïr conter les défauts de sa pièce par tout le monde », trouva qu'il y avait à faire une comédie avec ses censeurs. Il hésita quelque temps à donner suite à un projet dont les difficultés étaient grandes ; il n'avait pas encore pris une

---

1. *Zélinde.*
2. *La Vengeance des Marquis.*
3. Observations du sieur de Rochemont sur *le Festin de Pierre.*
4. *La Guerre comique,* par le sieur Delacroix.
5. *Ibid.*

décision au mois de mars 1663, lorsqu'il fit imprimer *l'École des Femmes*. C'est ce que lui-même nous apprend dans la préface qu'il mit en tête de cette pièce, et qu'on a pu voir à la page 241 de ce volume. Il fut sans doute retardé par l'intervention inopportune de l'abbé du Buisson, qui s'avisa de vouloir travailler d'après une idée de Molière, pour le compte de Molière. Enfin son parti fut arrêté, et, le 1ᵉʳ juin, il fit paraître *la Critique de l'École des Femmes,* qui vint prêter à *l'École des Femmes* un vigoureux secours et mettre en déroute les adversaires du poète.

La Critique de l'École des Femmes reproduit simplement une conversation entre gens du monde, conversation qui a pour sujet la représentation de *l'École des Femmes,* devenue l'événement du jour, car on était, dans les salons de cette époque, fort occupé des questions littéraires. En même temps que cette petite pièce répliquait victorieusement à la plupart des objections qu'on vient de lire, elle offrait une charmante peinture de mœurs et de ridicules, la plus fine et la plus délicate peut-être que Molière eût encore tracée. « Connaissant tout l'avantage de l'attaque sur la défense, dit Auger, il songe moins à parer les coups de ses ennemis qu'à leur en porter lui-même ; il ne perd pas le temps à prouver froidement qu'ils ont eu tort en le critiquant, il fait voir qu'ils ne pouvaient avoir raison, tant leur esprit est faux, bizarre, inconséquent, et rempli d'absurdes préventions ; ils ont voulu chasser *l'École des Femmes* du théâtre, il les y traduit eux-mêmes ; ils n'ont pas voulu rire de cette pièce, il fait rire d'eux en les peignant au naturel : ce n'est pas la vengeance d'un auteur entêté de son mérite et qui veut en convaincre les autres, c'est celle d'un artiste, d'un homme de génie qui peint gaiement ses ennemis ou plutôt ceux de son art, et qui pense que le meilleur argument en faveur de son talent méconnu est d'en donner une nouvelle preuve. Aussi n'a-t-on pas oublié *la Critique de l'École des Femmes* comme les pièces qui ont été faites par la suite à son imitation : *la Critique du Légataire,* par Regnard ; *la Critique du Philosophe marié,* par Destouches ; *le Procès de la Femme juge et partie,* par Montfleury ; et l'on verra toujours avec plaisir ce tableau ingénieux, cette image piquante et vraie d'une causerie où le bon sens et la folie, l'esprit et la sottise, l'instruction polie et le savoir pédantesque, semblent étaler à l'envi leurs grâces et leurs ridicules, et se faire mutuellement valoir par le contraste. »

Un côté qui, dans *la Critique de l'École des Femmes,* est particulièrement intéressant pour nous, ce sont les théories littéraires que Molière y développe par la bouche de Dorante et de Lysidas. Molière est avec Dorante l'homme du monde, contre Lysidas enfermé dans les règles et invoquant sans cesse Horace et Aristote : « Je voudrais bien savoir, dit Dorante, si la grande règle de toutes les règles n'est pas de plaire..... Moquons-nous donc de cette chicane où ils veulent assujettir le goût public, et ne consultons dans une comédie que l'effet qu'elle fait sur nous. Laissons-nous aller de bonne foi aux choses qui nous prennent par les entrailles, et ne cherchons point de raisonnements pour nous empêcher d'avoir du plaisir. »

Les grands écrivains ont presque tous été obligés d'en appeler au succès, au sentiment et au jugement public. Cet argument a l'avantage de clore la bouche aux pédants. Il est possible sans doute d'en abuser. On peut plaire en flattant des préférences injustes, en caressant de mauvais penchants, en se conformant à des goûts équivoques : cela s'est vu toujours. Il faut sous-entendre, par conséquent, qu'il s'agit d'un succès de bon aloi et qui intéresse des sentiments assez nobles, assez généreux pour n'être point passagers. Au fond, Molière ne fait que proclamer le droit du génie à créer les règles au lieu de les subir. Les règles sont, en effet, l'enseignement, la tradition de l'école; elles forment l'éducation élémentaire; elles présentent un fond d'expérience acquise qu'on ne saurait imposer objectivement, pour ainsi dire, aux artistes, aux esprits créateurs, car ils doivent les avoir en eux-mêmes, les suivre d'instinct, comme l'habile nageur pratique sans y songer les leçons des maîtres. Opposer les règles à un poète, ce n'est guère autre chose que contester son génie. Molière ne laissa jamais troubler son jugement par ces tracasseries dont le grand Corneille fut toute sa vie tourmenté; il se déclara hautement au-dessus des formules de la rhétorique, tout en restant pour celle-ci un incomparable modèle.

La petite pièce eut un succès qui ranima celui de la grande; elle fut jouée, du 1er juin au 12 août, trente-deux fois à la suite de *l'École des Femmes*. Voici, d'après les registres de La Thorillière, le relevé des recettes de ces trente-deux représentations :

1re, Vendredi	1er juin 1663.	. . . .	1,357 livres	»
2e, Dimanche	3	—	. . . .	1,131	—	»
3e, Mardi	5	—	. . . .	1,352	—	10 sous.
4e, Vendredi	8	—	. . . .	1,426	—	10 sous.
5e, Dimanche	10	—	. . . .	1,600	—	»
6e, Mardi	12	—	. . . .	1,356	—	10 sous.
7e, Vendredi	15[1]	—	. . . .	1,731	—	»
8e, Dimanche	17	—	. . . .	1,265	—	»
9e, Mardi	19	—	. . . .	842	—	10 sous.
10e, Vendredi	22	—	. . . .	1,025	—	10 sous.
11e, Dimanche	24	—	. . . .	800	—	»
12e, Mardi	26[2]	—	. . . .	957	—	»
13e, Vendredi	29	—	. . . .	1,300	—	»
14e, Dimanche	1er juillet.	. . . .	1,209	—	»
15e, Mardi	3[3]	—	. . . .	950	—	»
16e, Vendredi	6	—	. . . .	850	—	»
17e, Dimanche	8[4]	—	. . . .	702	—	»
18e, Mardi	10	—	. . . .	532	—	»
19e, Vendredi	13	—	. . . .	570	—	10 sous.
20e, Dimanche	15	—	. . . .	711	—	»
21e, Mardi	17	—	. . . .	482	—	»
22e, Vendredi	20	—	. . . .	563	—	»
23e, Dimanche	22	—	. . . .	780	—	»
24e, Mardi	24	—	. . . .	422	—	»
25e, Vendredi	27	—	. . . .	790	—	»
26e, Dimanche	29	—	. . . .	725	—	»
27e, Mardi	31	—	. . . .	737	—	»
28e, Vendredi	3 août.	. . . .	631	—	5 sous.
29e, Dimanche	5	—	. . . .	462	—	»
30e, Mardi	7	—	. . . .	400	—	»
31e, Vendredi	10	—	. . . .	682	—	»
32e, Dimanche	12	—	. . . .	392	—	»

Le registre de La Grange donne les mêmes chiffres, sauf quelques différences insignifiantes, que nous ne prenons pas la

---

1. Monsieur doit 3 loges. Une visite chez Mme de Cœuvre, 220 l. Donné aux capucins, 25 livres. (LA GRANGE.)
2. Lundi, chez Mme de Boissac, 300 l. (LA GRANGE.)
3. Jeudi 5, visite à Conflans pour M. le duc de Richelieu, 550 l. (LA GRANGE.) — Cette représentation, comme on le voit par la *Gazette* du 7 juillet, fut donnée pour la reine, pour Monsieur (le duc d'Orléans) et Madame.
4. Lundi 9me, le roi nous honora de sa présence en public pour la même chose. (LA GRANGE.)

peine de relever. Il indique *l'École des Femmes* avec *la Critique*, le 12 septembre 1663, à Vincennes devant le roi, et le même mois à Chantilly pour monsieur le Prince. Enfin, le mardi 11 décembre, *la Critique* et *l'Impromptu de Versailles* furent représentés à l'hôtel de Condé, au mariage de S. A. S. monsieur le Duc, le même qui accepta, comme on le verra plus loin, la dédicace de *l'Impromptu de l'Hôtel de Condé*.

La Critique de l'École des Femmes cessa bientôt d'être représentée, Molière la considérant sans doute comme une pièce de circonstance. Elle fut reprise, après sa mort, en 1679. En 1685, voici quelle était la distribution des rôles :

URANIE...............	D^{lles} DUPIN.
ÉLISE................	GUÉRIN (la veuve de Molière).
CLIMÈNE..............	LA GRANGE.
LE MARQUIS...........	MM. HUBERT.
DORANTE..............	LA GRANGE.
LYSIDAS..............	DU CROISY.

Disparue de la scène dans les dernières années du xviie siècle, elle ne revit probablement le jour de la rampe qu'à la reprise qui en a été faite en 1835 avec les interprètes suivants :

URANIE...............	Mmes MANTE.
ÉLISE................	BROCARD.
CLIMÈNE..............	DUPONT.
LE MARQUIS...........	MM. MONROSE.
DORANTE..............	CHARLES.
LYSIDAS..............	RÉGNIER.

La distribution la plus récente est celle-ci :

URANIE...............	Mmes ARNOULD PLESSY.
ÉLISE................	MADELEINE BROHAN.
CLIMÈNE..............	PROVOST-PONSIN.
LE MARQUIS...........	MM. COQUELIN.
DORANTE..............	BRESSANT.
LYSIDAS..............	CHÉRY.

« *La Critique de l'École des Femmes,* comédie par J.-B. P. Molière, » fut achevée d'imprimer, pour la première fois, le 7 août 1663. Le privilège est daté du 10 juin 1663, pour sept années, accordé à Charles de Sercy, marchand libraire, et communiqué par lui aux sieurs Joly, de Luyne, Billaine, Loyson, Guignard, Barbin et Quinet. Nous reproduisons ce premier texte.

Nous donnons les variantes de l'édition de 1673 et de l'édition de 1682.

Nous faisons suivre *la Critique de l'École des Femmes* de *Zélinde,* du *Portrait du peintre,* et du *Panégyrique de l'École des Femmes.*

Zélinde vient la première en date de ces pièces qui répliquèrent avec vivacité à la comédie de Molière; le privilège est du 15 juillet, l'achevé d'imprimer du 4 août. Il semble bien résulter des observations présentées par M. Despois (note 1, page 112 du tome III de son édition) que *Zélinde* fut l'œuvre de Donneau de Visé (le futur rédacteur du *Mercure galant*), à qui il faudrait attribuer également *les Nouvelles nouvelles, la Vengeance des Marquis,* la *Lettre sur les affaires du théâtre* et *la Défense de Sophonisbe.* Quant au comédien de Villiers, à qui on a longtemps décerné plusieurs de ces pièces, et notamment *Zélinde,* tout au plus serait-il intervenu pour faire jouer *la Vengeance des Marquis,* et pourrait-il, à ce titre, y avoir eu quelque part.

La question toutefois n'est peut-être pas tranchée irrévocablement, et ceux qui ne croient pas que ces productions soient toutes sorties de la même plume auraient tort de passer trop vite condamnation. Il y a dans tout cela une confusion qui ne paraît pas complètement dissipée.

Le Portrait du peintre, de Boursault, fut représenté à l'hôtel de Bourgogne, à la fin de septembre ou au commencement d'octobre 1663. Le privilège pour l'impression est du 30 octobre; l'achevé d'imprimer, du 17 novembre. On sait que Molière assista sur le théâtre, comme cela se faisait alors, à la représentation de cette médiocre satire, et que c'est elle qui est principalement en cause dans *l'Impromptu de Versailles.* On a des raisons de soupçonner que la pièce imprimée offre quelques différences avec la pièce représentée.

Le Panégyrique de l'École des Femmes est placé en troisième lieu; le privilège est du 30 octobre, comme celui du *Portrait du peintre,* et l'achevé d'imprimer, du 30 novembre 1663. L'auteur est Robinet, le futur continuateur de Loret; c'est ce que M. Despois a constaté sur le registre de la chambre syndicale des libraires. L'auteur y annonce *l'Impromptu de Versailles*, qui déjà avait été joué à la cour, quand Robinet obtenait son privilège.

L. M.

A LA REINE MÈRE[1].

Madame,

Je sais bien que Votre Majesté n'a que faire de toutes nos dédicaces, et que ces prétendus devoirs, dont on lui dit élégamment qu'on s'acquitte envers Elle, sont des hommages, à dire vrai, dont Elle nous dispenseroit très volontiers. Mais je ne laisse pas d'avoir l'audace de lui dédier *la Critique de l'École des Femmes;* et je n'ai pu refuser cette petite occasion de pouvoir témoigner ma joie à Votre Majesté sur cette heureuse convalescence qui redonne à nos vœux la plus grande et la meilleure princesse du monde, et nous promet en Elle de longues années d'une santé vigoureuse. Comme chacun regarde les choses du côté de ce qui le touche, je me réjouis, dans cette allégresse générale, de pouvoir encore obtenir l'honneur* de divertir

* Var. ... *avoir l'honneur* (1673, 1682).

1. Anne d'Autriche, mère de Louis XIV, ne survécut pas beaucoup à la maladie dont Molière, dans cette Épître dédicatoire, la félicite d'être rétablie : elle mourut moins de trois ans après, le 20 janvier 1666, âgée de soixante-quatre ans. C'était une bonne princesse, fière et pourtant affable, faible et cependant capable de résolution, même de persévérance, pieuse et toutefois amie de la galanterie délicate et ingénieuse. Sa dévotion était telle que Molière la représente; après avoir prié avec beaucoup de ferveur dans son oratoire, elle allait rire de fort bon cœur dans sa loge à la comédie. (Auger.)

DÉDICACE.

Votre Majesté; Elle, Madame, qui prouve si bien que la véritable dévotion n'est point contraire aux honnêtes divertissements; qui, de ses hautes pensées et de ses importantes occupations, descend si humainement dans le plaisir de nos spectacles, et ne dédaigne pas de rire de cette même bouche dont Elle prie si bien Dieu. Je flatte, dis-je, mon esprit de l'espérance de cette gloire; j'en attends le moment avec toutes les impatiences du monde; et quand je jouirai de ce bonheur, ce sera la plus grande joie que puisse recevoir,

Madame,

De Votre Majesté,

Le très humble, très obéissant et très fidèle serviteur et sujet,

J.-B. P. Molière.

LA CRITIQUE

DE

L'ÉCOLE DES FEMMES

PERSONNAGES.	ACTEURS.
URANIE	Mlle DEBRIE.
ÉLISE	Mlle MOLIÈRE [1].
CLIMÈNE	Mlle DUPARC.
LE MARQUIS [2].	
DORANTE, ou LE CHEVALIER	BRÉCOURT.
LYSIDAS, poète	DU CROISY.
GALOPIN, laquais	

1. Le personnage d'Élise est le premier qu'Armande Béjart ait créé certainement. Molière avait épousé cette jeune femme depuis un peu plus de quinze mois, et il voulut probablement la faire débuter sur le théâtre par ce rôle où, tout en plaisantant, elle prend avec chaleur la défense de son mari. « Le rôle d'une maligne et fine créature, dit M. P. Chasles, se détache vivement au milieu des interlocuteurs; elle paraît approuver ce qu'elle raille, et encourage par d'ironiques et doux éloges le développement des ridicules. Molière a fait briller dans tous les personnages qu'il a confiés à sa femme la vive saillie, la coquetterie involontaire et la pointe caustique qu'il admirait chez Armande. Elle commence par être Élise; elle sera plus tard Célimène. »

2. M. Despois conjecture que ce personnage fut représenté par Molière lui-même.

LA CRITIQUE
DE
L'ÉCOLE DES FEMMES

COMÉDIE

SCÈNE PREMIÈRE.
URANIE, ÉLISE.

URANIE.

Quoi! cousine, personne ne t'est venu rendre visite?

ÉLISE.

Personne du monde[1].

URANIE.

Vraiment, voilà qui m'étonne, que nous ayons été seules l'une et l'autre tout aujourd'hui.

ÉLISE.

Cela m'étonne aussi, car ce n'est guère notre coutume; et votre maison, Dieu merci, est le refuge ordinaire de tous les fainéants de la cour.

URANIE.

L'après-dînée, à dire vrai, m'a semblé fort longue[2].

---

1. On disait autrefois : personne du monde, rien du monde. On trouve, dans l'édition du dictionnaire de l'Académie de 1694, cet exemple : « Je ne voudrois de cette maison pour rien du monde. » On dit aujourd'hui : rien au monde, personne au monde. (AUGER.)

2. On dînait vers midi.

ÉLISE.

Et moi, je l'ai trouvée fort courte.

URANIE.

C'est que les beaux esprits, cousine, aiment la solitude.

ÉLISE.

Ah! très-humble servante au bel esprit; vous savez que ce n'est pas là que je vise.

URANIE.

Pour moi, j'aime la compagnie, je l'avoue.

ÉLISE.

Je l'aime aussi, mais je l'aime choisie; et la quantité des sottes visites qu'il vous faut essuyer, parmi les autres, est cause bien souvent que je prends plaisir d'être seule.

URANIE.

La délicatesse est trop grande de ne pouvoir souffrir que des gens triés.

ÉLISE.

Et la complaisance est trop générale, de souffrir indifféremment toutes sortes de personnes.

URANIE.

Je goûte ceux qui sont raisonnables, et me divertis des extravagants.

ÉLISE.

Ma foi, les extravagants ne vont guère loin sans vous ennuyer, et la plupart de ces gens-là ne sont plus plaisants dès la seconde visite. Mais, à propos d'extravagants, ne voulez-vous pas me défaire de votre marquis incommode? Pensez-vous me le laisser toujours sur les bras, et que je puisse durer à ses turlupinades[1] perpétuelles?

---

1. Le mot *turlupin*, d'où l'on a fait *turlupinade*, existait de vieille date dans notre langue, lorsqu'il prit au XVIIe siècle une faveur que Molière

SCÈNE I.

URANIE.

Ce langage est à la mode, et l'on le tourne en plaisanterie à la cour.

ÉLISE.

Tant pis pour ceux qui le font, et qui se tuent tout le jour à parler ce jargon obscur. La belle chose de faire entrer aux conversations du Louvre de vieilles équivoques ramassées parmi les boues des Halles et de la place Maubert! La jolie façon de plaisanter pour des courtisans, et qu'un homme montre d'esprit lorsqu'il vient vous dire : « Madame, vous êtes dans la place Royale, et tout le monde vous voit de trois lieues de Paris, car chacun vous voit de bon œil; » à cause que Bonneuil est un village à trois lieues d'ici! Cela n'est-il pas bien galant et bien spirituel? Et ceux qui trouvent ces belles rencontres n'ont-ils pas lieu de s'en glorifier?

URANIE.

On ne dit pas cela aussi comme une chose spirituelle;

---

contribua plus qu'aucun autre à lui donner. Ce mot désigna à l'origine une sorte d'hérétiques ignorants qui furent plusieurs fois condamnés aux XIIIe et XIVe siècles : « La science insuffisante est occasion de choir en hérésie, dit Gerson, comme Julien l'Apostat, Éludices, Jovinien et les turlupins. » Ce mot prit bien vite son acception dérivée de mauvais plaisant, de méchant bouffon. « Autant en dict ung tirelupin de mes livres. » (RABELAIS.) Turlupin fut longtemps un personnage traditionnel de la farce française. Un acteur de l'hôtel de Bourgogne nommé Henri Legrand devint célèbre sous ce titre; monté sur le théâtre vers 1583, il mourut en 1634, en même temps que ses deux camarades Gros-Guillaume et Gautier Garguille.

La vogue de ce mot s'est continuée après la mort de Molière. On connaît les vers de Boileau dans l'*Art poétique* :

> Toutefois à la cour les turlupins restèrent,
> Insipides plaisants, bouffons infortunés,
> D'un jeu de mots grossier partisans surannés.

La Bruyère, Le Sage, l'emploient aussi : « De sage et posé que j'étois auparavant, dit ce dernier, je devins vif, étourdi, turlupin. » Quoique moins usité aujourd'hui, il n'a pourtant pas cessé d'avoir cours.

et la plupart de ceux qui affectent ce langage savent bien eux-mêmes qu'il est ridicule.

ÉLISE.

Tant pis encore de prendre peine à dire des sottises, et d'être mauvais plaisants de dessein formé. Je les en tiens moins excusables; et si j'en étois juge, je sais bien à quoi je condamnerois tous ces messieurs les turlupins.

URANIE.

Laissons cette matière, qui t'échauffe un peu trop, et disons que Dorante vient bien tard, à mon avis, pour le souper que nous devons faire ensemble.

ÉLISE.

Peut-être l'a-t-il oublié, et que...

SCÈNE II.

URANIE, ÉLISE, GALOPIN.

GALOPIN.

Voilà Climène, madame, qui vient ici pour vous voir.

URANIE.

Hé! mon Dieu, quelle visite!

ÉLISE.

Vous vous plaigniez d'être seule,* aussi; le ciel** vous en punit.

URANIE.

Vite, qu'on aille dire que je n'y suis pas.

GALOPIN.

On a déjà dit que vous y étiez.

* Var. *Vous vous plaignez d'être seule,* (1673, 1682).
** Var. *D'être seule; aussi le ciel* (1673, 1682).
C'est une différence de ponctuation.

SCÈNE II.

URANIE.

Et qui est le sot qui l'a dit?

GALOPIN.

Moi, madame.

URANIE.

Diantre soit le petit vilain! Je vous apprendrai bien à faire vos réponses de vous-même.

GALOPIN.

Je vais lui dire, madame, que vous voulez être sortie.

URANIE.

Arrêtez, animal, et la laissez monter, puisque la sottise est faite.

GALOPIN.

Elle parle encore à un homme dans la rue.

URANIE.

Ah! cousine, que cette visite m'embarrasse à l'heure qu'il est!

ÉLISE.

Il est vrai que la dame est un peu embarrassante de son naturel; j'ai toujours eu pour elle une furieuse aversion, et, n'en déplaise à sa qualité, c'est la plus sotte bête qui se soit jamais mêlée de raisonner.

URANIE.

L'épithète est un peu forte.

ÉLISE.

Allez, allez, elle mérite bien cela, et quelque chose de plus, si on lui faisoit justice. Est-ce qu'il y a une personne qui soit plus véritablement qu'elle ce qu'on appelle précieuse, à prendre le mot dans sa plus mauvaise signification?

URANIE

Elle se défend bien de ce nom, pourtant.

ÉLISE.

Il est vrai. Elle se défend du nom, mais non pas de la chose : car enfin elle l'est depuis les pieds jusqu'à la tête, et la plus grande façonnière du monde. Il semble que tout son corps soit démonté, et que les mouvements de ses hanches, de ses épaules et de sa tête, n'aillent que par ressorts. Elle affecte toujours un ton de voix languissant et niais, fait la moue pour montrer une petite bouche, et roule les yeux pour les faire paroître grands.

URANIE.

Doucement donc. Si elle venoit à entendre...

ÉLISE.

Point, point, elle ne monte pas encore. Je me souviens toujours du soir qu'elle eut envie de voir Damon, sur la réputation qu'on lui donne, et les choses que le public a vues de lui. Vous connoissez l'homme et sa naturelle paresse à soutenir la conversation. Elle l'avoit invité à souper comme bel esprit, et jamais il ne parut si sot parmi une demi-douzaine de gens à qui elle avoit fait fête de lui, et qui le regardoient avec de grands yeux, comme une personne qui ne devoit pas être faite comme les autres. Ils pensoient tous qu'il étoit là pour défrayer la compagnie de bons mots; que chaque parole qui sortoit de sa bouche devoit être extraordinaire; qu'il devoit faire des impromptus sur tout ce qu'on disoit, et ne demander à boire qu'avec une pointe. Mais il les trompa fort par son silence; et la dame fut aussi mal satisfaite de lui que je le fus d'elle[1].

1. On s'accorde à croire que c'est à lui-même que Molière fait ici allusion; l'on sait en effet, par divers témoignages, qu'il était habituellement taciturne. Il pourrait cependant avoir songé à Corneille, à La Fontaine, dont la conversation n'était pas non plus très brillante. On ne veut parler, bien

CRITIQUE DE L'ÉCOLE DES FEMMES.

SCÈNE III

URANIE.
Tais-toi, je vais la recevoir à la porte de la chambre.
ÉLISE.
Encore un mot. Je voudrois bien la voir mariée avec le marquis dont nous avons parlé. Le bel assemblage que ce seroit d'une précieuse et d'un turlupin !
URANIE.
Veux-tu te taire; la voici [1].

SCÈNE III.
CLIMÈNE, URANIE, ÉLISE, GALOPIN.

URANIE.
Vraiment, c'est bien tard que...
CLIMÈNE.
Eh! de grâce, ma chère, faites-moi vite donner un siège.
URANIE, à Galopin.
Un fauteuil promptement.

entendu, que de la conversation d'apparat, car nul doute que, dans l'intimité ou seulement dans la familiarité, ces grands esprits n'eussent toute leur valeur.

1. Élise et Uranie sont toutes deux également ennemies de l'affectation et de la pruderie; elles les combattent avec des armes différentes, selon la différence de leur situation et de leur caractère. Uranie, maîtresse de maison, d'ailleurs plus calme et plus réservée que sa cousine, croit devoir aux personnes qu'elle reçoit de réfuter sérieusement leur opinion, sans mêler la moindre moquerie à ses raisonnements. Uranie tutoyant Élise et n'étant pas tutoyée par elle, on en peut conclure naturellement que la première a quelques années de plus que l'autre, et possède même sur elle une sorte d'autorité. (AUGER.)

Élise est une femme spirituelle; assez en fonds pour se passer de la société, assez aimable pour en faire le charme. Son esprit a cette pointe de malice, cette ironie fine et légère qui fait passer la raillerie et donne du piquant à la raison. L'esprit d'Uranie s'annonce avec des traits moins brillants; c'est une femme de bon sens, qui juge sainement les travers de la société, mais qui ne sauroit se passer de son mouvement. Ces deux caractères se font mutuellement valoir. (AIMÉ MARTIN.)

CLIMÈNE.

Ah! mon Dieu!

URANIE.

Qu'est-ce donc?

CLIMÈNE.

Je n'en puis plus.

URANIE.

Qu'avez-vous?

CLIMÈNE.

Le cœur me manque.

URANIE.

Sont-ce vapeurs qui vous ont prise?

CLIMÈNE.

Non.

URANIE.

Voulez-vous que l'on vous délace?*

CLIMÈNE.

Mon Dieu, non. Ah!

URANIE.

Quel est donc votre mal? et depuis quand vous a-t-il pris?

CLIMÈNE.

Il y a plus de trois heures, et je l'ai rapporté du Palais-Royal.**

URANIE.

Comment?

CLIMÈNE.

Je viens de voir, pour mes péchés, cette méchante rapsodie de *l'École des Femmes*. Je suis encore en défail-

---

* Var. *Voulez-vous qu'on vous délace?* (1673, 1682.)
** Var. *Je l'ai apporté du Palais-Royal* (1682).

lance du mal de cœur que cela m'a donné, et je pense que je n'en reviendrai de plus de quinze jours.

ÉLISE.

Voyez un peu comme les maladies arrivent sans qu'on y songe!

URANIE.

Je ne sais pas de quel tempérament nous sommes, ma cousine et moi; mais nous fûmes avant-hier à la même pièce, et nous en revînmes toutes deux saines et gaillardes.

CLIMÈNE.

Quoi! vous l'avez vue?

URANIE.

Oui, et écoutée d'un bout à l'autre.

CLIMÈNE.

Et vous n'en avez pas été jusques aux convulsions, ma chère?

URANIE.

Je ne suis pas si délicate, Dieu merci; et je trouve, pour moi, que cette comédie seroit plutôt capable de guérir les gens que de les rendre malades.

CLIMÈNE.

Ah! mon Dieu, que dites-vous là? Cette proposition peut-elle être avancée par une personne qui ait du revenu en sens commun? Peut-on impunément, comme vous faites, rompre en visière à la raison? Et, dans le vrai de la chose, est-il un esprit si affamé de plaisanterie qu'il puisse tâter des fadaises dont cette comédie est assaisonnée? Pour moi, je vous avoue que je n'ai pas trouvé le moindre grain de sel dans tout cela. *Les enfants par l'oreille* m'ont paru d'un goût détestable; *la tarte à la crème* m'a affadi le cœur; et j'ai pensé vomir *au potage*.

ÉLISE.

Mon Dieu! que tout cela est dit élégamment. J'aurois cru que cette pièce étoit bonne; mais madame a une éloquence si persuasive, elle tourne les choses d'une manière si agréable, qu'il faut être de son sentiment, malgré qu'on en ait.

URANIE.

Pour moi, je n'ai pas tant de complaisance; et, pour dire ma pensée, je tiens cette comédie une des plus plaisantes que l'auteur ait produites.

CLIMÈNE.

Ah! vous me faites pitié de parler ainsi, et je ne saurois vous souffrir cette obscurité de discernement. Peut-on, ayant de la vertu, trouver de l'agrément dans une pièce qui tient sans cesse la pudeur en alarme, et salit à tous moments l'imagination?

ÉLISE.

Les jolies façons de parler que voilà! Que vous êtes, madame, une rude joueuse en critique, et que je plains le pauvre Molière de vous avoir pour ennemie!

CLIMÈNE.

Croyez-moi, ma chère, corrigez de bonne foi votre jugement; et, pour votre honneur, n'allez point dire par le monde que cette comédie vous ait plu.

URANIE.

Moi, je ne sais pas ce que vous y avez trouvé qui blesse la pudeur.

CLIMÈNE.

Hélas! tout; et je mets en fait qu'une honnête femme ne la sauroit voir sans confusion, tant j'y ai découvert d'ordures et de saletés[1].

1. La véritable pudeur se détourne de ce qui la blesse; la pruderie, au

URANIE.

Il faut donc que pour les ordures vous ayez des lumières que les autres n'ont pas : car, pour moi, je n'y en ai point vu.

CLIMÈNE.

C'est que vous ne voulez pas y en avoir vu, assurément : car enfin toutes ces ordures, Dieu merci, y sont à visage découvert. Elles n'ont pas la moindre enveloppe qui les couvre, et les yeux les plus hardis sont effrayés de leur nudité.

ÉLISE.

Ah!

CLIMÈNE.

Hay, hay, hay.

URANIE.

Mais encore, s'il vous plaît, marquez-moi une de ces ordures que vous dites.

CLIMÈNE.

Hélas! est-il nécessaire de vous les marquer?

URANIE.

Oui. Je vous demande seulement un endroit qui vous ait fort choquée.

CLIMÈNE.

En faut-il d'autre que la scène de cette Agnès, lorsqu'elle dit ce que l'on lui a pris?

URANIE.

Eh bien! que trouvez-vous là de sale?*

CLIMÈNE.

Ah!

---

* VAR. *Et que trouvez-vous là de sale?* (1682.)

contraire, s'arrête devant ce qui la choque, et fait mille efforts pour faire remarquer une rougeur qui n'existe pas. (AIMÉ MARTIN.)

URANIE.

De grâce?

CLIMÈNE.

Fi!

URANIE.

Mais encore?

CLIMÈNE.

Je n'ai rien à vous dire.

URANIE.

Pour moi, je n'y entends point de mal.

CLIMÈNE.

Tant pis pour vous.

URANIE.

Tant mieux plutôt, ce me semble. Je regarde les choses du côté qu'on me les montre, et ne les tourne point pour y chercher ce qu'il ne faut pas voir.

CLIMÈNE.

L'honnêteté d'une femme...

URANIE.

L'honnêteté d'une femme n'est pas dans les grimaces. Il sied mal de vouloir être plus sage que celles qui sont sages. L'affectation en cette matière est pire qu'en toute autre; et je ne vois rien de si ridicule que cette délicatesse d'honneur qui prend tout en mauvaise part, donne un sens criminel aux plus innocentes paroles, et s'offense de l'ombre des choses. Croyez-moi, celles qui font tant de façons n'en sont pas estimées plus femmes de bien. Au contraire, leur sévérité mystérieuse et leurs grimaces affectées irritent la censure de tout le monde contre les actions de leur vie. On est ravi de découvrir ce qu'il peut y avoir à redire; et, pour tomber dans l'exemple, il y avoit l'autre jour des femmes à cette comédie, vis-à-vis de la loge où nous étions, qui, par les mines qu'elles affectèrent durant toute la pièce, leurs détournements de tête et leurs cachements de visage[1], firent dire de tous côtés cent sottises de leur conduite que l'on n'auroit pas dites sans cela; et quelqu'un même des laquais cria tout haut qu'elles étoient plus chastes des oreilles que de tout le reste du corps.

CLIMÈNE.

Enfin il faut être aveugle dans cette pièce, et ne pas faire semblant d'y voir les choses.

URANIE.

Il ne faut pas y vouloir voir ce qui n'y est pas.

CLIMÈNE.

Ah! je soutiens, encore un coup, que les saletés y crèvent les yeux.

URANIE.

Et moi, je ne demeure pas d'accord de cela.

CLIMÈNE.

Quoi! la pudeur n'est pas visiblement blessée par ce que dit Agnès dans l'endroit dont nous parlons?

URANIE.

Non, vraiment. Elle ne dit pas un mot qui de soi ne soit fort honnête; et si vous voulez entendre dessous quelque autre chose, c'est vous qui faites l'ordure et non pas elle, puisqu'elle parle seulement d'un ruban qu'on lui a pris.

CLIMÈNE.

Ah! ruban tant qu'il vous plaira; mais ce *le*, où elle s'arrête, n'est pas mis pour des prunes. Il vient sur ce *le*

---

1. Notre langue manque des substantifs nécessaires pour désigner l'action représentée par le verbe *cacher* et le verbe *détourner*. Molière a risqué les mots *détournement* et *cachement*. Il est à regretter que l'autorité de Molière ne les ait pas fait admettre par l'usage. (AUGER.)

d'étranges pensées. Ce *le* scandalise furieusement ; et, quoi que vous puissiez dire, vous ne sauriez défendre l'insolence de ce *le*.

ÉLISE.

Il est vrai, ma cousine, je suis pour madame contre ce *le*. Ce *le* est insolent au dernier point, et vous avez tort de défendre ce *le*.

CLIMÈNE.

Il a une obscénité qui n'est pas supportable[1].

ÉLISE.

Comment dites-vous ce mot-là, madame?

CLIMÈNE.

Obscénité, madame.

ÉLISE.

Ah! mon Dieu, obscénité. Je ne sais pas ce que ce mot veut dire; mais je le trouve le plus joli du monde[2].

CLIMÈNE.

Enfin, vous voyez comme votre sang prend mon parti.

URANIE.

Eh! mon Dieu! c'est une causeuse qui ne dit pas ce qu'elle pense. Ne vous y fiez pas beaucoup, si vous m'en voulez croire.

ÉLISE.

Ah! que vous êtes méchante, de me vouloir rendre

---

1. Les récriminations que ce passage de *l'École des Femmes* souleva témoignent des progrès qu'avaient faits la délicatesse et la décence au théâtre; quinze ans auparavant, les imprécations de Dom Japhet contre la duègne qui l'inonde ne choquaient personne, et les honnêtes gens écoutaient sans sourciller les stances de Jodelet :

    Soyez nettes, mes dents; l'honneur vous le commande...

2. Ce mot avait reçu nouvellement sa forme française. On lit dans les œuvres d'Antoine Arnauld qu'il a été employé pour la première fois par les auteurs de la traduction de la Bible connus sous le nom de *traducteurs de Mons*.

SCÈNE III.

suspecte à madame! Voyez un peu où j'en serois, si elle alloit croire ce que vous dites! Serois-je si malheureuse, madame, que vous eussiez de moi cette pensée?

CLIMÈNE.

Non, non. Je ne m'arrête pas à ses paroles, et je vous crois plus sincère qu'elle ne dit.

ÉLISE.

Ah! que vous avez bien raison, madame, et que vous me rendrez justice quand vous croirez que je vous trouve la plus engageante personne du monde; que j'entre dans tous vos sentiments, et suis charmée de toutes les expressions qui sortent de votre bouche!

CLIMÈNE.

Hélas! je parle sans affectation.

ÉLISE.

On le voit bien, madame, et que tout est naturel en vous. Vos paroles, le ton de votre voix, vos regards, vos pas, votre action et votre ajustement, ont je ne sais quel air de qualité qui enchante les gens. Je vous étudie des yeux et des oreilles, et je suis si remplie de vous que je tâche d'être votre singe et de vous contrefaire en tout.

CLIMÈNE.

Vous vous moquez de moi, madame.

ÉLISE.

Pardonnez-moi, madame. Qui voudroit se moquer de vous?

CLIMÈNE.

Je ne suis pas un bon modèle, madame.

ÉLISE.

Oh que si, madame!

CLIMÈNE.

Vous me flattez, madame.

ÉLISE.

Point du tout, madame.

CLIMÈNE.

Épargnez-moi, s'il vous plaît, madame.

ÉLISE.

Je vous épargne aussi, madame, et je ne dis pas la moitié de ce que je pense, madame.

CLIMÈNE.

Ah! mon Dieu, brisons là, de grâce. Vous me jetteriez dans une confusion épouvantable. (A Uranie.) Enfin, nous voilà deux contre vous; et l'opiniâtreté sied si mal aux personnes spirituelles...

SCÈNE IV.

LE MARQUIS, CLIMÈNE, URANIE, ÉLISE, GALOPIN.

GALOPIN, à la porte de la chambre.

Arrêtez, s'il vous plaît, monsieur.

LE MARQUIS.

Tu ne me connois pas, sans doute.

GALOPIN.

Si fait, je vous connois; mais vous n'entrerez pas.

LE MARQUIS.

Ah! que de bruit, petit laquais!

GALOPIN.

Cela n'est pas bien de vouloir entrer malgré les gens.

LE MARQUIS.

Je veux voir ta maîtresse.

GALOPIN.

Elle n'y est pas, vous dis-je.

SCÈNE IV.

LE MARQUIS.

La voilà dans la chambre.*

GALOPIN.

Il est vrai, la voilà; mais elle n'y est pas.

URANIE.

Qu'est-ce donc qu'il y a là?

LE MARQUIS.

C'est votre laquais, madame, qui fait le sot.

GALOPIN.

Je lui dis que vous n'y êtes pas, madame, et il ne veut pas laisser d'entrer.

URANIE.

Et pourquoi dire à monsieur que je n'y suis pas?

GALOPIN.

Vous me grondâtes l'autre jour de lui avoir dit que vous y étiez.

URANIE.

Voyez cet insolent! Je vous prie, monsieur, de ne pas croire ce qu'il dit : c'est un petit écervelé qui vous a pris pour un autre.

LE MARQUIS.

Je l'ai bien vu, madame; et, sans votre respect[1], je lui aurois appris à connoître les gens de qualité.

ÉLISE.

Ma cousine vous est fort obligée de cette déférence.

URANIE, à Galopin.

Un siège donc, impertinent.

* Var. *La voilà dans sa chambre* (1682).

1. C'est-à-dire sans le respect que je vous porte. On dit encore dans le même sens : sauf votre respect.

GALOPIN.

N'en voilà-t-il pas un?

URANIE.

Approchez-le.*

(Le petit laquais pousse le siège rudement, et sort.)

SCÈNE V.

LE MARQUIS, CLIMÈNE, URANIE, ÉLISE.

LE MARQUIS.

Votre petit laquais, madame, a du mépris pour ma personne.

ÉLISE.

Il auroit tort, sans doute.

LE MARQUIS.

C'est peut-être que je paye l'intérêt de ma mauvaise mine[1]. (Il rit.) Hay, hay, hay, hay.

ÉLISE.

L'âge le rendra plus éclairé en honnêtes gens.

LE MARQUIS.

Sur quoi en étiez-vous, mesdames, lorsque je vous ai interrompues?

---

* Var. *Approche-le* (1682).

1. C'est exactement le mot de Philopœmen. Étant dans une auberge, plus que simplement vêtu, il fut pris pour un des gens de sa suite par l'hôtesse, qui le pria de lui fendre du bois. L'hôte, qui le connaissait, survint, et, le trouvant à la besogne, lui demanda ce que cela vouloit dire : « Rien autre chose, dit-il, sinon que je paye les intérêts de ma mauvaise mine. » Mais ce que Philopœmen disait simplement et de bonne foi, le marquis le dit avec fatuité et sans en rien croire. Il n'y a que cette différence qui puisse expliquer comment un turlupin se rencontre si juste avec le dernier des Grecs. (AUGER.)

URANIE.
Sur la comédie de *l'École des Femmes.*
LE MARQUIS.
Je ne fais que d'en sortir.
CLIMÈNE.
Hé bien! monsieur, comment la trouvez-vous, s'il vous plaît?
LE MARQUIS.
Tout à fait impertinente.
CLIMÈNE.
Ah! que j'en suis ravie!
LE MARQUIS.
C'est la plus méchante chose du monde. Comment, diable! à peine ai-je pu trouver place. J'ai pensé être étouffé à la porte, et jamais on ne m'a tant marché sur les pieds. Voyez comme mes canons et mes rubans en sont ajustés, de grâce.
ÉLISE.
Il est vrai que cela crie vengeance contre *l'École des Femmes,* et que vous la condamnez avec justice.
LE MARQUIS.
Il ne s'est jamais fait, je pense, une si méchante comédie.
URANIE.
Ah! voici Dorante que nous attendions.

SCÈNE VI.

DORANTE, CLIMÈNE, URANIE, ÉLISE, LE MARQUIS.

DORANTE.
Ne bougez, de grâce, et n'interrompez point votre dis-

cours. Vous êtes là sur une matière qui, depuis quatre jours, fait presque l'entretien de toutes les maisons de Paris; et jamais on n'a rien vu de si plaisant que la diversité des jugements qui se font là-dessus. Car enfin j'ai ouï condamner cette comédie à certaines gens, par les mêmes choses que j'ai vu d'autres estimer le plus.

URANIE.

Voilà monsieur le marquis qui en dit force mal.

LE MARQUIS.

Il est vrai. Je la trouve détestable; morbleu! détestable du dernier détestable; ce qu'on appelle détestable.

DORANTE.

Et moi, mon cher marquis, je trouve le jugement détestable.

LE MARQUIS.

Quoi! chevalier, est-ce que tu prétends soutenir cette pièce?

DORANTE.

Oui, je prétends la soutenir.

LE MARQUIS.

Parbleu! je la garantis détestable.

DORANTE.

La caution n'est pas bourgeoise[1]. Mais, marquis, par quelle raison, de grâce, cette comédie est-elle ce que tu dis?

LE MARQUIS.

Pourquoi elle est détestable?

DORANTE.

Oui.

LE MARQUIS.

Elle est détestable, parce qu'elle est détestable.

---

1. Nous avons déjà rencontré cette expression dans *les Précieuses ridicules*, scène x.

SCÈNE VI.

DORANTE.

Après cela, il n'y a plus rien à dire : voilà son procès fait. Mais encore instruis-nous, et nous dis les défauts qui y sont.

LE MARQUIS.

Que sais-je, moi? je ne me suis pas seulement donné la peine de l'écouter. Mais enfin je sais bien que je n'ai jamais rien vu de si méchant, Dieu me damne!* et Dorilas, contre qui j'étois, a été de mon avis.

DORANTE.

L'autorité est belle, et te voilà bien appuyé !

LE MARQUIS.

Il ne faut que voir les continuels éclats de rire que le parterre y fait. Je ne veux point d'autre chose pour témoigner qu'elle ne vaut rien.

DORANTE.

Tu es donc, marquis, de ces messieurs du bel air, qui ne veulent pas que le parterre ait du sens commun, et qui seroient fâchés d'avoir ri avec lui, fût-ce de la meilleure chose du monde? Je vis l'autre jour sur le théâtre un de nos amis qui se rendit ridicule par là. Il écouta toute la pièce avec un sérieux le plus sombre du monde; et tout ce qui égayoit les autres ridoit son front. A tous les éclats de rire, il haussoit les épaules et regardoit le parterre en pitié; et quelquefois aussi, le regardant avec dépit, il lui disoit tout haut : *Ris donc, parterre, ris donc.* Ce fut une seconde comédie, que le chagrin de notre ami. Il la donna en galant homme à toute l'assemblée, et chacun demeura d'accord qu'on ne pouvoit

---

* VAR. . . . *Dieu me sauve!* (1666, 1673, 1682.)

pas mieux jouer qu'il fit[1]. Apprends, marquis, je te prie, et les autres aussi, que le bon sens n'a point de place déterminée à la comédie; que la différence du demi-louis d'or et de la pièce de quinze sous[2] ne fait rien du tout au bon goût; que debout et assis* on peut** donner un mauvais jugement; et qu'enfin, à le prendre en général, je me fierois assez à l'approbation du parterre, par la raison qu'entre ceux qui le composent il y en a plusieurs qui sont capables de juger d'une pièce selon les règles, et que les autres en jugent par la bonne façon d'en juger, qui est de se laisser prendre aux choses, et de n'avoir ni prévention aveugle, ni complaisance affectée, ni délicatesse ridicule.

LE MARQUIS.

Te voilà donc, chevalier, le défenseur du parterre? Parbleu! je m'en réjouis, et je ne manquerai pas de l'avertir que tu es de ses amis. Hay, hay, hay, hay, hay, hay.

DORANTE.

Ris tant que tu voudras. Je suis pour le bon sens, et ne saurois souffrir les ébullitions de cerveau de nos marquis de Mascarille. J'enrage de voir de ces gens qui se traduisent en ridicules malgré leur qualité; de ces gens qui décident toujours et parlent hardiment de toutes choses sans s'y connoître; qui, dans une comédie, se récrieront aux méchants endroits et ne branleront pas à

* Var. . . . *debout ou assis* (1673, 1682).
** Var. . . . *l'on peut* (1673, 1682).

1. Ce personnage, suivant Brossette, se nommait Plapisson. Cette belle action l'a du reste sauvé seule du plus profond oubli.
2. Le demi-louis d'or valait cinq livres dix sous; c'était le prix des places de théâtre et des billets de premières loges. Quinze sous était le prix des places de parterre.

ceux qui sont bons; qui, en voyant un tableau, ou écoutant un concert de musique[1], blâment de même et louent tout à contre-sens, prennent par où ils peuvent les termes de l'art qu'ils attrapent, et ne manquent jamais de les estropier et de les mettre hors de place. Hé, morbleu! messieurs, taisez-vous. Quand Dieu ne vous a pas donné la connoissance d'une chose, n'apprêtez point à rire à ceux qui vous entendent parler, et songez qu'en ne disant mot on croira peut-être que vous êtes d'habiles gens.

LE MARQUIS.

Parbleu! chevalier, tu le prends là...

DORANTE.

Mon Dieu! marquis, ce n'est pas à toi que je parle. C'est à une douzaine de messieurs qui déshonorent les gens de cour par leurs manières extravagantes, et font croire parmi le peuple que nous nous ressemblons tous. Pour moi, je m'en veux justifier le plus qu'il me sera possible; et je les dauberai tant, en toutes rencontres, qu'à la fin ils se rendront sages.

LE MARQUIS.

Dis-moi un peu, chevalier, crois-tu que Lysandre ait de l'esprit?

DORANTE.

Oui sans doute, et beaucoup.

URANIE.

C'est une chose qu'on ne peut pas nier.

LE MARQUIS.

Demandez-lui ce qui lui semble de *l'École des Femmes*: vous verrez qu'il vous dira qu'elle ne lui plaît pas.

---

1. Le mot *concert* n'était pas employé encore d'une manière absolue. Ce n'est que beaucoup plus tard, en 1687, que La Bruyère un des premiers, secouant le joug de la périphrase, écrit : « Qui annoncera un concert, un beau salut, un prestige de la foire? »

DORANTE.

Hé! mon Dieu! il y en a beaucoup que le trop d'esprit gâte, qui voient mal les choses à force de lumière; et même qui seroient bien fâchés d'être de l'avis des autres pour avoir la gloire de décider[1].

URANIE.

Il est vrai. Notre ami est de ces gens-là, sans doute. Il veut être le premier de son opinion, et qu'on attende par respect son jugement. Toute approbation qui marche avant la sienne est un attentat sur ses lumières, dont il se venge hautement en prenant le contraire parti. Il veut qu'on le consulte sur toutes les affaires d'esprit; et je suis sûre que, si l'auteur lui eût montré sa comédie avant que de la faire voir au public, il l'eût trouvée la plus belle du monde.

LE MARQUIS.

Et que direz-vous de la marquise Araminte, qui la publie partout pour épouvantable, et dit qu'elle n'a pu jamais souffrir les ordures dont elle est pleine?

DORANTE.

Je dirai que cela est digne du caractère qu'elle a pris, et qu'il y a des personnes qui se rendent ridicules pour vouloir avoir trop d'honneur. Bien qu'elle ait de l'esprit, elle a suivi le mauvais exemple de celles qui, étant sur le retour de l'âge, veulent remplacer de quelque chose ce qu'elles voient qu'elles perdent, et prétendent que les grimaces d'une pruderie scrupuleuse leur tiendront lieu de jeunesse et de beauté. Celle-ci pousse l'affaire plus avant qu'aucune; et l'habileté de son scrupule découvre des saletés où jamais personne n'en avoit vu. On tient qu'il va, ce

---

1. Voyez dans *le Misanthrope*, acte II, scène v, le portrait que fait Célimène d'un certain *Damis,* qui est de ses amis.

scrupule, jusques à défigurer notre langue, et qu'il n'y a point presque de mots dont la sévérité de cette dame ne veuille retrancher ou la tête ou la queue, pour les syllabes déshonnêtes qu'elle y trouve [1].

URANIE.

Vous êtes bien fou, chevalier.

LE MARQUIS.

Enfin, chevalier, tu crois défendre ta comédie, en faisant la satire de ceux qui la condamnent.

DORANTE.

Non pas, mais je tiens que cette dame se scandalise à tort.

ÉLISE.

Tout beau, monsieur le chevalier; il pourroit y en avoir d'autres qu'elle qui seroient dans les mêmes sentiments.

DORANTE.

Je sais bien que ce n'est pas vous, au moins; et que lorsque vous avez vu cette représentation...

ÉLISE.

Il est vrai; mais j'ai changé d'avis, (Montrant Climène.) et madame sait appuyer le sien par des raisons si convaincantes qu'elle m'a entraînée de son côté.

1. Nous voyons bien, dans le *Dictionnaire des Précieuses* de Somaize, Roxalie, Didamie, Silénie, réunies à Claristène, entreprendre « de diminuer tous les mots et d'en oster toutes les lettres superflues ». Mais cette idée d'en retrancher les syllabes sales semble être de l'invention de Molière; elle avait pu lui être suggérée par bien des scrupules et des minauderies analogues qui étaient à la mode chez les précieuses, lesquelles, lit-on dans le *Chevræana*, « n'auroient pas dit un écu au lieu de soixante sous ». Molière est revenu à plusieurs reprises sur cette idée extravagante, mais caractéristique; on la retrouve dans *la Comtesse d'Escarbagnas* et dans *les Femmes savantes*.

DORANTE, à Climène.

Ah! madame, je vous demande pardon; et, si vous le voulez, je me dédirai, pour l'amour de vous, de tout ce que j'ai dit.

CLIMÈNE.

Je ne veux pas que ce soit pour l'amour de moi, mais pour l'amour de la raison : car enfin cette pièce, à le bien prendre, est tout à fait indéfendable; et je ne conçois pas...

URANIE.

Ah! voici l'auteur monsieur Lysidas. Il vient tout à propos pour cette matière. Monsieur Lysidas, prenez un siége vous-même, et vous mettez là.

SCÈNE VII.

LYSIDAS, CLIMÈNE, URANIE, ÉLISE, DORANTE, LE MARQUIS.

LYSIDAS.

Madame, je viens un peu tard; mais il m'a fallu lire ma pièce chez madame la marquise, dont je vous avois parlé; et les louanges qui lui ont été données m'ont retenu une heure plus que je ne croyois.

ÉLISE.

C'est un grand charme que les louanges pour arrêter un auteur.

URANIE.

Asseyez-vous donc, monsieur Lysidas; nous lirons votre pièce après souper.

LYSIDAS.

Tous ceux qui étoient là doivent venir à sa première représentation, et m'ont promis de faire leur devoir comme il faut.

SCÈNE VII.

URANIE.

Je le crois; mais, encore une fois, asseyez-vous, s'il vous plaît. Nous sommes ici sur une matière que je serai bien aise que nous poussions.

LYSIDAS.

Je pense, madame, que vous retiendrez aussi une loge pour ce jour-là.

URANIE.

Nous verrons. Poursuivons, de grâce, notre discours.

LYSIDAS.

Je vous donne avis, madame, qu'elles sont presque toutes retenues[1].

URANIE.

Voilà qui est bien. Enfin, j'avois besoin de vous lorsque vous êtes venu; et tout le monde étoit ici contre moi.

ÉLISE, à Uranie, montrant Dorante.

Il s'est mis d'abord de votre côté; mais maintenant (Montrant Climène.) qu'il sait que madame est à la tête du

---

1. C'est une chose continuellement digne d'admiration que l'art avec lequel Molière annonce un personnage, le place tout de suite en scène, et, par les premiers mots qu'il lui fait dire, lui fait révéler son caractère tout entier. A voir ce monsieur Lysidas qui, tout en entrant, se vante des louanges qu'il vient de recevoir et s'obstine à parler de sa pièce et à recruter des gens pour y applaudir, on peut parier que c'est quelque ridicule auteur, bien vain et bien jaloux, qui va déchirer à belles dents l'ouvrage de son confrère. (AUGER.)

On a dit que Boursault crut se reconnaître dans le personnage de Lysidas. Il tâcha de s'emparer de ce rôle et de le tourner à son avantage, plutôt qu'il ne crut sérieusement sans doute que Molière l'eût mis en scène, lui jeune auteur de vingt-cinq ans. Les contemporains, du reste, ont d'abord cherché ailleurs l'original de Lysidas; on lit dans la *Zélinde :* « J'oubliois à vous dire que le commencement du rôle de Lysidas est tiré des *Nouvelles nouvelles,* et que votre chevalier (le Dorante de *la Critique*) se divertit aux dépens de monsieur l'abbé d'Aubignac, qui s'en est lui-même bien aperçu; mais, comme chacun vous loue de parler contre ceux qui écrivent contre les grands hommes (l'abbé d'Aubignac écrivait contre Corneille), je n'ai gardé de vous en blâmer. »

parti contraire, je pense que vous n'avez qu'à chercher un autre secours.

CLIMÈNE.

Non, non. Je ne voudrois pas qu'il fît mal sa cour auprès de madame votre cousine, et je permets à son esprit d'être du parti de son cœur.

DORANTE.

Avec cette permission, madame, je prendrai la hardiesse de me défendre.

URANIE.

Mais, auparavant, sachons un peu les sentiments de monsieur Lysidas.

LYSIDAS.

Sur quoi, madame?

URANIE.

Sur le sujet de *l'École des Femmes.*

LYSIDAS.

Ah! ah!

DORANTE.

Que vous en semble?

LYSIDAS.

Je n'ai rien à dire là-dessus; et vous savez qu'entre nous autres auteurs, nous devons parler des ouvrages les uns des autres avec beaucoup de circonspection.

DORANTE.

Mais encore, entre nous, que pensez-vous de cette comédie?

LYSIDAS.

Moi, monsieur?

URANIE.

De bonne foi, dites-nous votre avis.

SCÈNE VII.

LYSIDAS.

Je la trouve fort belle.

DORANTE.

Assurément?

LYSIDAS.

Assurément. Pourquoi non? N'est-elle pas en effet la plus belle du monde?

DORANTE.

Hom, hom; vous êtes un méchant diable, monsieur Lysidas; vous ne dites pas ce que vous pensez.

LYSIDAS.

Pardonnez-moi.

DORANTE.

Mon Dieu! je vous connois; ne dissimulons point.

LYSIDAS.

Moi, monsieur?

DORANTE.

Je vois bien que le bien que vous dites de cette pièce n'est que par honnêteté; et que, dans le fond du cœur, vous êtes de l'avis de beaucoup de gens qui la trouvent mauvaise.

LYSIDAS.

Hay, hay, hay.

DORANTE.

Avouez, ma foi, que c'est une méchante chose que cette comédie.

LYSIDAS.

Il est vrai qu'elle n'est pas approuvée par les connoisseurs.

LE MARQUIS.

Ma foi, chevalier, tu en tiens, et te voilà payé de ta raillerie. Ah, ah, ah, ah, ah!

DORANTE.

Pousse, mon cher marquis, pousse.

LE MARQUIS.

Tu vois que nous avons les savants de notre côté.

DORANTE.

Il est vrai, le jugement de monsieur Lysidas est quelque chose de considérable. Mais monsieur Lysidas veut bien que je ne me rende pas pour cela ; et, puisque j'ai bien l'audace de me défendre (Montrant Climène.) contre les sentiments de madame, il ne trouvera pas mauvais que je combatte les siens.

ÉLISE.

Quoi! vous voyez contre vous madame, monsieur le marquis et monsieur Lysidas, et vous osez résister encore? Fi! que cela est de mauvaise grâce!

CLIMÈNE.

Voilà qui me confond, pour moi, que des personnes raisonnables se puissent mettre en tête de donner protection aux sottises de cette pièce.

LE MARQUIS.

Dieu me damne! madame, elle est misérable depuis le commencement jusqu'à la fin.

DORANTE.

Cela est bientôt dit, marquis. Il n'est rien plus aisé que de trancher ainsi ; et je ne vois aucune chose qui puisse être à couvert de la souveraineté de tes décisions.

LE MARQUIS.

Parbleu! tous les autres comédiens qui étoient là pour la voir en ont dit tous les maux du monde.

DORANTE.

Ah! je ne dis plus mot, tu as raison, marquis. Puisque les autres comédiens en disent du mal, il faut les en croire assurément. Ce sont tous gens éclairés et qui parlent sans intérêt. Il n'y a plus rien à dire, je me rends.

CLIMÈNE.

Rendez-vous, ou ne vous rendez pas, je sais fort bien que vous ne me persuaderez point de souffrir les immodesties de cette pièce, non plus que les satires désobligeantes qu'on y voit contre les femmes.

URANIE.

Pour moi, je me garderai bien de m'en offenser, et de prendre rien sur mon compte de tout ce qui s'y dit. Ces sortes de satires tombent directement sur les mœurs, et ne frappent les personnes que par réflexion. N'allons point nous appliquer nous-mêmes* les traits d'une censure générale; et profitons de la leçon, si nous pouvons, sans faire semblant qu'on parle à nous. Toutes les peintures ridicules qu'on expose sur les théâtres doivent être regardées sans chagrin de tout le monde. Ce sont miroirs publics où il ne faut jamais témoigner qu'on se voie; et c'est se taxer hautement d'un défaut que se scandaliser qu'on le reprenne[1].

CLIMÈNE.

Pour moi, je ne parle pas de ces choses par la part que j'y puisse avoir, et je pense que je vis d'un air dans le monde à ne pas craindre d'être cherchée dans les peintures qu'on fait là des femmes qui se gouvernent mal.

---

* VAR. *N'allons point nous appliquer à nous-mêmes* (1682).

1. Phèdre exprime ainsi la même pensée :

> Suspicione si quis errabit sua
> Et rapiet ad se quod erit commune omnium,
> Stulte nudabit animi conscientiam.

« Sur un faux soupçon prendre pour soi en particulier ce qui est dit en général, c'est trahir sottement le secret de sa conscience. »

ÉLISE.

Assurément, madame, on ne vous y cherchera point ; votre conduite est assez connue ; et ce sont de ces sortes de choses qui ne sont contestées de personne.

URANIE, à Climène.

Aussi, madame, n'ai-je rien dit qui aille à vous ; et mes paroles, comme les satires de la comédie, demeurent dans la thèse générale.

CLIMÈNE.

Je n'en doute pas, madame. Mais enfin passons sur ce chapitre. Je ne sais pas de quelle façon vous recevez les injures qu'on dit à notre sexe dans un certain endroit de la pièce ; et, pour moi, je vous avoue que je suis dans une colère épouvantable, de voir que cet auteur impertinent nous appelle *des animaux* [1].

URANIE.

Ne voyez-vous pas que c'est un ridicule qu'il fait parler ?

DORANTE.

Et puis, madame, ne savez-vous pas que les injures des amants n'offensent jamais ; qu'il est des amours emportés aussi bien que des doucereux ; et qu'en de pareilles occasions les paroles les plus étranges, et quelque chose de pis encore, se prennent bien souvent pour des marques d'affection par celles mêmes qui les reçoivent ?

ÉLISE.

Dites tout ce que vous voudrez, je ne saurois digérer

---

1. L'auteur de *Zélinde* a répété des récriminations tout à fait pareilles : Zélinde prétend sérieusement venger son sexe des épithètes d'*animaux*, de *diablesses*, que Molière lui aurait infligées. On conçoit difficilement d'aussi lourdes méprises ; elles avaient cours cependant, et Molière ne les a pas imaginées pour se donner facilement raison.

cela, non plus que *le potage* et *la tarte à la crème*, dont madame a parlé tantôt.

LE MARQUIS.

Ah! ma foi, oui, *tarte à la crème!* voilà ce que j'avois remarqué tantôt; *tarte à la crème!* Que je vous suis obligé, madame, de m'avoir fait souvenir de *tarte à la crème!* Y a-t-il assez de pommes en Normandie pour *tarte à la crème*[1]? *Tarte à la crème*, morbleu! *tarte à la crème!*

DORANTE.

Hé bien! que veux-tu dire, *tarte à la crème?*

LE MARQUIS.

Parbleu! *tarte à la crème*, chevalier.

DORANTE.

Mais encore?

LE MARQUIS.

Tarte à la crème!

DORANTE.

Dis-nous un peu tes raisons.

LE MARQUIS.

Tarte à la crème!

URANIE.

Mais il faut expliquer sa pensée, ce me semble.

LE MARQUIS.

Tarte à la crème, madame!

URANIE.

Que trouvez-vous là à redire?

LE MARQUIS.

Moi, rien. *Tarte à la crème!*

---

1. On jetait des pommes aux acteurs dont on était mécontent : Racine, dans une épigramme, dit de Pradon :

Pommes sur lui volèrent largement.

URANIE.

Ah! je le quitte¹.

ÉLISE.

Monsieur le marquis s'y prend bien, et vous bourre de la belle manière. Mais je voudrois bien que monsieur Lysidas voulût les achever², et leur donner quelques petits coups de sa façon.

LYSIDAS.

Ce n'est pas ma coutume de rien blâmer, et je suis assez indulgent pour les ouvrages des autres. Mais enfin, sans choquer l'amitié que monsieur le chevalier témoigne pour l'auteur, on m'avouera que ces sortes de comédies ne sont pas proprement des comédies, et qu'il y a une grande différence de toutes ces bagatelles à la beauté des pièces sérieuses. Cependant tout le monde donne là dedans aujourd'hui; on ne court plus qu'à cela, et l'on voit une solitude effroyable aux grands ouvrages, lorsque des sottises ont tout Paris. Je vous avoue que le cœur m'en saigne quelquefois; et cela est honteux pour la France³.

CLIMÈNE.

Il est vrai que le goût des gens est étrangement gâté là-dessus, et que le siècle s'encanaille furieusement.

1. Je quitte la partie.
Nous avons dit que ce trait passait pour avoir été pris sur nature, et qu'on attribuait particulièrement au duc de La Feuillade ce mode d'argumentation trop irrésistible.

2. Les défenseurs de Molière, cela s'entend; mais l'on n'aperçoit pas le substantif auquel ce *les* se rapporte.

3. Il paraît que les plaintes dont M. Lysidas se fait ici l'interprète avaient été exprimées par les Corneille. Thomas Corneille écrivait à l'abbé de Pure, dans une lettre datée du 1ᵉʳ décembre 1659 : « Tout le monde dit qu'ils (les comédiens de Monsieur) ont joué détestablement la pièce de M. de La Clairière; et le grand monde qu'ils ont eu à leur farce des *Précieuses* fait bien connoître qu'ils ne sont propres qu'à soutenir de pareilles bagatelles, et que la plus forte pièce tomberoit entre leurs mains. » De là vient qu'on accusa Pierre ou Thomas Corneille d'avoir mis la main au

SCÈNE VII. 431

ÉLISE.

Celui-là est joli encore, s'encanaille! Est-ce vous qui l'avez inventé, madame¹?

CLIMÈNE.

Hé!

ÉLISE.

Je m'en suis bien doutée.

DORANTE.

Vous croyez donc, monsieur Lysidas, que tout l'esprit et toute la beauté sont dans les poëmes sérieux, et que les pièces comiques sont des niaiseries qui ne méritent aucune louange?

URANIE.

Ce n'est pas mon sentiment, pour moi. La tragédie, sans doute, est quelque chose de beau quand elle est bien touchée; mais la comédie a ses charmes, et je tiens que l'une n'est pas moins difficile à faire que l'autre.*

DORANTE.

Assurément, madame; et quand, pour la difficulté, vous mettriez un *plus* du côté de la comédie, peut-être

---

* VAR. . . . *n'est pas moins difficile que l'autre* (1673, 1682).

Portrait du Peintre de Boursault. Pierre Corneille était en effet l'ami déclaré de Boursault, qu'il appelait son fils et dont il admirait le talent. Mais il est bien peu probable qu'il se soit mêlé à cette guerre dans laquelle on voulait l'intéresser. En tout cas il ne tarda pas à nouer avec Molière des relations qui furent aussi honorables pour l'un que pour l'autre.

Molière avait mis à la scène le 23 juin 1662 la tragédie de *Sertorius*, qui avait été représentée d'abord sur le théâtre du Marais.

1. Le mot *encanailler,* suivant Somaize, fut inventé par la marquise de Maulny. Voici le portrait qu'il trace de cette précieuse : « *Mandaris* est une femme de qualité des plus spirituelles. Ses actions sont réglées, ses conversations agréables, et elle a une économie la plus juste du monde pour les choses de sa maison. Elle n'aime pas les gens de basse naissance, et les mots qu'elle a inventés pour marquer son aversion en sont des témoins fort convaincants. » Voir le *Dictionnaire* de Somaize, édition Livet, t. II, p. 288.

que vous ne vous abuseriez pas. Car enfin, je trouve qu'il est bien plus aisé de se guinder sur de grands sentiments, de braver en vers la Fortune, accuser les destins et dire des injures aux dieux, que d'entrer comme il faut dans le ridicule des hommes et de rendre agréablement sur le théâtre les défauts de tout le monde. Lorsque vous peignez des héros, vous faites ce que vous voulez. Ce sont des portraits à plaisir, où l'on ne cherche point de ressemblance, et vous n'avez qu'à suivre les traits d'une imagination qui se donne l'essor, et qui souvent laisse le vrai pour attraper le merveilleux. Mais lorsque vous peignez les hommes, il faut peindre d'après nature. On veut que ces portraits ressemblent; et vous n'avez rien fait, si vous n'y faites reconnoître les gens de votre siècle. En un mot, dans les pièces sérieuses, il suffit, pour n'être point blâmé, de dire des choses qui soient de bon sens et bien écrites; mais ce n'est pas assez dans les autres, il y faut plaisanter; et c'est une étrange entreprise que celle de faire rire les honnêtes gens[1].

1. Molière défend son art et son génie; il est dans son droit, et de plus il a parfaitement raison. C'est un long plaidoyer que celui de la comédie et de la tragédie dans notre littérature classique. Déjà Desmarets avait porté la question sur le théâtre; dans *les Visionnaires* (acte II, scène IV) il fait dire au poète ridicule Amidor :

> Je cède le comique à ces esprits abjects,
> Ces muses sans vigueur qui s'efforcent de plaire
> Au grossier appétit d'une âme populaire.
> Puis, je vois qu'une intrigue embrouille le cerveau.
> On trouve rarement quelque sujet nouveau :
> Il faut les inventer; et c'est là l'impossible,
> C'est tenter sur Neptune un naufrage visible.
> Mais un esprit hardi, savant et vigoureux,
> D'un tragique accident est toujours amoureux;
> Et sans avoir recours à l'onde aganippide,
> Il puise dans Sophocle ou dedans Euripide.

On peut citer parmi les écrivains qui intervinrent par la suite dans ce débat : Le Sage, dans le chapitre XV du *Diable boiteux;* La Harpe, dans

SCÈNE VII.

CLIMÈNE.

Je crois être du nombre des honnêtes gens, et cependant je n'ai pas trouvé le mot pour rire dans tout ce que j'ai vu.

LE MARQUIS.

Ma foi, ni moi non plus.

DORANTE.

Pour toi, marquis, je ne m'en étonne pas. C'est que tu n'y as point trouvé de turlupinades.

---

son *Cours de littérature;* le P. Brumoy, dans son *Discours sur la comédie.* Ces questions n'ont plus aujourd'hui qu'un intérêt scolastique.

L'auteur de la *Lettre sur les affaires du théâtre,* qu'il soit de Villiers ou de Vizé, se fit l'avocat de la tragédie, et surtout le défenseur de Corneille : « Il est aisé, dit-il, de connoître par toutes ces choses qu'il y a au Parnasse mille places de vides entre le divin *Corneille* et le comique *Élomire,* et que l'on ne les peut comparer en rien : puisque, pour ses ouvrages, le premier est plus qu'un dieu, et le second est, auprès de lui, moins qu'un homme; et qu'il est plus glorieux de se faire admirer par des ouvrages solides que de faire rire par des grimaces, des turlupinades, de grandes perruques et de grands canons. Le nom de *M. de Corneille,* que nous pouvons justement appeler la gloire de la France, est adoré dans toute l'Europe; et comme il a travaillé pour la postérité, tout le monde publie hautement qu'il mérite de l'encens et des statues. Ses copies sont plus estimées que les originaux qu'*Élomire* nous veut faire passer pour des chefs-d'œuvre beaucoup plus difficiles que des ouvrages sérieux. » Tous les ennemis de Molière affectent de le traiter comme un farceur, comme un bouffon du dernier ordre, qui tue le goût des belles pièces et des ouvrages sérieux; ainsi, dans *Élomire hypocondre :*

> ... Pour peu que le peuple en soit encor séduit,
> Aux farces pour jamais le théâtre est réduit.
> Ces merveilles du temps, ces pièces sans pareilles,
> Ces charmes de l'esprit, des yeux et des oreilles,
> Ces vers pompeux et forts, ces grands raisonnements,
> Qu'on n'écoute jamais sans des ravissements,
> Ces chefs-d'œuvre de l'art, ces grandes tragédies,
> Par ce bouffon célèbre en vont être bannies;
> Et nous, bientôt réduits à vivre en Tabarins,
> Allons redevenir l'opprobre des humains.

Certes, lorsqu'on aura présentes à l'esprit ces attaques violentes, on ne trouvera point que la protestation de Molière sorte des bornes de la plus légitime défense.

LYSIDAS.

Ma foi, monsieur, ce qu'on y rencontre ne vaut guère mieux; et toutes les plaisanteries y sont assez froides, à mon avis.

DORANTE.

La cour n'a pas trouvé cela.

LYSIDAS.

Ah! monsieur, la cour!

DORANTE.

Achevez, monsieur Lysidas. Je vois bien que vous voulez dire que la cour ne se connoît pas à ces choses; et c'est le refuge ordinaire de vous autres, messieurs les auteurs, dans le mauvais succès de vos ouvrages, que d'accuser l'injustice du siècle et le peu de lumière des courtisans. Sachez, s'il vous plaît, monsieur Lysidas, que les courtisans ont d'aussi bons yeux que d'autres; qu'on peut être habile avec un point de Venise[1] et des plumes, aussi bien qu'avec une perruque courte et un petit rabat uni; que la grande épreuve de toutes vos comédies, c'est le jugement de la cour; que c'est son goût qu'il faut étudier pour trouver l'art de réussir; qu'il n'y a point de lieu où les décisions soient si justes; et, sans mettre en ligne de compte tous les gens savants qui y sont, que, du simple bon sens naturel et du commerce de tout le beau monde, on s'y fait une manière d'esprit qui, sans

---

1. Le *point de Venise* était la dentelle la plus recherchée pour les collets ou les rabats. Il était d'une cherté extrême; on en peut juger par ces vers du *Baron de la Crasse* de R. Poisson :

> J'en voulus avoir un de ces points de Venise.
> La peste! la méchante et chère marchandise!
> En mettant ce rabat, je mis, c'est être fou,
> Trente-deux bons arpents de vignoble à mon cou.

comparaison, juge plus finement des choses que tout le savoir enrouillé des pédants.

URANIE.

Il est vrai que, pour peu qu'on y demeure, il vous passe là tous les jours assez de choses devant les yeux pour acquérir quelque habitude de les connoître, et surtout pour ce qui est de la bonne et mauvaise plaisanterie.

DORANTE.

La cour a quelques ridicules, j'en demeure d'accord, et je suis, comme on voit, le premier à les fronder. Mais, ma foi, il y en a un grand nombre parmi les beaux esprits de profession; et si l'on joue quelques marquis, je trouve qu'il y a bien plus de quoi jouer les auteurs, et que ce seroit une chose plaisante à mettre sur le théâtre que leurs grimaces savantes et leurs raffinements ridicules, leur vicieuse coutume d'assassiner les gens de leurs ouvrages, leur friandise de louanges, leurs ménagements de pensées, leur trafic de réputation et leurs ligues offensives et défensives, aussi bien que leurs guerres d'esprit et leurs combats de prose et de vers[1].

LYSIDAS.

Molière est bien heureux, monsieur, d'avoir un protecteur aussi chaud que vous. Mais enfin, pour venir au fait, il est question de savoir si sa pièce est bonne, et je m'offre d'y montrer partout cent défauts visibles.

URANIE.

C'est une étrange chose de vous autres, messieurs les poètes, que vous condamniez toujours les pièces où tout

---

1. « N'est-ce pas là, dit Auger, indiquer d'avance les immortelles scènes de Trissotin et Vadius? N'est-ce pas là montrer dans le lointain, mais bien distinctement, le chef-d'œuvre des *Femmes savantes*, qu'on intitulerait presque aussi bien *les Auteurs ridicules?* »

le monde court, et ne disiez jamais du bien que de celles*
où personne ne va¹. Vous montrez pour les unes une
haine invincible, et pour les autres une tendresse qui
n'est pas concevable.

DORANTE.

C'est qu'il est généreux de se ranger du côté des
affligés.

URANIE.

Mais, de grâce, monsieur Lysidas, faites-nous voir ces
défauts, dont je ne me suis point aperçue.

LYSIDAS.

Ceux qui possèdent Aristote et Horace voient d'abord,
madame, que cette comédie pèche contre toutes les règles
de l'art.

URANIE.

Je vous avoue que je n'ai aucune habitude avec ces
messieurs-là, et que je ne sais point les règles de l'art.

DORANTE.

Vous êtes de plaisantes gens avec vos règles, dont vous
embarrassez les ignorants et nous étourdissez tous les
jours. Il semble, à vous ouïr parler, que ces règles de
l'art soient les plus grands mystères du monde ; et cependant ce ne sont que quelques observations aisées que le
bon sens a faites sur ce qui peut ôter le plaisir que l'on
prend à ces sortes de poèmes ; et le même bon sens qui
a fait autrefois ces observations, les fait aisément tous les
jours sans le secours d'Horace et d'Aristote. Je voudrois

---

* VAR. . . . *que de celle* (1682).

1. La Bruyère a dit, dans le même sens : « Si un poète loue les vers d'un autre poète, il y a à parier qu'ils sont mauvais et sans conséquence. » L'observation est juste et piquante, sans doute ; elle est faite toutefois au point de vue de la satire ; et l'on aurait tort d'en conclure que La Fontaine n'admirait Molière que parce qu'il le croyait « sans conséquence ».

bien savoir si la grande règle de toutes les règles n'est pas de plaire, et si une pièce de théâtre qui a attrapé son but n'a pas suivi un bon chemin. Veut-on que tout un public s'abuse sur ces sortes de choses, et que chacun n'y soit pas juge* du plaisir qu'il y prend?

URANIE.

J'ai remarqué une chose de ces messieurs-là : c'est que ceux qui parlent le plus des règles et qui les savent mieux que les autres, font des comédies que personne ne trouve belles[1].

DORANTE.

Et c'est ce qui marque, madame, comme on doit s'arrêter peu à leurs disputes embarrassées.** Car enfin, si les pièces qui sont selon les règles ne plaisent pas, et que celles qui plaisent ne soient pas selon les règles, il faudroit, de nécessité, que les règles eussent été mal faites. Moquons-nous donc de cette chicane, où ils veulent assujettir le goût du public, et ne consultons dans une comédie que l'effet qu'elle fait sur nous. Laissons-nous aller de bonne foi aux choses qui nous prennent par les entrailles, et ne cherchons point de raisonnements*** pour nous empêcher d'avoir du plaisir.

URANIE.

Pour moi, quand je vois une comédie, je regarde seulement si les choses me touchent; et, lorsque je m'y suis

* Var. . . . *ne soit pas juge* (1862).
** Var. . . . *à leurs disputes embarrassantes* (1673, 1682).
*** Var. . . . *de raisonnement* (1673, 1682).

1. Ceci rappelle le mot du grand Condé au sujet de l'abbé d'Aubignac, auteur de la *Pratique du théâtre* et d'une tragédie de *Zénobie:* « Je sais bon gré à l'abbé d'Aubignac d'avoir si bien suivi les règles d'Aristote, mais je ne pardonne point aux règles d'Aristote d'avoir fait faire à l'abbé d'Aubignac une si méchante tragédie. »

bien divertie, je ne vais point demander si j'ai eu tort, et si les règles d'Aristote me défendoient de rire.

DORANTE.

C'est justement comme un homme qui auroit trouvé une sauce excellente, et qui voudroit examiner si elle est bonne, sur les préceptes du *Cuisinier françois*[1].

URANIE.

Il est vrai; et j'admire les raffinements de certaines gens sur des choses que nous devons sentir par nous-mêmes.*

DORANTE.

Vous avez raison, madame, de les trouver étranges, tous ces raffinements mystérieux. Car enfin, s'ils ont lieu, nous voilà réduits à ne nous plus croire; nos propres sens seront esclaves en toutes choses; et, jusques au manger et au boire, nous n'oserons plus trouver rien de bon, sans le congé de messieurs les experts[2].

LYSIDAS.

Enfin, monsieur, toute votre raison, c'est que *l'École des Femmes* a plu; et vous ne vous souciez point qu'elle ne soit pas dans les règles, pourvu...

DORANTE.

Tout beau, monsieur Lysidas, je ne vous accorde pas cela. Je dis bien que le grand art est de plaire, et que cette comédie ayant plu à ceux pour qui elle est faite, je

* VAR. . . . *que nous devons sentir nous-mêmes* (1673, 1682).

1. On voit que déjà, du temps de Molière, *le Cuisinier françois* jouissait d'une légitime réputation. Il a été imprimé pour la première fois en 1651. L'auteur se nommait La Varenne.

2. Tous ces raisonnements du courtisan Dorante sont justes, en supposant toutefois une culture suffisante dans ceux qui veulent sentir et goûter par eux-mêmes.

trouve que c'est assez pour elle, et qu'elle doit peu se soucier du reste. Mais, avec cela, je soutiens qu'elle ne pèche contre aucune des règles dont vous parlez. Je les ai lues, Dieu merci, autant qu'un autre; et je ferois voir aisément que peut-être n'avons-nous point de pièce au théâtre plus régulière que celle-là.

ÉLISE.

Courage, monsieur Lysidas! nous sommes perdus si vous reculez.

LYSIDAS.

Quoi! monsieur, la protase, l'épitase, et la péripétie...

DORANTE.

Ah! monsieur Lysidas, vous nous assommez avec vos grands mots. Ne paroissez point si savant, de grâce! Humanisez votre discours, et parlez pour être entendu. Pensez-vous qu'un nom grec donne plus de poids à vos raisons? Et ne trouveriez-vous pas qu'il fût aussi beau de dire l'exposition du sujet, que la protase; le nœud, que l'épitase; et le dénoûment, que la péripétie?

LYSIDAS.

Ce sont termes de l'art dont il est permis de se servir. Mais puisque ces mots blessent vos oreilles, je m'expliquerai d'une autre façon; et je vous prie de répondre positivement à trois ou quatre choses que je vais dire. Peut-on souffrir une pièce qui pèche contre le nom propre des pièces de théâtre? Car enfin le nom de poëme dramatique vient d'un mot grec qui signifie agir, pour montrer que la nature de ce poëme consiste dans l'action; et dans cette comédie-ci il ne se passe point d'actions, et tout consiste en des récits que vient faire ou Agnès ou Horace.

LE MARQUIS.

Ah! ah! chevalier.

CLIMÈNE.

Voilà qui est spirituellement remarqué, et c'est prendre le fin des choses.

LYSIDAS.

Est-il rien de si peu spirituel, ou, pour mieux dire, rien de si bas, que quelques mots où tout le monde rit, et surtout celui des *enfants par l'oreille*?

CLIMÈNE.

Fort bien.

ÉLISE.

Ah!

LYSIDAS.

La scène du valet et de la servante au dedans de la maison n'est-elle pas d'une longueur ennuyeuse, et tout à fait impertinente?

LE MARQUIS.

Cela est vrai.

CLIMÈNE.

Assurément.

ÉLISE.

Il a raison.

LYSIDAS.

Arnolphe ne donne-t-il pas trop librement son argent à Horace? Et puisque c'est le personnage ridicule de la pièce, falloit-il lui faire faire l'action d'un honnête homme?

LE MARQUIS.

Bon; la remarque est encore bonne.

CLIMÈNE.

Admirable.

ÉLISE.

Merveilleuse.

LYSIDAS.

Le sermon et les maximes ne sont-ils pas des choses

SCÈNE VII.

ridicules, et qui choquent même le respect que l'on doit à nos mystères?

LE MARQUIS.

C'est bien dit.

CLIMÈNE.

Voilà parlé comme il faut.

ÉLISE.

Il ne se peut rien de mieux.

LYSIDAS.

Et ce monsieur de la Souche, enfin, qu'on nous fait un homme d'esprit, et qui paroît si sérieux en tant d'endroits, ne descend-il point dans quelque chose de trop comique et de trop outré au cinquième acte, lorsqu'il explique à Agnès la violence de son amour, avec ces roulements d'yeux extravagants, ces soupirs ridicules, et ces larmes niaises qui font rire tout le monde?

LE MARQUIS.

Morbleu! merveille!

CLIMÈNE.

Miracle!

ÉLISE.

Vivat, monsieur Lysidas!

LYSIDAS.

Je laisse cent mille autres choses, de peur d'être ennuyeux.

LE MARQUIS.

Parbleu! chevalier, te voilà mal ajusté.

DORANTE.

Il faut voir.

LE MARQUIS.

Tu as trouvé ton homme, ma foi!

DORANTE.

Peut-être.

LE MARQUIS.

Réponds, réponds, réponds, réponds.

DORANTE.

Volontiers. Il...

LE MARQUIS.

Réponds donc, je te prie.

DORANTE.

Laisse-moi donc faire. Si...

LE MARQUIS.

Parbleu ! je te défie de répondre.

DORANTE.

Oui, si tu parles toujours.

CLIMÈNE.

De grâce, écoutons ses raisons.

DORANTE.

Premièrement, il n'est pas vrai de dire que toute la pièce n'est qu'en récits. On y voit beaucoup d'actions qui se passent sur la scène, et les récits eux-mêmes y sont des actions, suivant la constitution du sujet ; d'autant qu'ils sont tous faits innocemment, ces récits, à la personne intéressée, qui, par là, entre à tous coups dans une confusion à réjouir les spectateurs, et prend, à chaque nouvelle, toutes les mesures qu'il peut pour se parer du malheur qu'il craint.

URANIE.

Pour moi, je trouve que la beauté du sujet de *l'École des Femmes* consiste dans cette confidence perpétuelle ; et ce qui me paroît assez plaisant, c'est qu'un homme qui a de l'esprit, et qui est averti de tout par une innocente qui est sa maîtresse, et par un étourdi qui est son rival, ne puisse avec cela éviter ce qui lui arrive[1].

---

1. Il appartenait à Molière de sentir et d'exprimer mieux que personne

SCÈNE VII.

LE MARQUIS.

Bagatelle, bagatelle.

CLIMÈNE

Foible réponse.

ÉLISE.

Mauvaises raisons.

DORANTE.

Pour ce qui est des *enfants par l'oreille,* ils ne sont plaisants que par réflexion à Arnolphe ; et l'auteur n'a pas mis cela pour être de soi un bon mot, mais seulement pour une chose qui caractérise l'homme[1], et peint d'autant mieux son extravagance, puisqu'il rapporte une sottise triviale qu'a dite Agnès, comme la chose la plus belle du monde, et qui lui donne une joie inconcevable.

LE MARQUIS.

C'est mal répondre.

CLIMÈNE.

Cela ne satisfait point.

ÉLISE.

C'est ne rien dire.

DORANTE.

Quant à l'argent qu'il donne librement, outre que la lettre de son meilleur ami lui est une caution suffisante, il n'est pas incompatible qu'une personne soit ridicule en de certaines choses, et honnête homme en d'autres. Et

---

en quoi consistait *la beauté de son sujet,* et c'est ce qu'il fait ici avec une franchise qui ne manqua pas de le faire accuser d'un excès d'amour-propre par les censeurs de sa pièce. « Ce qui fut cause que je fis ensuite ma *Zélinde,* dit de Vizé, voyant qu'il avoit agi en père, et qu'il avoit eu trop de complaisance pour ses propres enfants. »

1. Tout le secret du comique de Molière semble être renfermé dans cette phrase. On peut dire de ses plus heureux traits : « Il n'a pas mis cela pour être de soi un bon mot, mais seulement pour une chose qui caractérise l'homme. » (AUGER.)

pour la scène d'Alain et de Georgette dans le logis, que quelques-uns ont trouvée longue et froide, il est certain qu'elle n'est pas sans raison ; et de même qu'Arnolphe se trouve attrapé pendant son voyage par la pure innocence de sa maîtresse, il demeure au retour longtemps à sa porte par l'innocence de ses valets, afin qu'il soit partout puni par les choses qu'il a cru faire* la sûreté de ses précautions.

LE MARQUIS.

Voilà des raisons qui ne valent rien.

CLIMÈNE.

Tout cela ne fait que blanchir.

ÉLISE.

Cela fait pitié.

DORANTE.

Pour le discours moral que vous appelez un sermon, il est certain que de vrais dévots qui l'ont ouï n'ont pas trouvé qu'il choquât ce que vous dites ; et sans doute que ces paroles d'*enfer* et de *chaudières bouillantes* sont assez justifiées par l'extravagance d'Arnolphe, et par l'innocence de celle à qui il parle[1]. Et quant au transport amoureux du cinquième acte, qu'on accuse d'être trop outré et trop comique, je voudrois bien savoir si ce n'est pas faire la satire des amants, et si les honnêtes gens même et les plus sérieux, en de pareilles occasions ne font pas des choses... ?

LE MARQUIS.

Ma foi, chevalier, tu ferois mieux de te taire.

* VAR. . . . *les choses dont il a cru faire* (1682).

1. Cette justification de Molière sur un point où les attaques avaient le plus de gravité est fort brève. Il n'est pas douteux qu'il n'ait dès ce moment médité et préparé *le Tartuffe*, qui fera, moins d'un an après *la Critique*, son apparition devant la cour.

SCÈNE VII.

DORANTE.

Fort bien. Mais enfin si nous nous regardions nous-mêmes, quand nous sommes bien amoureux...

LE MARQUIS.

Je ne veux pas seulement t'écouter.

DORANTE.

Écoute-moi si tu veux. Est-ce que, dans la violence de la passion...?

LE MARQUIS.

La, la, la, la, lare, la, la, la, la, la, la.

(Il chante.)

DORANTE.

Quoi?

LE MARQUIS.

La, la, la, la, lare, la, la, la, la, la, la.

DORANTE.

Je ne sais pas si...

LE MARQUIS.

La, la, la, la, lare, la, la, la, la, la, la.

URANIE.

Il me semble que...

LE MARQUIS.

La, la, la, lare, la, la, la, la, la, la, la, la, la, la.

URANIE.

Il se passe des choses assez plaisantes dans notre dispute. Je trouve qu'on en pourroit bien faire une petite comédie, et que cela ne seroit pas trop mal à la queue de *l'École des Femmes*.

DORANTE.

Vous avez raison.

LE MARQUIS.

Parbleu! chevalier, tu jouerois là-dedans un rôle qui ne te seroit pas avantageux.

DORANTE.

Il est vrai, marquis.

CLIMÈNE.

Pour moi, je souhaiterois que cela se fît, pourvu qu'on traitât l'affaire comme elle s'est passée.

ÉLISE.

Et moi, je fournirois de bon cœur mon personnage.

LYSIDAS.

Je ne refuserois pas le mien, que je pense[1].

URANIE.

Puisque chacun en seroit content, chevalier, faites un mémoire de tout, et le donnez à Molière, que vous connoissez, pour le mettre en comédie.

CLIMÈNE.

Il n'auroit garde, sans doute, et ce ne seroit pas des vers à sa louange.

URANIE.

Point, point; je connois son humeur : il ne se soucie pas qu'on fronde ses pièces, pourvu qu'il y vienne du monde.

DORANTE.

Oui. Mais quel dénoûment pourroit-il trouver à ceci? Car il ne sauroit y avoir ni mariage, ni reconnoissance; et je ne sais point par où l'on pourroit faire finir la dispute.

URANIE.

Il faudroit rêver quelque incident pour cela.

---

1. Ce dernier trait achève de peindre la suffisance de M. Lysidas. Battu sur tous les points par Dorante, qui n'a pas même ménagé sa personne, quoiqu'il ne l'ait attaquée qu'indirectement, il croit avoir eu tout l'avantage dans la dispute, et il ne demanderait pas mieux que de se voir représenter fidèlement dans la petite comédie dont on parle. Telle est, au reste, la fin de toutes les discussions : chacun s'en retire un peu plus affermi dans son opinion, et *content de soi*, comme l'observe fort bien Uranie. (AUGER.)

SCÈNE VIII.

CLIMÈNE, URANIE, ÉLISE, DORANTE,
LE MARQUIS, LYSIDAS, GALOPIN.

GALOPIN.

Madame, on a servi sur table.

DORANTE.

Ah! voilà justement ce qu'il faut pour le dénoûment que nous cherchions, et l'on ne peut rien trouver de plus naturel. On disputera fort et ferme de part et d'autre, comme nous avons fait, sans que personne se rende ; un petit laquais viendra dire qu'on a servi, on se lèvera, et chacun ira souper.

URANIE.

La comédie ne peut pas mieux finir, et nous ferons bien d'en demeurer là[1].

---

1. *La Critique de l'École des Femmes* pourrait être comparée à ces feuilles sur lesquelles un grand peintre jette avec rapidité, au moment de l'inspiration, des poses, des attitudes, des airs de tête, qu'il doit transporter au besoin dans ses compositions. En parcourant des yeux ce léger crayon, fruit de la circonstance et d'un heureux accès d'humeur satirique contre d'injustes censeurs, on est frappé du nombre de figures originales que Molière a placées depuis dans ses plus importants ouvrages, en leur donnant, à la vérité, le développement et le coloris qu'elles ne pouvaient avoir dans une simple esquisse. Quelques traits détachés du rôle de Climène et du portrait d'Araminte ont servi à composer les personnages de la prude Arsinoé et de la pédante Philaminte. Élise et Uranie semblent se reproduire dans la raisonnable et spirituelle Henriette. Lysidas, si bassement jaloux de ses confrères, et si sottement satisfait de lui-même, se retrouve tout entier dans Trissotin. Enfin Dorante, ingénieux défenseur de la cour contre un pédant qui l'outrage sans la connaître, reparaît à nos yeux sous le nom de Clitandre. (AUGER.)

FIN DE LA CRITIQUE DE L'ÉCOLE DES FEMMES.

TABLE

DU TOME QUATRIÈME.

	Pages.
LE GELOSIE FORTUNATE DEL PRENCIPE RODRIGO, opera di Giacinto Andrea Cicognini fiorentino, 1661	1
Le Gelosie fortunate del prencipe Rodrigo	3
L'ÉCOLE DES MARIS, comédie en trois actes (24 juin 1661)	49
Notice préliminaire.	51
A Monseigneur le duc d'Orléans, frère unique du roi	63
L'École des Maris.	67
LES FACHEUX, comédie-ballet en trois actes (17 août 1661)	143
Notice préliminaire.	145
Au Roi	157
Avertissement.	159
Prologue	163
Les Fâcheux.	165
L'ÉCOLE DES FEMMES, comédie en cinq actes (26 décembre 1662).	221
Notice préliminaire.	223
A Madame	239
Préface.	241
L'École des Femmes	243
Stances à M. de Molière sur sa comédie de *l'École des Femmes*, que plusieurs gens frondoient	357
Extrait des *Nouvelles nouvelles*.	359
Liste des pensions pour l'année 1663. (Extrait des manuscrits de M. Colbert.)	369
REMERCIEMENT AU ROI (1663).	373

LA CRITIQUE DE L'ÉCOLE DES FEMMES, comédie en un acte
  (1ᵉʳ juin 1663).................. 381
  Notice préliminaire................. 383
  A la Reine Mère.................. 393
  La Critique de l'École des Femmes........... 395

FIN DE LA TABLE DU TOME QUATRIÈME.

PARIS. — Impr. J CLAYE. — A. QUANTIN et Ce, rue St-Benoît.

CHEFS-D'ŒUVRE DE LA LITTÉRATURE FRANÇAISE

Format in-8º cavalier, imprimés avec luxe par M. J. Claye, sur très beau papier fabriqué spécialement pour cette collection, et ornés de gravures sur acier par les meilleurs artistes. 49 volumes sont en vente à 7 fr. 50 le volume. On tire, pour chacun des ouvrages de la collection, 150 exemplaires numérotés sur papier de Hollande, à 15 fr. le volume.

ŒUVRES COMPLÈTES DE MOLIÈRE

Avec un nouveau travail de critique et d'érudition, par M. Louis Moland. 7 volumes. (*Première édition épuisée.*)

ŒUVRES COMPLÈTES DE RACINE

Avec un travail nouveau par M. Saint-Marc Girardin, de l'Académie française, et M. Louis Moland; ouvrage complet en 8 volumes.

ŒUVRES COMPLÈTES DE LA FONTAINE

Avec un nouveau travail de critique et d'érudition, par M. Louis Moland; 7 volumes ornés de gravures sur acier d'après les dessins de Staal.

ŒUVRES COMPLÈTES DE MONTESQUIEU

Avec les variantes des premières éditions, un choix des meilleurs commentaires et des notes nouvelles, par M. Édouard Laboulaye, de l'Institut, avec un beau portrait de Montesquieu; 7 volumes.

ESSAIS DE MICHEL DE MONTAIGNE

Nouvelle édition, avec les notes de tous les commentateurs, choisies et complétées par M. J.-V. Le Clerc, précédée d'une nouvelle Étude sur Montaigne par M. Prévost-Paradol, de l'Académie française. 4 volumes, avec portrait.

ŒUVRES COMPLÈTES DE BOILEAU

Avec un travail nouveau, par M. Gidel, professeur de rhétorique au lycée Bonaparte : 4 volumes ornés de gravures sur acier d'après les dessins de Staal.

HISTOIRE DE GIL BLAS DE SANTILLANE

Par Le Sage, précédée d'une notice par Sainte-Beuve, de l'Académie française, les jugements et témoignages sur Le Sage et sur Gil Blas, suivie de *Turcaret* et de *Crispin rival de son maître*. 2 volumes illustrés de six belles gravures sur acier d'après les dessins de Staal.

ŒUVRES DE J.-B. ROUSSEAU

Avec une introduction sur sa vie et ses ouvrages et un nouveau commentaire par Antoine de La Tour. 1 volume avec portrait de l'auteur.

CHEFS-D'ŒUVRE LITTÉRAIRES DE BUFFON

Avec une Introduction par M. Flourens, membre de l'Académie française, 2 volumes. Un beau portrait de Buffon est joint au tome Ier.

ŒUVRES DE CLÉMENT MAROT

Annotées, revues sur les éditions originales et précédées de la vie de Clément Marot, par Charles d'Héricault. 1 volume orné du portrait de l'auteur d'après une peinture du temps.

L'IMITATION DE JÉSUS-CHRIST

Traduction nouvelle avec des réflexions à la fin de chaque chapitre par M. l'abbé F. de Lamennais; volume orné de 4 gravures sur acier.

ŒUVRES CHOISIES DE MASSILLON

Précédées d'une notice biographique et littéraire par M. Godefroy. 2 volumes, avec un beau portrait de Massillon.

ŒUVRES COMPLÈTES DE J. DE LA BRUYÈRE

Nouvelle édition avec une notice sur la vie et les écrits de La Bruyère, une bibliographie, des notes, une table analytique des matières et un lexique, par A. Chassang, inspecteur général de l'instruction publique, lauréat de l'Académie française. 2 volumes, avec un beau portrait de La Bruyère.

ŒUVRES CHOISIES DE RONSARD

Avec notice, notes et commentaires, par C.-A. Sainte-Beuve; nouvelle édition, revue et augmentée, par M. L. Moland. 1 vol. avec un beau portrait de Ronsard.

EN COURS D'EXÉCUTION

Œuvres complètes de P. Corneille.
Œuvres de La Rochefoucauld.
Œuvres d'André Chénier.

www.ingramcontent.com/pod-product-compliance
Lightning Source LLC
Chambersburg PA
CBHW050248230426
43664CB00012B/1878